IMAGES
of America

EL VIAJE
PUERTO RICANS
OF PHILADELPHIA

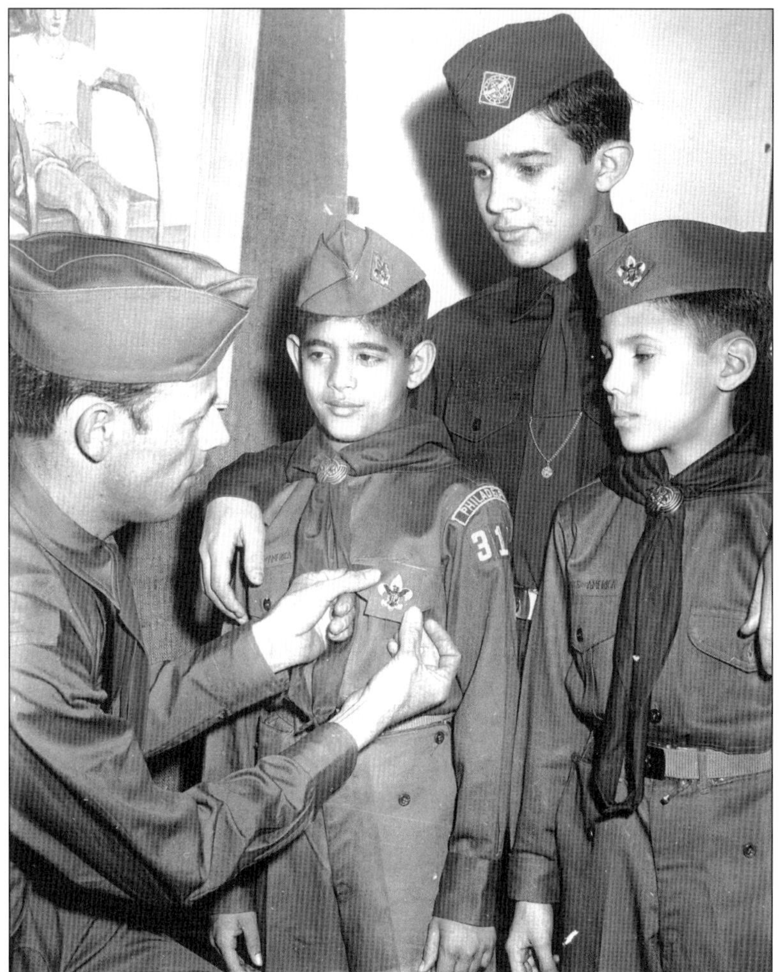

Puerto Rican Boy Scout Troop 310 was installed in 1955 and was sponsored by Latin American Legion Post 840 and the Friends Neighborhood Guild, where this photograph was taken. The guild, located in Spring Garden, was among the Philadelphia institutions that served the Puerto Rican community during the 1950s and beyond. (Courtesy of UA.)

La tropa 310 de Niños Escuchas puertorriqueños fue instalada en el 1955. La tropa fue auspiciada por el Puesto 840 de la Legión Latinoamericana y la Cofradía de los Amigos del Vecindario, donde esta fotografía fue tomada. La cofradía, localizada en Spring Garden, estaba entre las instituciones de Filadelfia que ofrecían servicios a la comunidad puertorriqueña durante y después de la década de 1950. (Cortesía de UA.)

On the cover: Philadelphia's Puerto Rican senior citizens are celebrating the new home for the Norris Square Senior Citizens' Center in Kensington in 1983. Rev. Víctor Félix, pastor of the Spanish Baptist Church, where the center had been located, is playing the guitar. (Courtesy of UA.)

En la portada: Envejecientes puertorriqueños de Filadelfia celebran el nuevo hogar del Centro de Envejecientes de Norris Square en Kensington en 1983. El Reverendo Víctor Félix, pastor de la Iglesia Bautista Hispana, donde antes estaba localizado el centro, está tocando la guitarra. (Cortesía de UA.)

IMAGES
of America

EL VIAJE
PUERTO RICANS OF PHILADELPHIA

Carmen Teresa Whalen

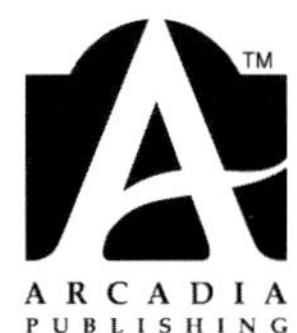

ARCADIA
PUBLISHING

CONTENTS
Contenido

ACKNOWLEDGMENTS

This book is dedicated to the Puerto Rican community of Philadelphia and to all the people who have worked to improve life in the city. I started documenting the history of this community in 1987 as a graduate student. My work has been made possible and rewarding by all the people I have met along the way who have shared their life stories and helped in so many ways. This project was no different. My special thanks go to Víctor Vázquez Hernández for his expertise on the early history of Puerto Ricans in Philadelphia, for his assistance on this project, and for his friendship. I thank Mayra Lee Hernández for her timely, compassionate, and skilled translations. My thanks also go to Williams College for its generous financial support of this project.

In bringing these photographs together, I hope to help in preserving and sharing this community's vibrant and important history. Many of the photographs included here were taken for Philadelphia newspapers. While a few made it into the newspapers, many more were filed away, offering very few people the opportunity to see them. They are housed at Temple University's Urban Archives, and I thank Margaret Jerrido for her wealth of knowledge and her assistance. Other images came from the archives of the Historical Society of Pennsylvania and from the Centro de Estudios Puertorriqueños at Hunter College, City University of New York.

Over the years, community builders and organizations have struggled to capture and preserve the community's history. Yet too often photographs are just boxed away. My very special thanks go to all who have helped in bringing these beautiful and important photographs to light: Alfredo Calderón of Aspira, Carmen Febo-San Miguel and Manolo Berríos of Taller Puertorriqueño, José Rivera of the Latin American Legion Post 840, David Ortíz of *El Viaje*, and Jesse Bermúdez of the Asociación de Músicos Latinoamericanos. Unfortunately many of the photographers, as well as the people whose images were captured, are not identified. I thank Domingo Negrón and Patricia Negrón for identifying some of the photographs from Taller's amazing collection of photographs taken during the 1970s. Other photographs may have been taken by Patricia Negrón, Rick Hall, Tom Morton, Daniel Rodríguez, and participants in the 1977 Summer Photography Project, which was funded by Johnny Carson in memory of his father. I thank all the photographers for their talents and for capturing glimpses of the community's history during this period. Finally, family snapshots capture moments of everyday life too often missed in both newspaper and historical accounts. My sincere appreciation goes to the families who shared theirs with us.

Agradecimientos

Este libro está dedicado a la comunidad puertorriqueña de Filadelfia y a todas las personas que han trabajado para mejorar la calidad de vida en la ciudad. Comencé a documentar la historia de esta comunidad en el 1987, cuando era una estudiante de posgrado. Mi trabajo ha sido posible y gratificante por todas las personas que he conocido a lo largo de mi carrera, quienes han compartido las historias de su vida y ayudado de distintas maneras. Este proyecto no fue diferente. Mi agradecimiento especial va dirigido a Víctor Vázquez Hernández por su pericia en la historia del origen de la comunidad puertorriqueña en Filadelfia, por su ayuda en este proyecto y por su amistad. Le agradezco a Mayra Lee Hernández por sus traducciones oportunas, compasivas y diestras. Mi agradecimiento va también a Williams College por su generoso apoyo financiero a este proyecto.

Al recopilar estas fotografías, espero ayudar a preservar y compartir la historia vibrante e importante de esta comunidad. Muchas de las fotografías aquí incluidas fueron tomadas de los periódicos de Filadelfia. Aunque algunas de éstas llegaron a ser publicadas, muchas otras fueron archivadas, ofreciéndole a muy pocas personas la oportunidad de verlas. Estas fotografías están guardadas en los Archivos Urbanos de la Universidad de Temple, y agradezco a Margaret Jerrido por su gran conocimiento y ayuda. Otras imágenes provinieron de los Archivos de la Sociedad Histórica de Pennsylvania y del Centro de Estudios Puertorriqueños en Hunter College, City University of New York.

A través de los años, los edificadores de la comunidad y las organizaciones han luchado para capturar y preservar la historia de su comunidad. Con frecuencia, sin embargo, las fotografías son simplemente archivadas. Quiero agradecer especialmente a todas aquellas personas que contribuyeron a traer a la luz pública estas fotografías tan importantes y hermosas: Alfredo Calderón de Aspira, Carmen Febo-San Miguel y Manolo Berríos del Taller Puertorriqueño, José Rivera del Puesto 840 de la Legión Latinoamericana, David Ortíz de *El Viaje* y a Jesse Bermúdez de la Asociación de Músicos Latinoamericanos. Desafortunadamente muchos de los fotógrafos, así como también de las personas que aparecen en las fotografías, están sin identificar. Agradezco a Domingo Negrón y Patricia Negrón por haber identificado muchas de las fotografías de la impresionante colección del Taller tomadas durante la década de 1970. Otras de las fotografías pudieron ser tomadas por Patricia Negrón, Rick Hall, Tom Morton, Daniel Rodríguez y los participantes del Proyecto de Fotografía del Verano de 1977, el cual financiado por Johnny Carson a la memoria de su padre. Agradezco a todos los(as) fotógrafos(as) por su talento en capturar instantes de la historia de la comunidad durante ese periodo. Finalmente, las fotografías familiares capturaron momentos de la vida diaria muchas veces ignorados por los periódicos o los recuentos históricos. Mi agradecimiento sincero va a las familias que compartieron las suyas con nosotros.

INTRODUCTION

Puerto Ricans began their journey to Philadelphia in the years before 1898. Trade linked Puerto Rico and Philadelphia, and those settling in the city included merchants, cigar makers, and political exiles seeking to end Spain's colonial rule over Puerto Rico. In 1898, at the end of the Spanish-American-Cuban War, Spain transferred sovereignty over Puerto Rico to the United States. The United States has retained sovereignty over Puerto Rico since that time, and in 1917, the U.S. Congress declared all Puerto Ricans to be U.S. citizens. Puerto Ricans continued coming to the city. After World War II, the community grew rapidly, as workers, veterans, and others came in search of a better life. Philadelphia became the third-largest Puerto Rican community. By 1970, there were close to 27,000 Puerto Ricans, and by the 2000 census, 91,527 Puerto Ricans made the city their home. Puerto Ricans worked to reestablish family and social networks, and they built community organizations, political groups, and cultural institutions. Told through photographs, this story of Puerto Rican Philadelphia reveals the human dimensions of migration, settlement, and community building.

Introducción

Los puertorriqueños comenzaron su viaje a Filadelfia en los años previos al 1898. El comercio enlazó a Puerto Rico con Filadelfia y aquellos que se establecieron en la ciudad fueron comerciantes, tabacaleros y exiliados políticos que buscaban poner fin al dominio colonial de España sobre Puerto Rico. En 1898, al final de la Guerra Hispanoamericana, España cedió su soberanía sobre Puerto Rico a los Estados Unidos. Los Estados Unidos han retenido la soberanía sobre Puerto Rico desde entonces, y en 1917, el Congreso de los Estados Unidos declaró a todos los puertorriqueños como ciudadanos de los Estados Unidos. Los puertorriqueños continuaron llegando a la ciudad. Luego de la Segunda Guerra Mundial, la comunidad creció rápidamente cuando trabajadores, veteranos y otros vinieron en búsqueda de una mejor vida. Filadelfia se convirtió en la tercera mayor comunidad puertorriqueña. Para el año 1970, habían cerca de 27,000 puertorriqueños, mientras que en el censo de 2000, unos 91,527 de puertorriqueños llamaban Filadelfia su hogar. Los puertorriqueños trabajaron para restablecer redes familiares y sociales, y formaron organizaciones comunitarias, grupos políticos e instituciones culturales. Como se puede apreciar a través de las fotografías, esta historia de una Filadelfia puertorriqueña revela las dimensiones humanas de la migración y el establecimiento y edificación de una comunidad.

One

THE JOURNEY IN SEARCH OF WORK
El viaje en busca de trabajo

Puerto Ricans came to Philadelphia in search of work and a better future. Traveling by steamship, the first arrivals were merchants, cigar makers, and political exiles. Puerto Rican and Cuban exiles struggled to end Spain's colonial rule over Puerto Rico and Cuba, forming six clubs of the Cuban Revolutionary Party by 1892. After 1898, workers came, finding jobs in cigar making and manufacturing. During and after World War II, Puerto Ricans were recruited by U.S. employers with support from the Puerto Rico and U.S. governments. Women worked as domestics, and men worked on the railroads, in canning jobs, and as farmworkers. At the war's end, Puerto Ricans became the first airborne migration, as the economy continued to provide jobs for women and men.

Los puertorriqueños llegaron a Filadelfia en busca de trabajo y de un mejor futuro. Viajando en barcos de vapor, los primeros en llegar fueron comerciantes, tabacaleros y exiliados políticos. Los exiliados puertorriqueños y cubanos luchaban para ponerle fin al dominio colonial español sobre Puerto Rico y Cuba, formando seis clubes del Partido Revolucionario Cubano antes del año 1892. Después del 1898, llegaron trabajadores y éstos encontraron puestos en las fábricas de tabaco y en la industria de manufactura. Durante y después de la Segunda Guerra Mundial, los puertorriqueños eran reclutados por empresas americanas bajo el auspicio de los gobiernos de Puerto Rico y los Estados Unidos. Las mujeres trabajaban como empleadas domésticas y los hombres en la industria ferroviaria, de productos enlatados y como trabajadores agrícolas. Luego del fin de la guerra y a la economía continuar supliendo trabajos para hombres y mujeres, los puertorriqueños se convirtieron en la primera migración aérea en los Estados Unidos.

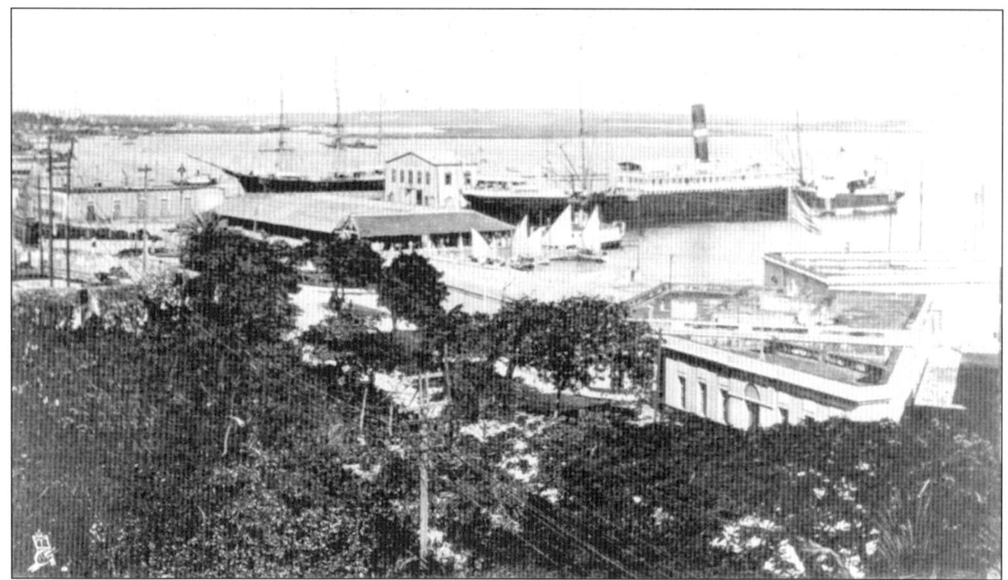

Puerto Ricans came to the United States on steamships like the SS *Coamo*, shown at the pier in San Juan's harbor around 1900. The earliest arrivals were merchants, cigar makers, and political exiles. (Courtesy of CEP.)

Los puertorriqueños llegaban a los Estados Unidos en barcos de vapor como el SS *Coamo*, mostrado aquí en un muelle de la bahía de San Juan cerca de 1900. Los primeros en llegar fueron comerciantes, tabacaleros y exiliados políticos. (Cortesía del CEP.)

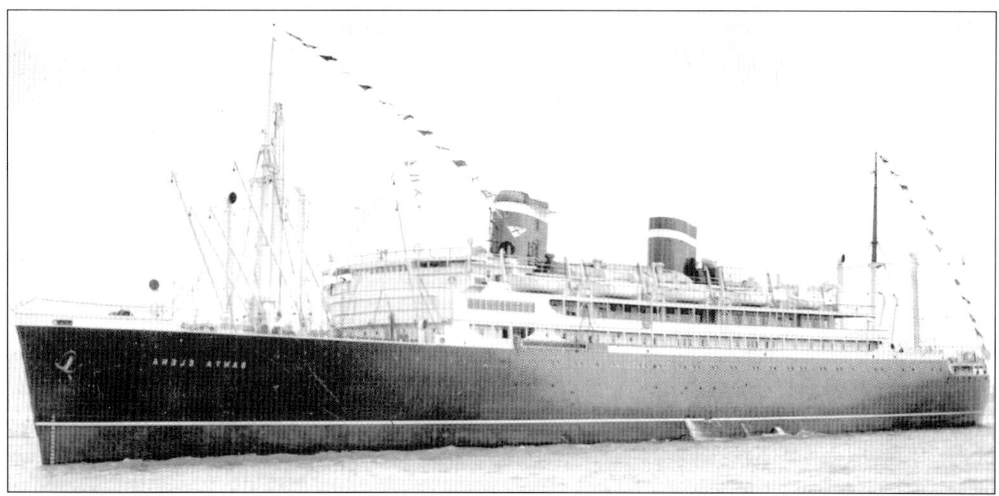

Passenger ships like the SS *Santa Elena*, shown here in 1933, made frequent trips between the Caribbean and Philadelphia. (Courtesy of UA.)

Los barcos de pasajeros como el SS *Santa Elena*, mostrado aquí en 1933, hacían viajes frecuentes entre el Caribe y Filadelfia. (Cortesía de UA.)

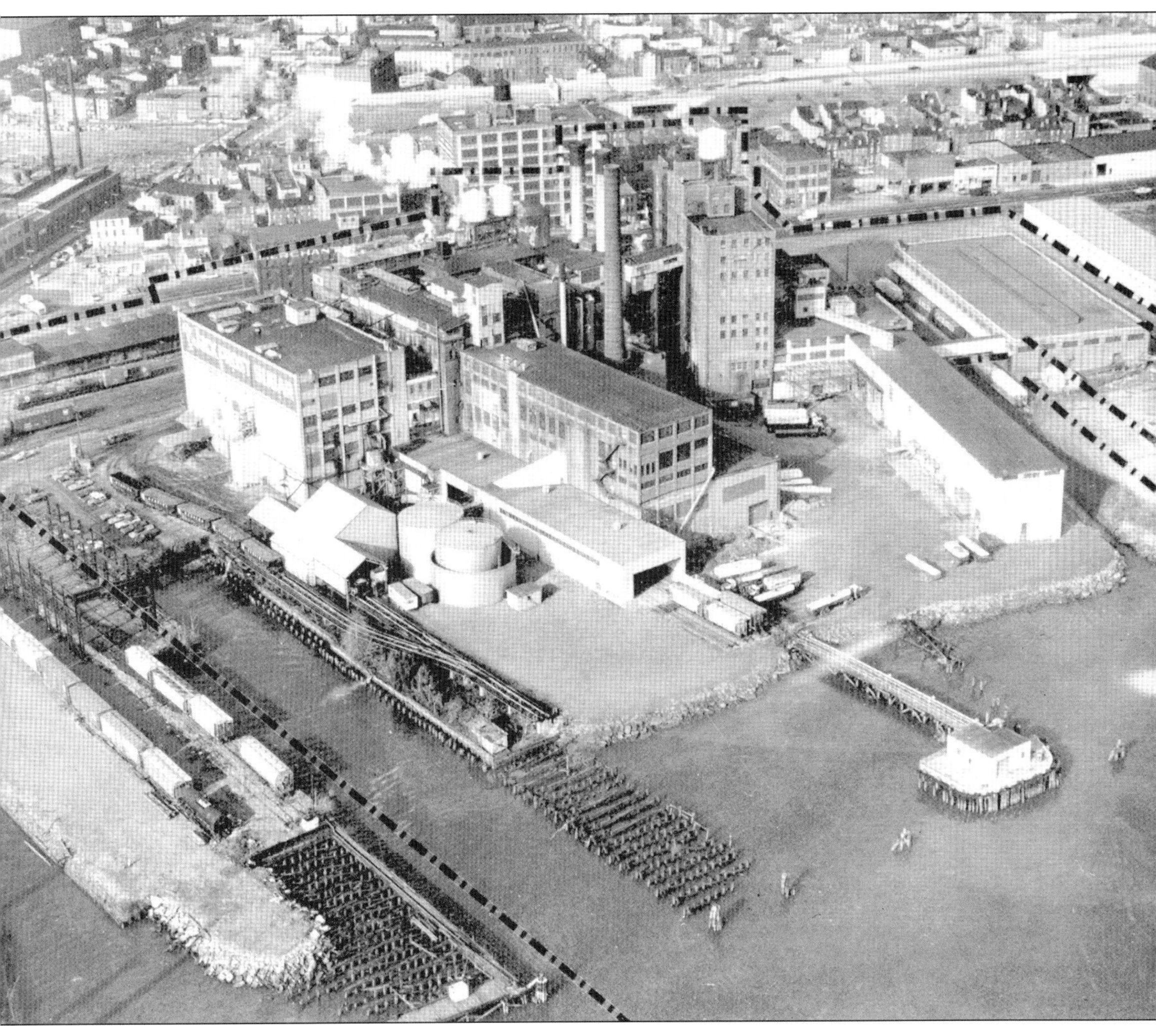

The sugar industry created connections between Puerto Rico and Philadelphia. Puerto Rican merchants settled in the city to ply their trade. Sugar grown in Puerto Rico was brought to Philadelphia in ships for processing. The National Sugar Refining Company was located right on the pier at 1037 North Delaware Avenue. Shown here in 1976, the company produced Jack Frost Sugar. (Courtesy of UA.)

La industria del azúcar creó conexiones entre Puerto Rico y Filadelfia. Los comerciantes puertorriqueños se establecieron en la ciudad para ejercer su oficio. El azúcar producido en Puerto Rico era traído a Filadelfia en barcos para su procesamiento. La Compañía Nacional de Refinamiento de Azúcar estaba localizada allí mismo en el muelle, en el 1037 Norte de la avenida Delaware. Mostrada aquí en el 1976, la compañía producía el azúcar Jack Frost. (Cortesía de UA.)

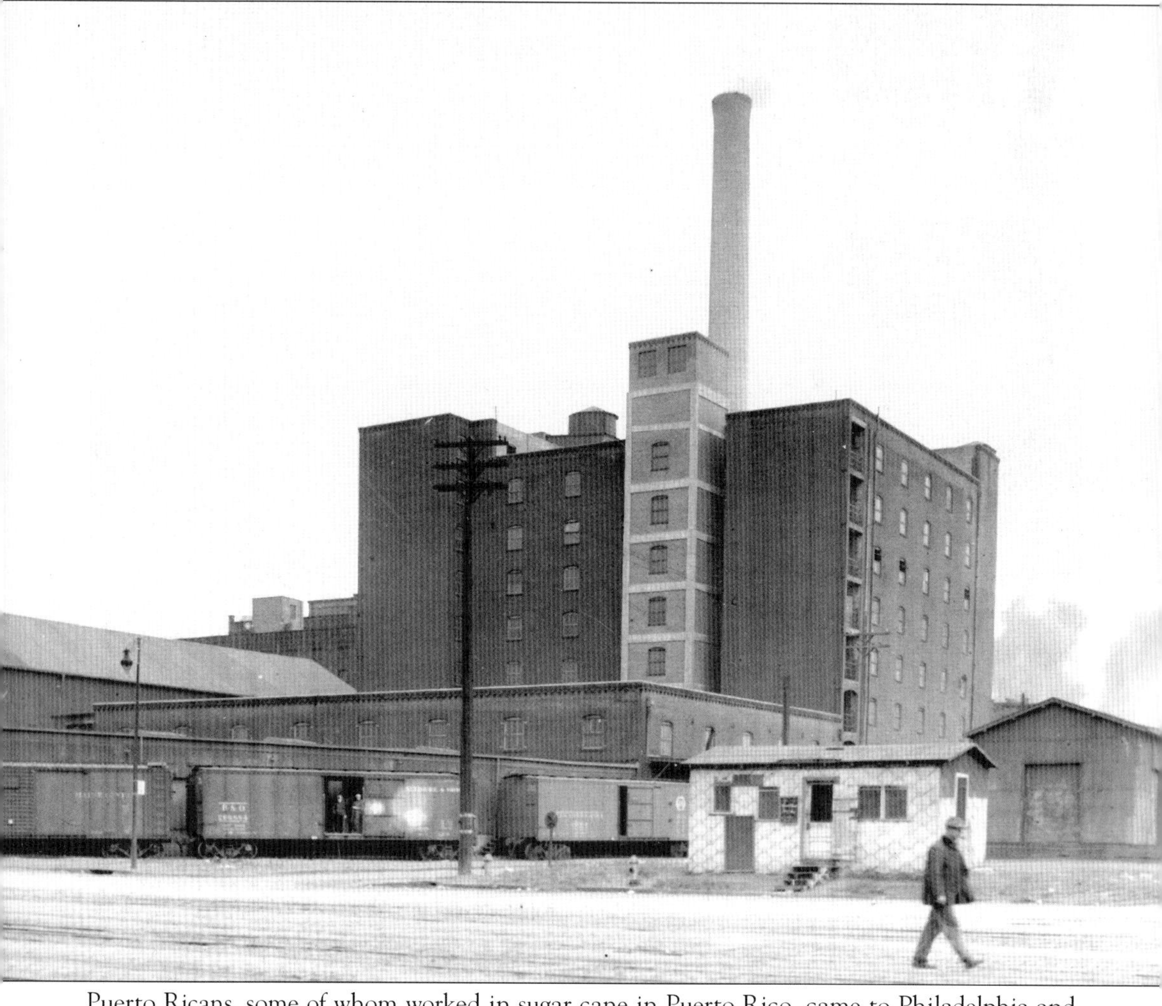

Puerto Ricans, some of whom worked in sugar cane in Puerto Rico, came to Philadelphia and found jobs in sugar processing, such as in the Franklin Sugar Refinery, shown here in 1938. (Courtesy of UA.)

Los puertorriqueños, algunos de los cuales trabajaron en la caña de azúcar en Puerto Rico, vinieron a Filadelfia y encontraron trabajos en el procesamiento de azúcar, como en la Refinería de Azúcar Franklin, mostrada aquí en el 1938. (Cortesía de UA.)

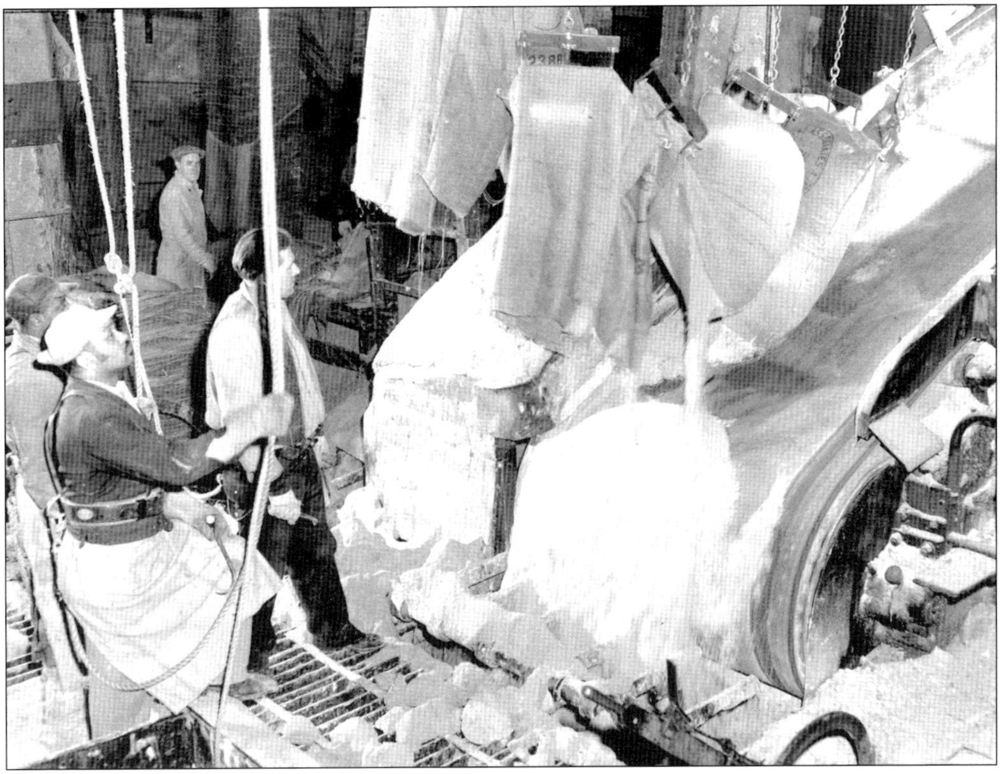

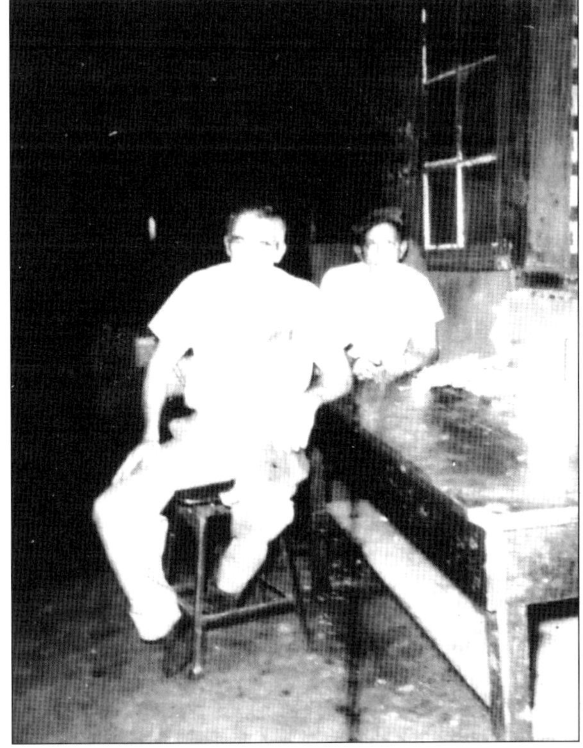

The workers, above, are at the
National Sugar Refining Company
in 1950. Below, on the right, Hipólito
Amaro is taking a break at a sugar
refinery. In the mid-1940s, he came
to the area as a farmworker. He
settled in the city and worked in
the refinery for 30 years. It was a
union job, and he became a union
representative. (Courtesy of UA and
Gloria Roldán Amaro.)

Los trabajadores fotografiados arriba
están en la Compañía Nacional
de Refinamiento de Azúcar en el
1950. Abajo, a la derecha, Hipólito
Amaro está tomando un receso en
una refinería de azúcar. Él llegó al
área como un trabajador agrícola
a mediados de los años 1940. Se
estableció en la ciudad y trabajó
en la refinería por 30 años. Fue un
trabajador unionado, y llegó a ser un
delegado de la unión. (Cortesía de
UA y Gloria Roldán Amaro.)

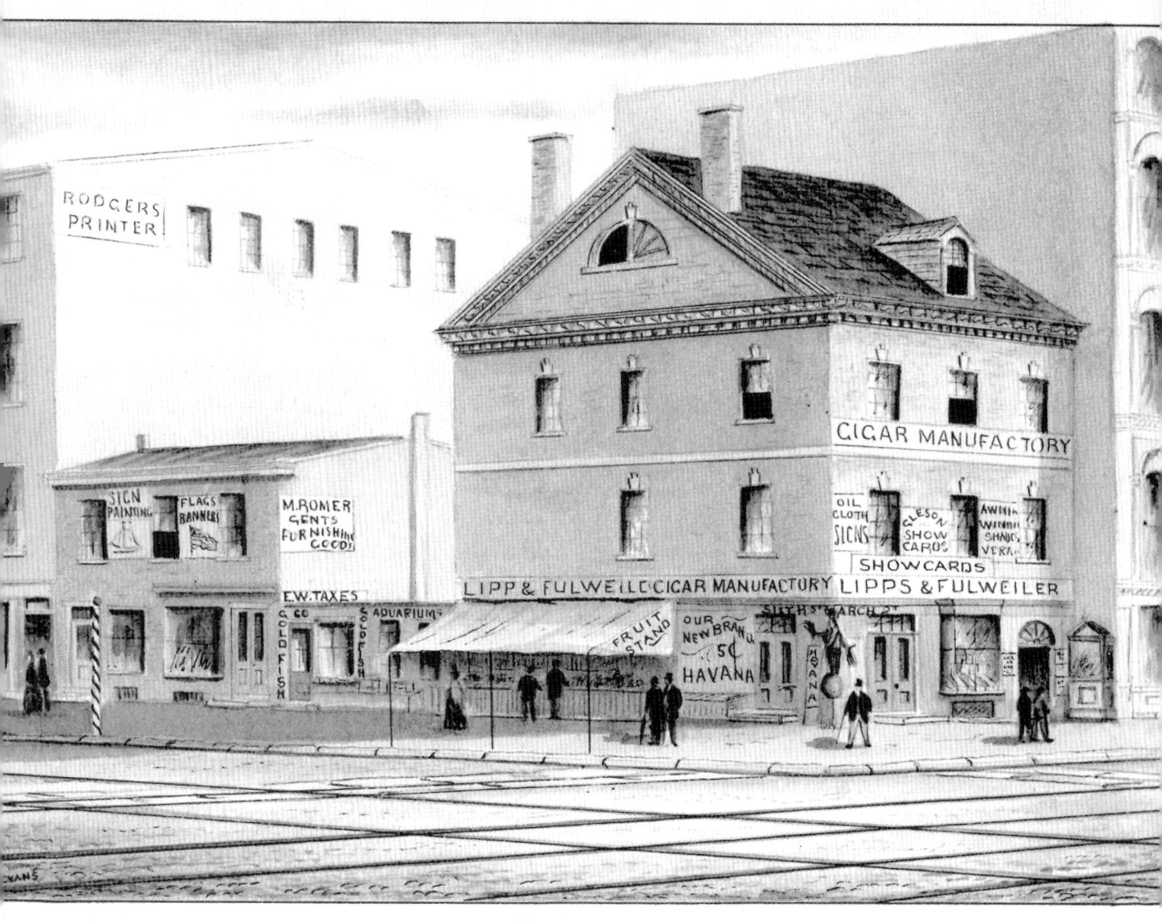

Tobacco also created links between Puerto Rico and Philadelphia. Puerto Rico's tobacco was sent to Philadelphia, an important manufacturing center. The Lipps and Fulweiler Cigar Factory, at Sixth and Arch Streets, is depicted by Benjamin Ridgway Evans in 1878. Puerto Rican cigar makers continued as cigar makers in the city. By 1877, there was a Spanish-speaking local of the Cigar Makers International Union. (Courtesy of HSP.)

El tabaco también creó lazos entre Puerto Rico y Filadelfia. El tabaco producido en Puerto Rico era enviado a Filadelfia, un centro importante de manufactura. La Fábrica de Cigarros Lipps y Fulweiler, localizada en las calles 6 y Arch, está aquí representada por Benjamin Ridgway Evans en 1878. Los tabacaleros puertorriqueños continuaron como tabacaleros en la ciudad. Para el 1877, ya había un local hispanoparlante de la Unión Internacional de Tabacaleros. (Cortesía de HSP.)

14

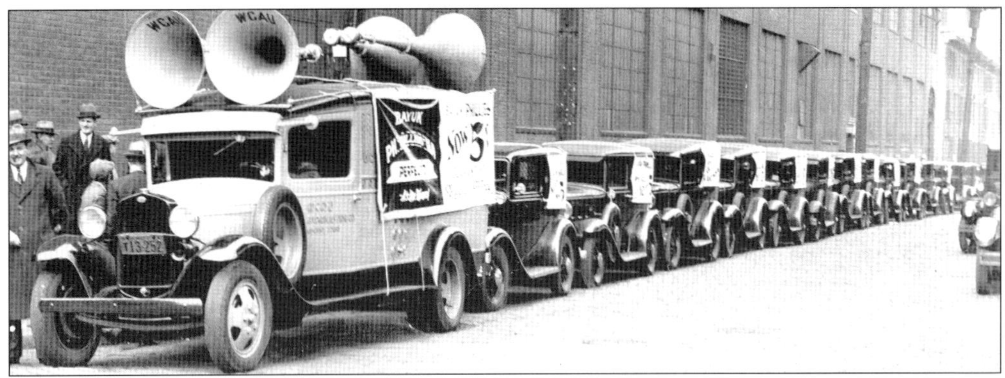

Bayuk Brothers Tobacco Company, the largest producer of cigars in early-20th-century Philadelphia, advertised its reduced prices in 1933. Many Puerto Ricans worked in Cuban- and Spanish-owned cigar shops. (Courtesy of HSP.)

La Fábrica de Tabaco Hermanos Bayuk, la productora más grande de cigarros a principios del siglo XX en Filadelfia, anunciaba sus precios bajos en 1933. Muchos puertorriqueños trabajaban en talleres de tabaco cuyos dueños eran cubanos y españoles. (Cortesía de HSP.)

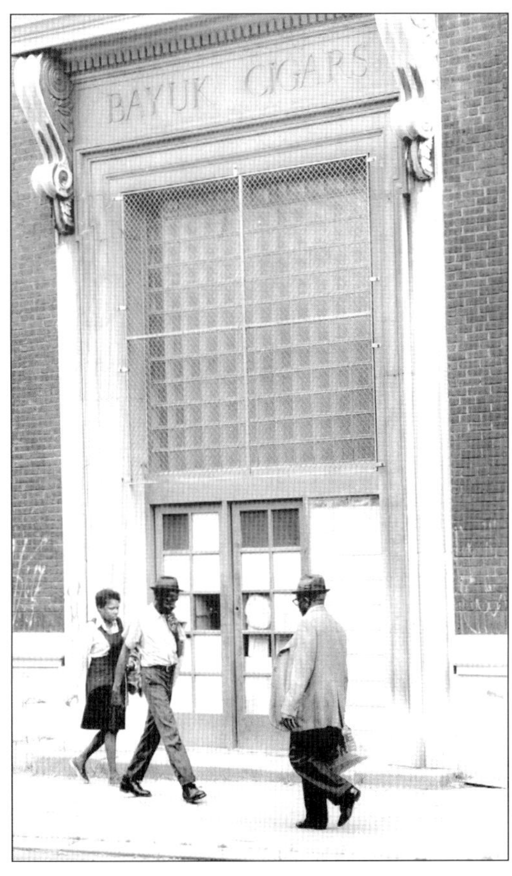

Over the years, industries relocated to lower-wage areas outside the city. This is the abandoned Bayuk Cigars factory, located at Ninth and Columbia Streets, in 1980. (Courtesy of UA.)

A través de los años, las industrias se relocalizaron a las afueras de la ciudad donde los salarios eran más bajos. Esta es la fábrica abandonada de Cigarros Bayuk, en las calles 9 y Columbia, en 1980. (Cortesía de UA.)

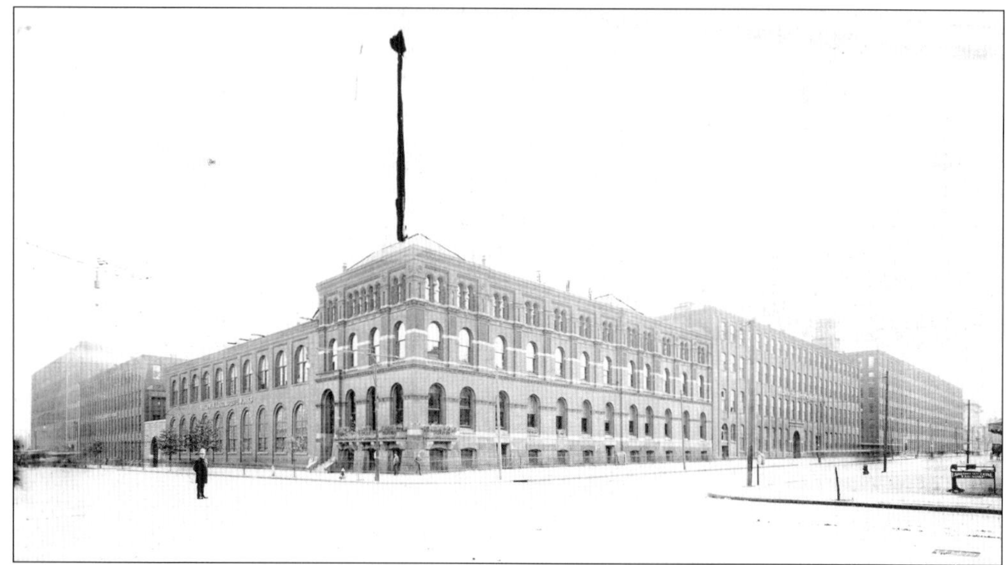

Puerto Ricans were recruited for jobs at the Baldwin Locomotive Works Company, shown here in the early 20th century. Most worked as machinists. Baldwin was the largest U.S. manufacturer of train engines. (Courtesy of HSP.)

Los puertorriqueños fueron reclutados para trabajar en la Compañía de Locomotoras Baldwin, mostrada aquí a comienzos del siglo XX. Muchos trabajaron como maquinistas. La Baldwin fue la fábrica más grande de manufactura de locomotoras en los Estados Unidos. (Cortesía de HSP.)

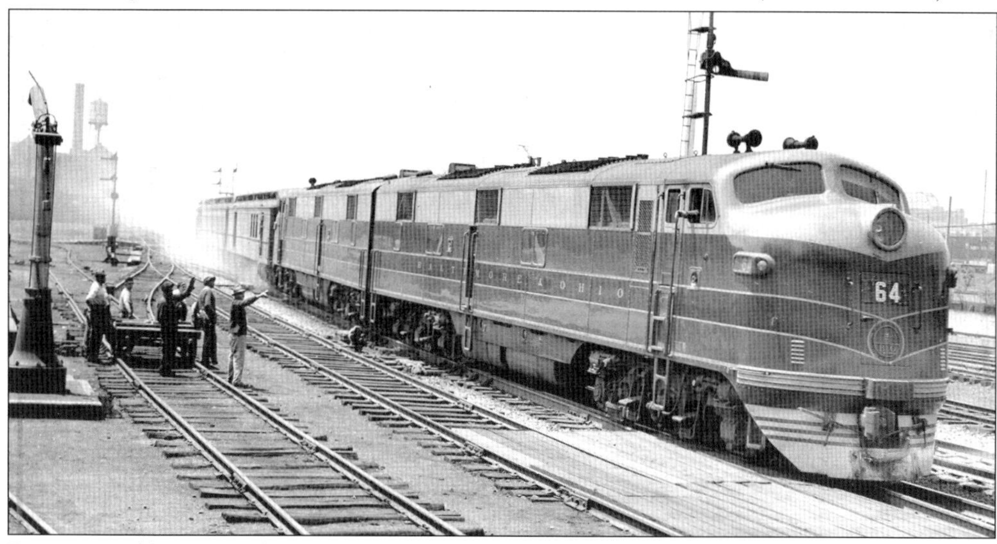

During World War II, the U.S. government's War Manpower Commission recruited Puerto Ricans to work in war industries. Many worked on the Baltimore and Ohio Railroad, shown here in 1946, and on the Pennsylvania Railroad. (Courtesy of UA.)

Durante la Segunda Guerra Mundial, la Comisión de Mano de Obra para la Guerra del gobierno de los Estados Unidos reclutó a puertorriqueños para trabajar en las industrias de guerra. Muchos trabajaron en la Compañía Ferroviaria de Baltimore y Ohio, aquí mostrada en el 1946, y en la de Pennsylvania. (Cortesía de UA.)

16

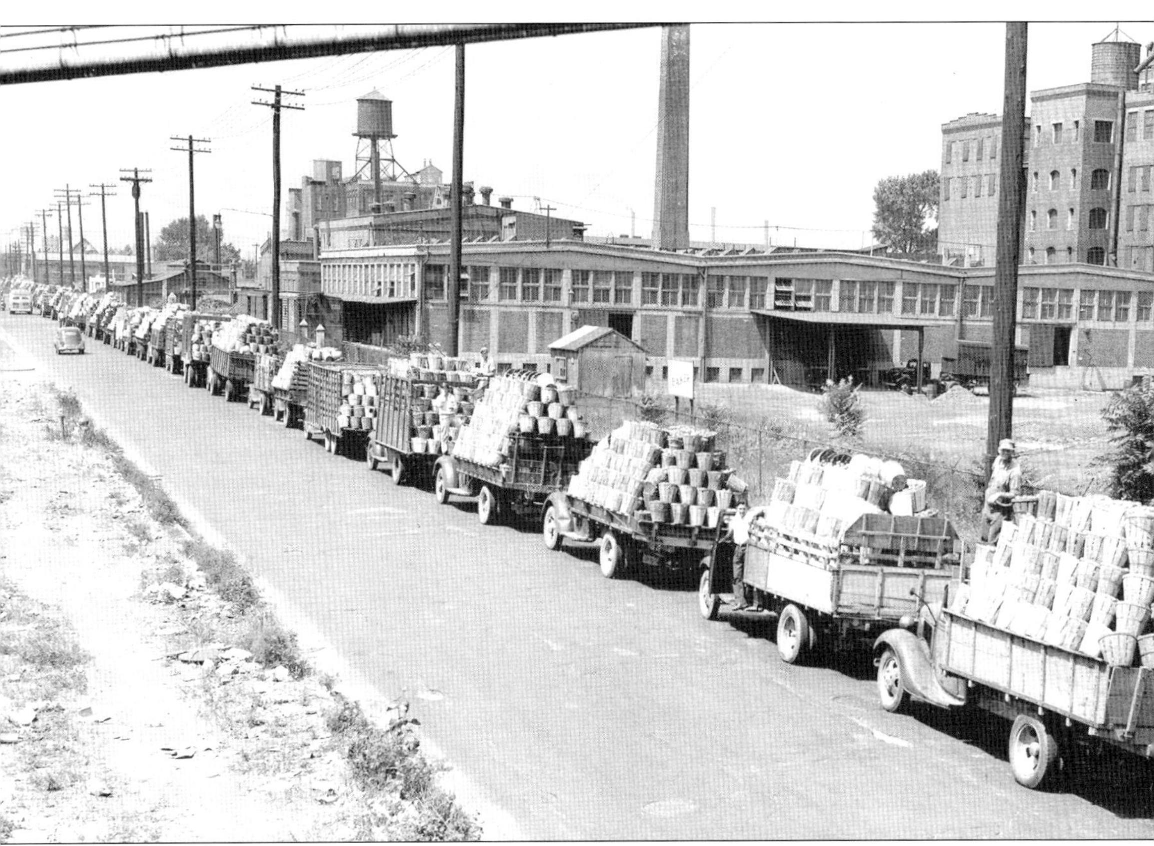

Other Puerto Ricans were placed with food processing industries in southern New Jersey. Here tomato trucks are lined up outside the Campbell Soup Company in Camden, New Jersey, in August 1943. Campbell contracted 488 Puerto Rican workers in 1943 and another 500 in 1944. While some settled in Camden, other migrants made their way to Philadelphia. (Courtesy of HSP.)

Otros puertorriqueños fueron asignados a las industrias de procesamiento de alimentos en el sur de Nueva Jersey. Aquí camiones de tomates están alineados en las afueras de la Compañía de Sopas Campbell en Camden, Nueva Jersey, en agosto de 1943. La Campbell contrató a 488 trabajadores puertorriqueños en 1943 y a otros 500 en 1944. Mientras unos se establecieron en Camden, otros migrantes continuaron su trayecto hacia Filadelfia. (Cortesía de HSP.)

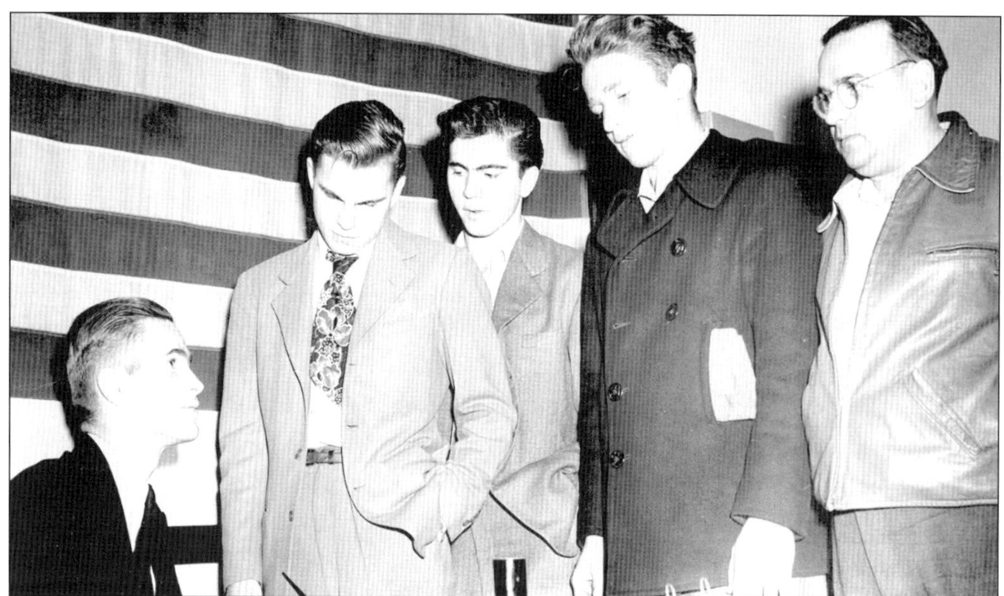

Puerto Ricans signed up to work with the merchant marines during and after World War II. Ensign K. A. Titus is interviewing, from left to right, Leon Thumma, Pedro García, Joseph Muchweiler, and Edgar Loth in 1944. (Courtesy of UA.)

Los puertorriqueños firmaron para trabajar con los marinos mercantes durante y después de la Segunda Guerra Mundial. Alférez K. A. Titus está entrevistando, de izquierda a derecha, a Leon Thumma, Pedro García, Joseph Muchweiler y Edgar Loth en 1944. (Cortesía de UA.)

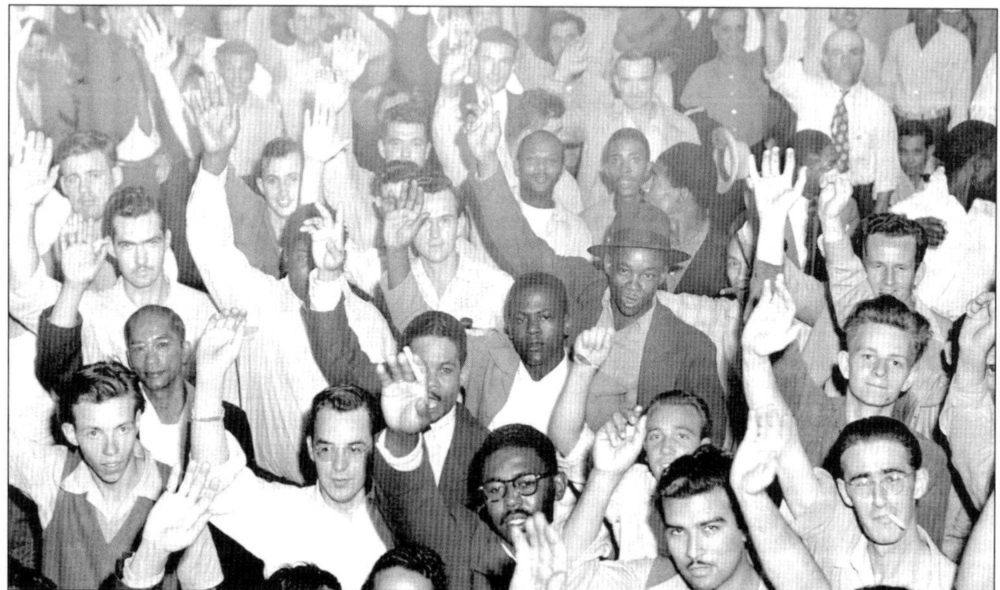

Here members of the National Maritime Union vote not to move any more ships until a contract was signed in 1947. (Courtesy of UA.)

Aquí miembros de la Unión Nacional Marítima votan para que no se moviera un solo barco más hasta que un contrato fuera firmado en 1947. (Cortesía de UA.)

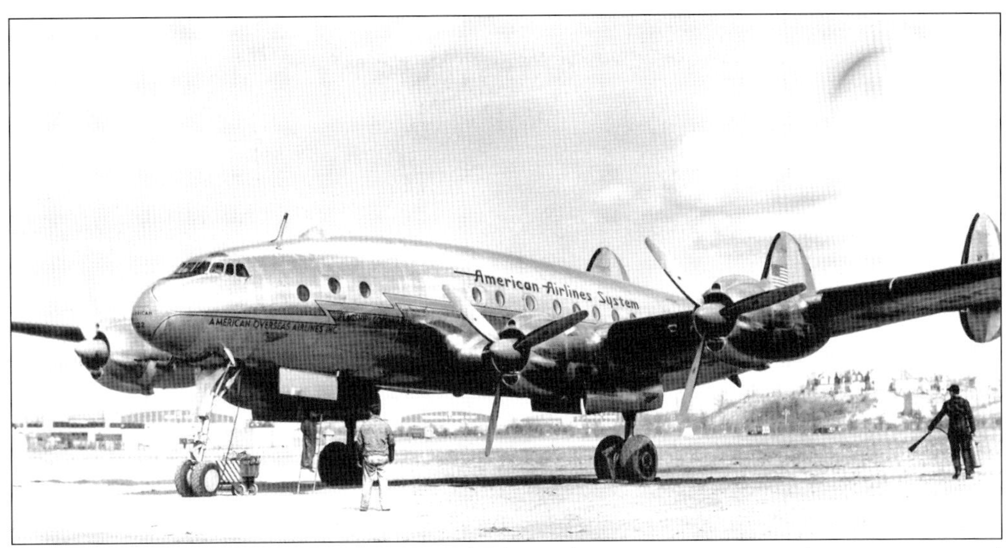

After World War II, Puerto Ricans became the first airborne migration, traveling on commercial airlines like this American Airlines plane at New York Municipal Airport in 1946. Direct commercial flights to Philadelphia were authorized in 1957. (Courtesy of CEP.)

Luego de la Segunda Guerra Mundial, los puertorriqueños fueron la primera migración aérea viajando en aerolíneas comerciales como este avión de American Airlines en el Aeropuerto Municipal de Nueva York en 1946. Vuelos comerciales directos a Filadelfia fueron autorizados en 1957. (Cortesía de CEP.)

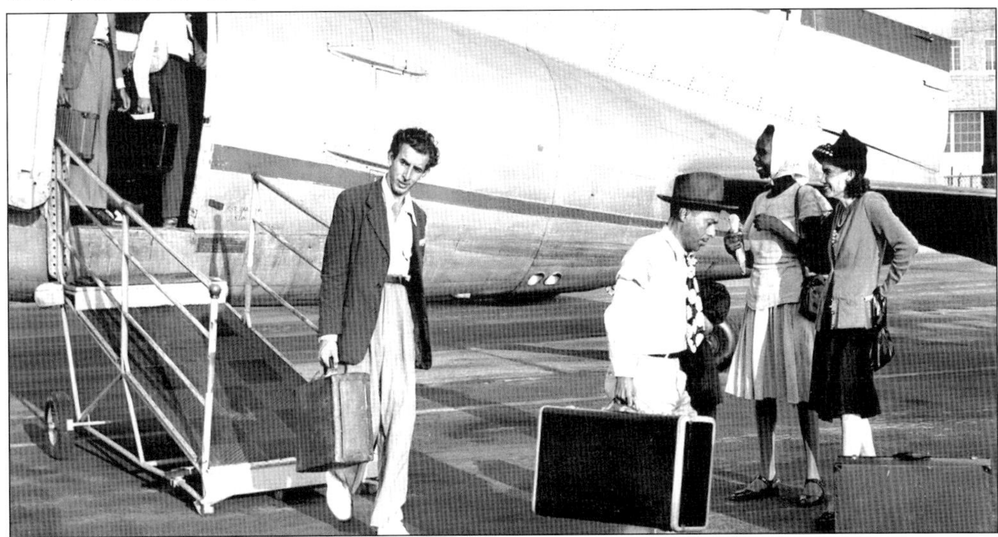

Workers with labor contracts were transported in cargo planes—note the absence of windows. Arriving in 1947 at Southwest Airport (now Philadelphia International Airport), the women had contracts for domestic work, and the men had contracts for canning jobs. (Courtesy of UA.)

Trabajadores con contratos laborales eran transportados en aviones de carga—note la ausencia de ventanas. Llegando en 1947 al Aeropuerto Suroeste (ahora el Aeropuerto Internacional de Filadelfia), las mujeres tenían contratos para trabajo doméstico, y los hombres tenían contratos para trabajar enlatando productos. (Cortesía de UA.)

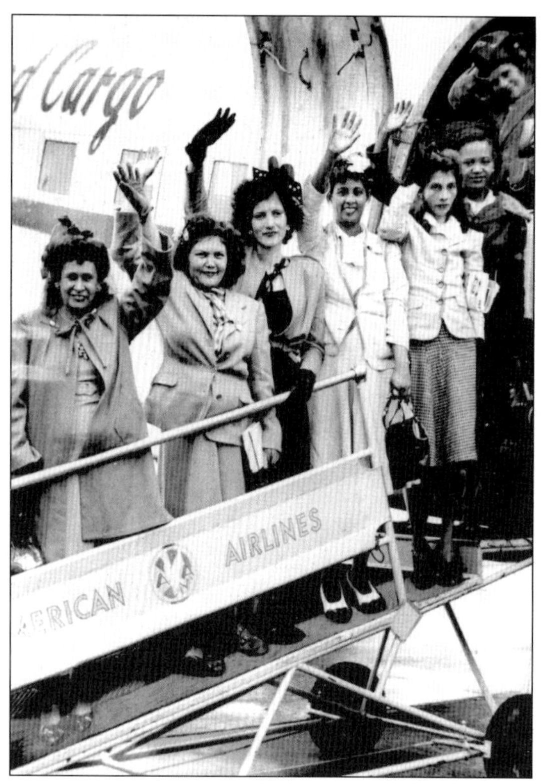

These domestic workers arrived in Philadelphia in 1947, under a contract labor program later sponsored by the governments of Puerto Rico and the United States. The newspaper caption read, "Heartening News for City Housewives." (Courtesy of UA.)

Estas trabajadoras domésticas llegaron a Filadelfia en el 1947, bajo un programa de contrato laboral más tarde auspiciado por los gobiernos de Puerto Rico y los Estados Unidos. El titular del periódico lee, "Noticias Alentadoras para las Amas de Casa de la Ciudad". (Cortesía de UA.)

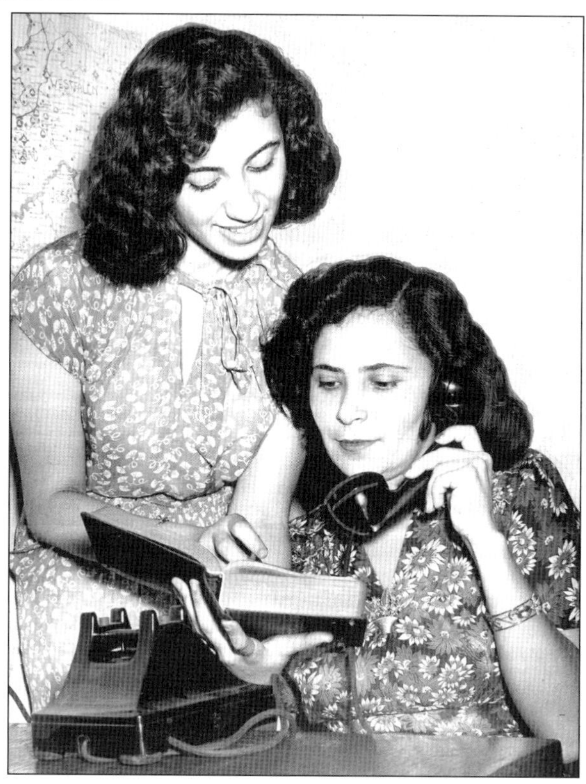

The YWCA and other community agencies provided additional training and recreation for domestic workers. Magdalina Gil, on the right, is being shown English telephone skills by Doris Barish, a Spanish student in 1947. (Courtesy of UA.)

La YWCA y otras agencias comunitarias ofrecieron adiestramiento adicional y recreación para las trabajadoras domésticas. Doris Barish, una estudiante de español, le está mostrando a Magdalina Gil, en la derecha, cómo contestar el teléfono en inglés en 1947. (Cortesía de UA.)

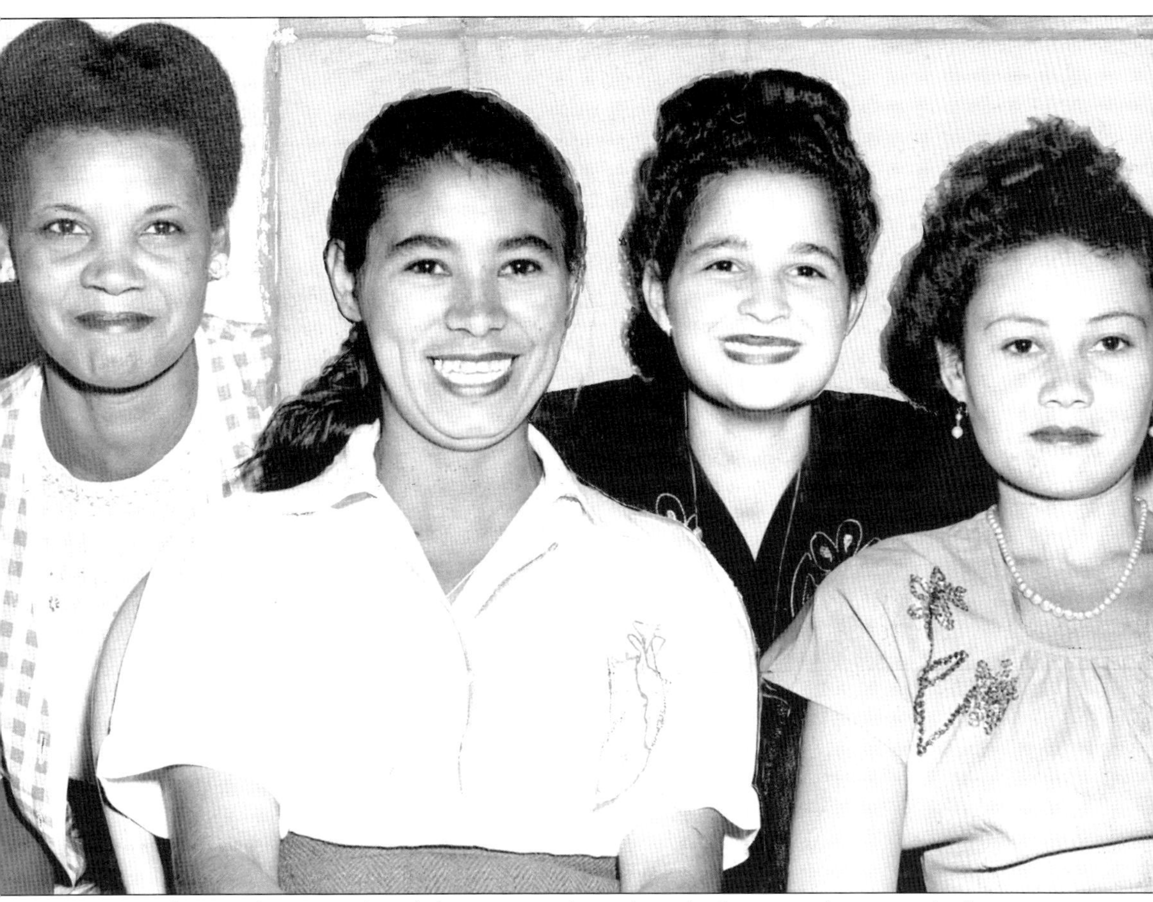

Despite their smiles, some found domestic work in the suburbs too isolating or the hours too long. Some left for Philadelphia's rapidly growing Puerto Rican communities and found jobs in the garment and light manufacturing industries. Pictured here in 1947 are, from left to right, unidentified, Inéz Marie Martínez, Alejandrina Castro, and Victoriana Rojas. (Courtesy of UA.)

A pesar de sus sonrisas, algunas encontraron el trabajo doméstico en los suburbios muy aislador o de horas muy largas. Algunas se fueron para la creciente comunidad puertorriqueña en Filadelfia y encontraron trabajos en las industrias de la aguja y manufactura liviana. Retratadas aquí en 1947 están, de izquierda a derecha, sin identificación, Inéz Marie Martínez, Alejandrina Castro y Victoriana Rojas. (Cortesía de UA.)

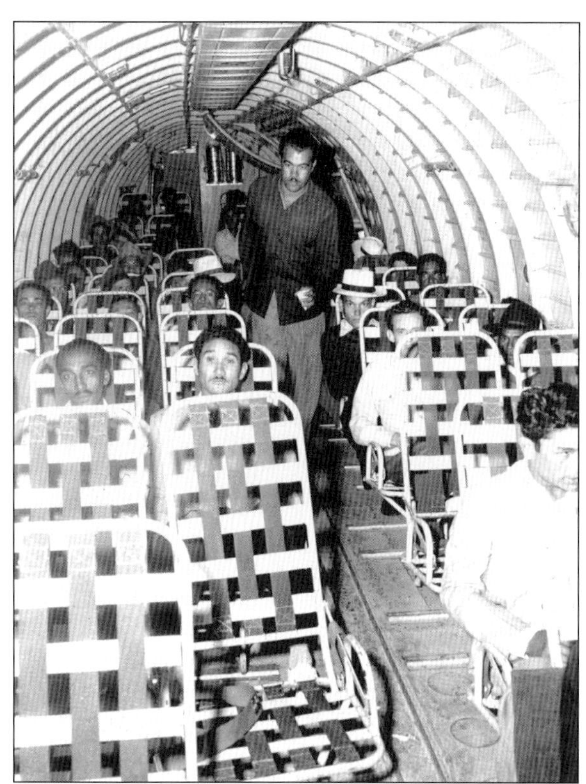

The contract program for domestics was short lived. The Puerto Rico and U.S. governments turned to a contract labor program to bring men for seasonal farmwork. These men are on a plane in 1946. (Courtesy of CEP.)

El programa de contratos para trabajo doméstico tuvo una corta existencia. Los gobiernos de Puerto Rico y los Estados Unidos optaron por un programa de contrato laboral para traer hombres a trabajos de temporada en los campos. Estos hombres están en un avión en el 1946. (Cortesía de CEP.)

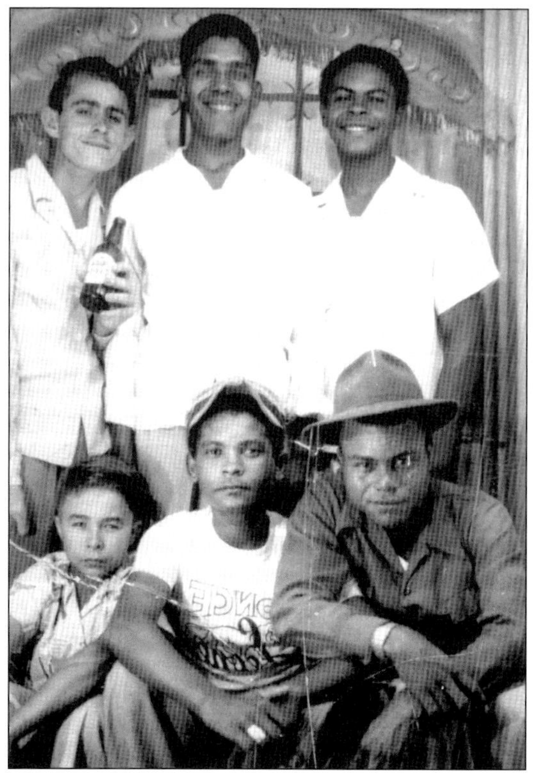

Julio Rosario, in the front row on the right, is with friends in Cayey around 1946. In 1948, he signed up for a farm labor contract and then settled in Philadelphia in 1953. (Courtesy of Julio Rosario.)

Julio Rosario, en la fila del frente a la derecha, está con sus amigos en Cayey cerca de 1946. En 1948, firmó un contrato de trabajo agrícola y luego se estableció en Filadelfia en 1953. (Cortesía de Julio Rosario.)

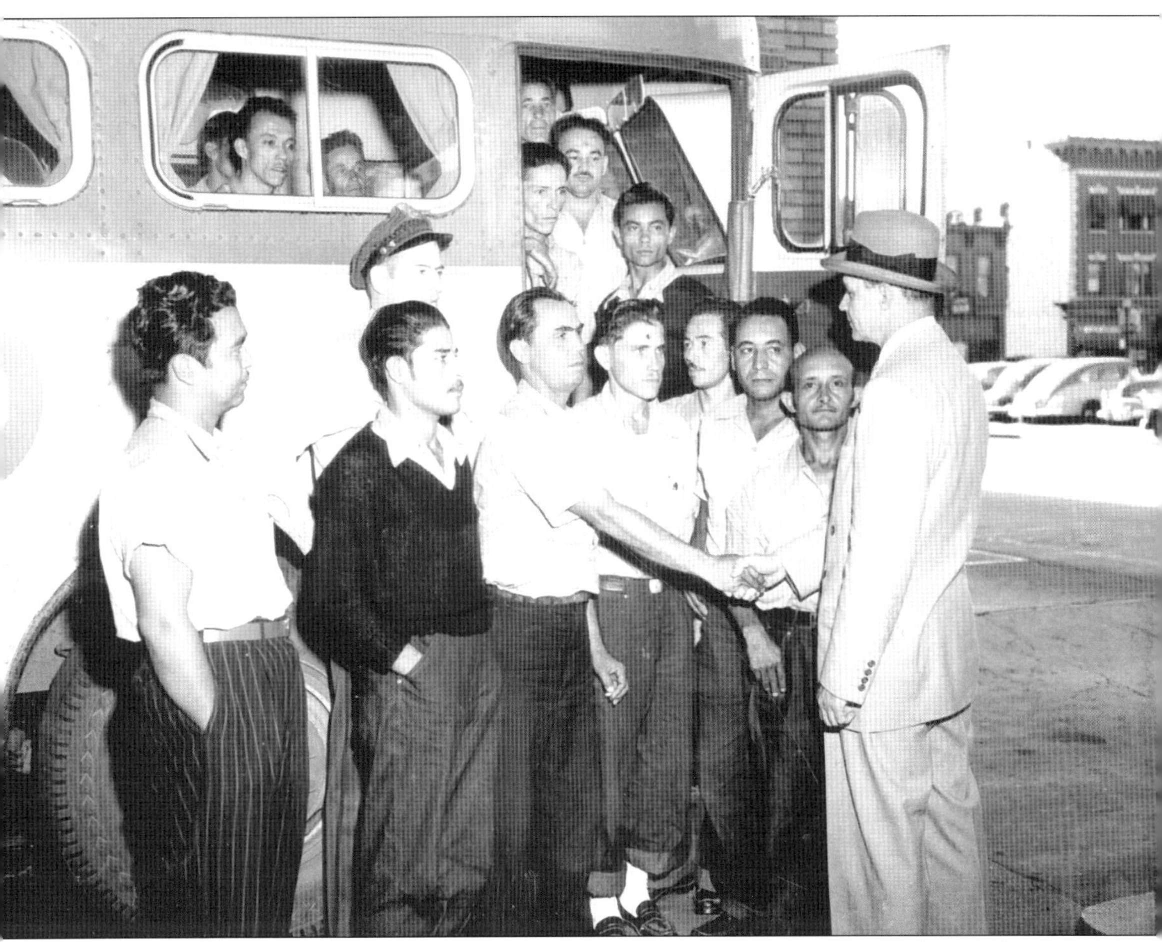

Farmworkers were placed in farm labor camps or on smaller farms in New Jersey and Pennsylvania. Here, as they board a bus in 1946, they are greeted by Eulalio Torres, a representative of the government of Puerto Rico's farm labor program. During the 1950s and 1960s, between 10,000 and 18,000 farmworkers were sent to the United States with labor contracts each year. Others came on their own without contracts. (Courtesy of CEP.)

Los trabajadores agrícolas fueron acomodados en campos de trabajo o en fincas más pequeñas en Nueva Jersey y Pennsylvania. Aquí son saludados por Eulalio Torres, un representante del programa de trabajo agrícola del gobierno de Puerto Rico, mientras abordan un autobús en 1946. Durante las décadas de 1950 y 1960, entre 10,000 y 18,000 trabajadores agrícolas con contratos de trabajo fueron enviados a los Estados Unidos cada año. Otros vinieron por su propia cuenta sin tener contrato. (Cortesía de CEP.)

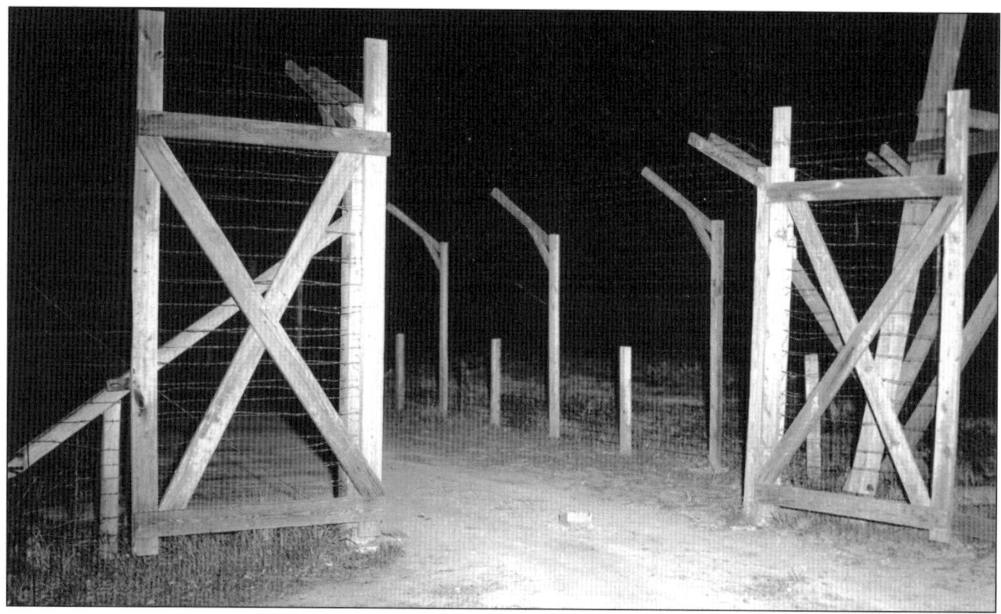

In Glassboro, New Jersey, the farm labor camp was a World War II prisoner of war camp. As the barbed wire fence remained up in 1946, Congressman Vito Marcantonio charged that it was "virtually a barbed-wire concentration camp." State inspectors responded that it "was a model migrant's camp." Men sought to make their lives in the Glassboro barracks as comfortable as possible. (Courtesy of UA.)

En Glassboro, Nueva Jersey, el campo de trabajo agrícola había sido un campo de prisioneros de guerra durante la Segunda Guerra Mundial. Como la cerca de alambres de púas aún permanecía erguida en 1946, el Congresista Vito Marcantonio acusó que esto era "virtualmente un campo de concentración rodeado con alambres de púas". Los inspectores estatales respondieron que éste "era un campo modelo para migrantes". Los hombres trataron de hacer sus vidas en las barracas de Glassboro lo más cómodo posible. (Cortesía de UA.)

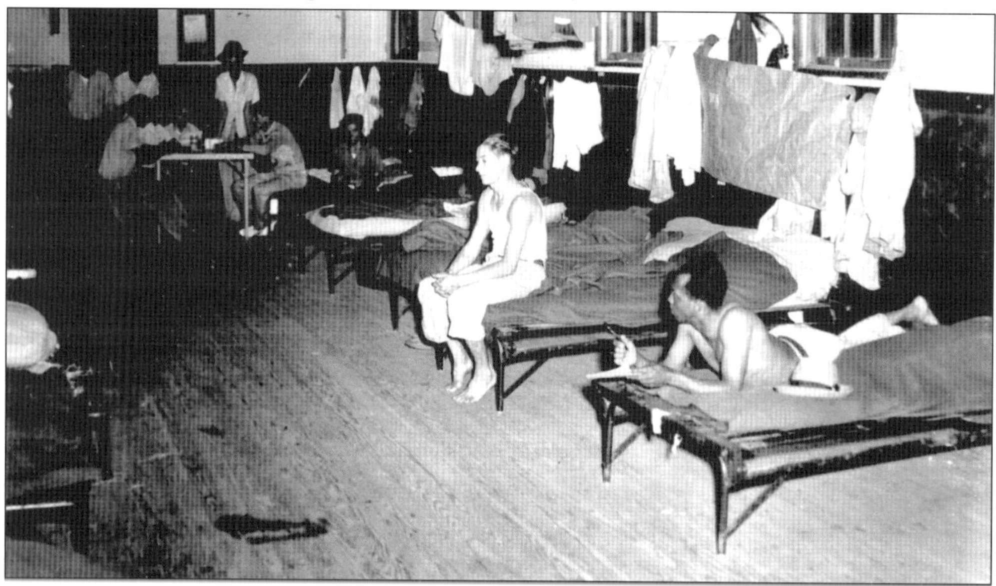

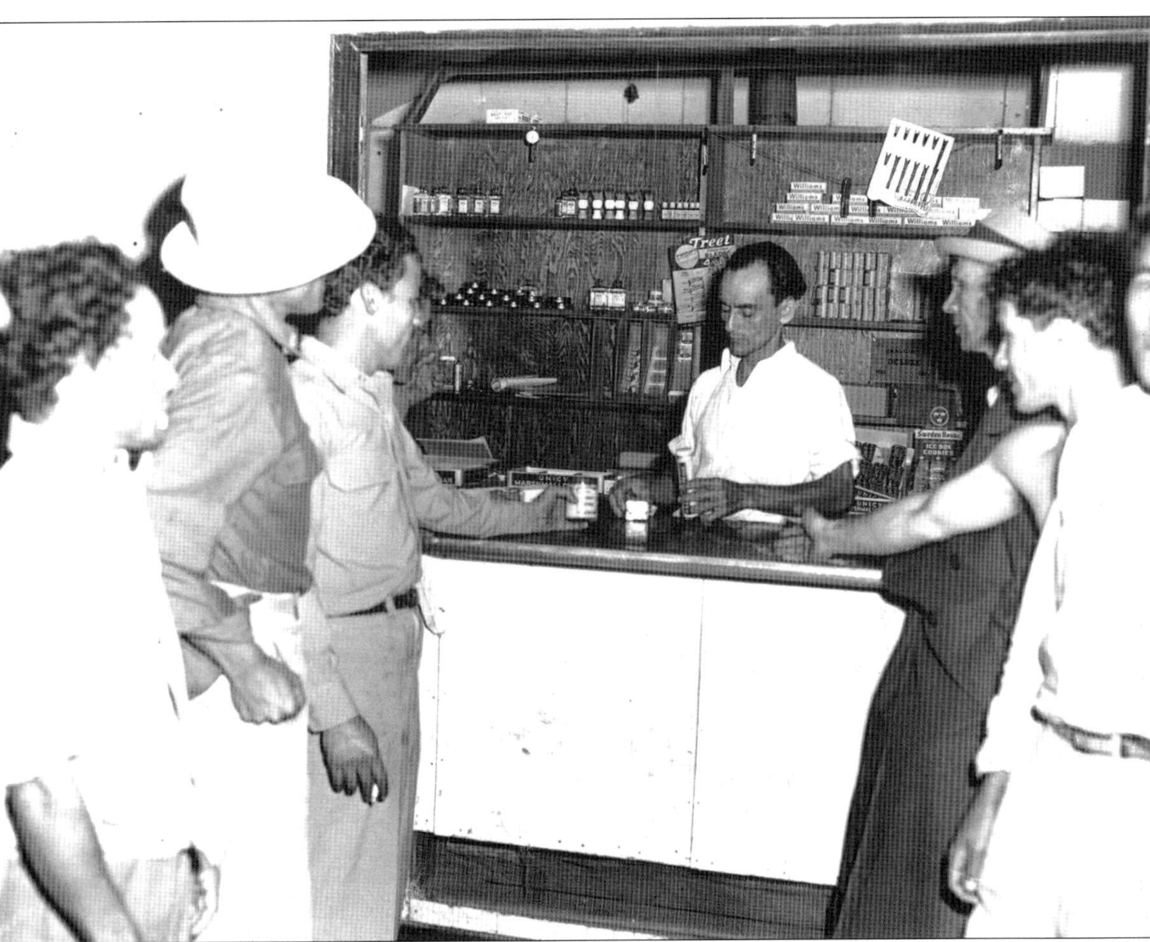

These men are at the Glassboro labor camp's company store. Many struggled to stretch their meager wages to cover their immediate living expenses, while sending most of their earnings home to Puerto Rico to support their families. Farmworkers' remittances became an important source of income for their families and for Puerto Rico's economy. (Courtesy of UA.)

Estos hombres están en la tienda de la compañía en el campo de trabajo de Glassboro. Muchos luchaban estirando su escaso salario para cubrir sus gastos personales inmediatos, mientras enviaban la mayor parte de sus ingresos a sus hogares en Puerto Rico para mantener a sus familias. Los envíos de los trabajadores agrícolas comenzaron a ser una importante fuente de ingreso para sus familias y para la economía de Puerto Rico. (Cortesía de UA.)

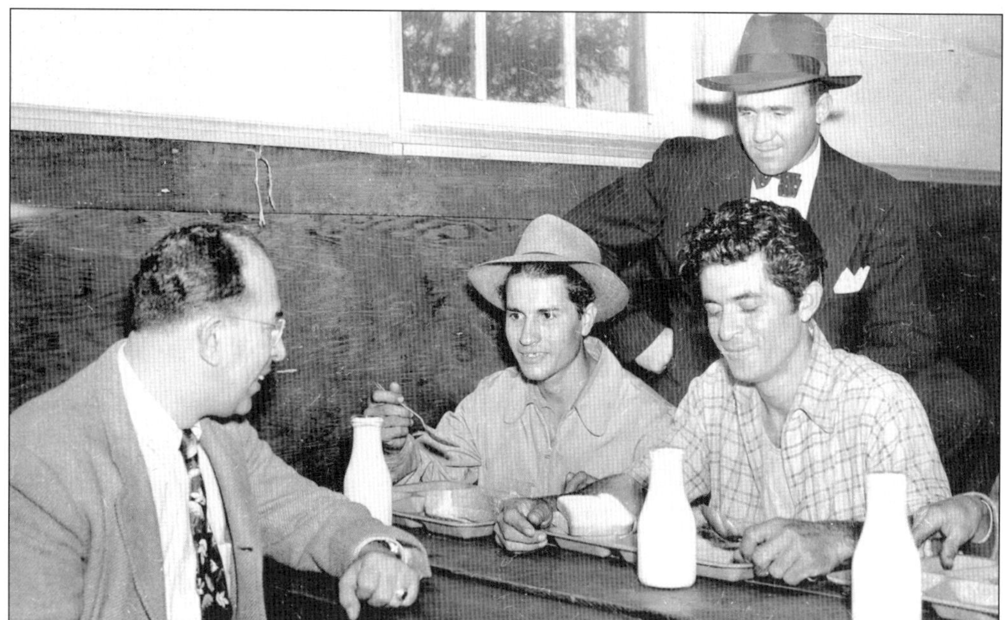

Puerto Rico's commissioner of labor Fernando Sierra Berdecía, seated with the tie on, inspected conditions at Glassboro around 1947. He is with Fred Dollenberg, the president of Winged Cargo Inc., which transported contract laborers. (Courtesy of UA.)

El secretario del trabajo de Puerto Rico, Fernando Sierra Berdecía, sentado y con corbata, inspeccionó las condiciones en Glassboro cerca de 1947. También está Fred Dollenberg, el presidente de Winged Cargo Inc., compañía que transportaba trabajadores contratados. (Cortesía de UA.)

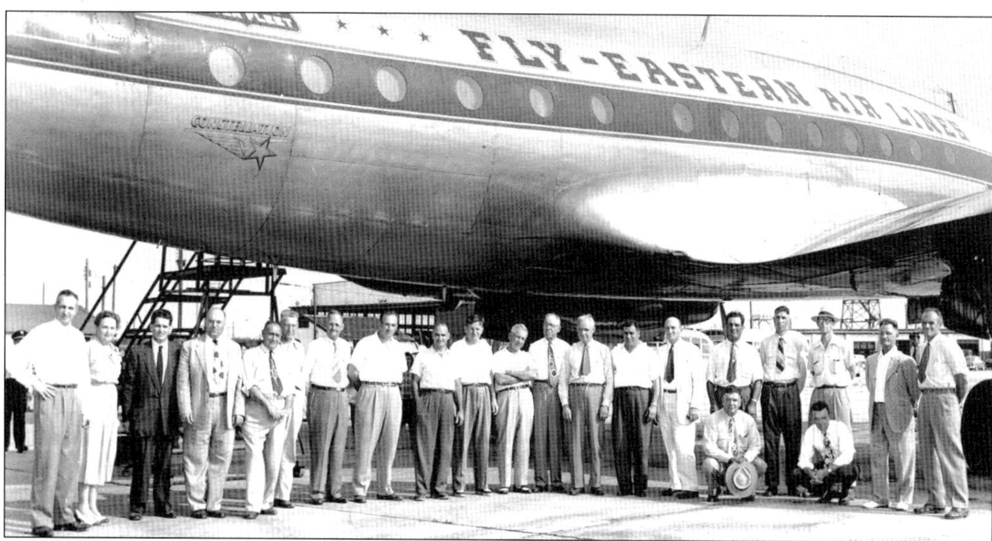

Shown here at the Millville Airport in 1952, New Jersey's government officials also inspected conditions for farmworkers. (Courtesy of UA.)

Fotografiados en el Aeropuerto de Millville en 1952, oficiales del gobierno de Nueva Jersey también inspeccionaron las condiciones de los trabajadores agrícolas. (Cortesía de UA.)

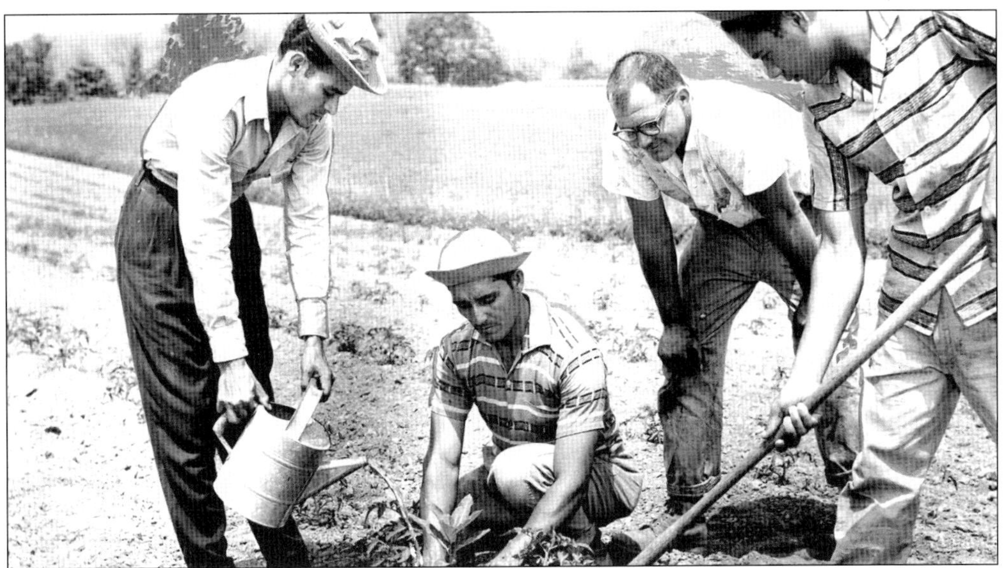

Pennsylvania farmer Edward Zisko, second from right, supervises farmworkers, from left to right, Juan Rodrigues, Angelo Vásquez, and Julio Díaz on his Bucks County farm in 1959. Farmers relied on these workers. (Courtesy of UA.)

Edward Zisko, segundo desde la derecha y dueño de una finca en Pennsylvania, supervisa a los trabajadores agrícolas, de izquierda a derecha, Juan Rodrigues, Angelo Vásquez y Julio Díaz en su finca en el Condado de Bucks en 1959. Los granjeros dependían en estos trabajadores. (Cortesía de UA.)

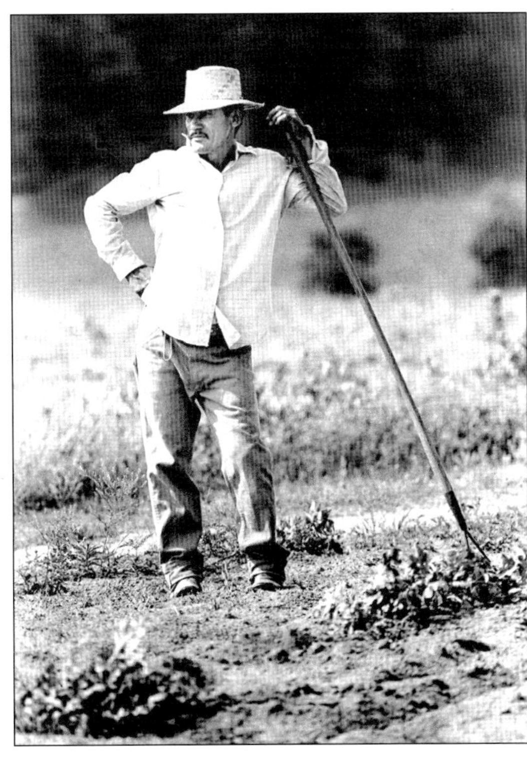

While some Puerto Ricans continued to come from Puerto Rico for seasonal farmwork, others settled in the city and were "day hauled" to nearby farms. In 1976, 44-year-old Nicholas López had done farmwork for 28 years. (Courtesy of UA.)

Mientras algunos puertorriqueños continuaban viniendo de Puerto Rico para trabajos agrícolas de temporada, otros se establecieron en la ciudad y eran jornaleros diurnos en fincas cercanas. En 1976, Nicholas López de 44 años de edad, había laborado en trabajos agrícolas por espacio de 28 años. (Cortesía de UA.)

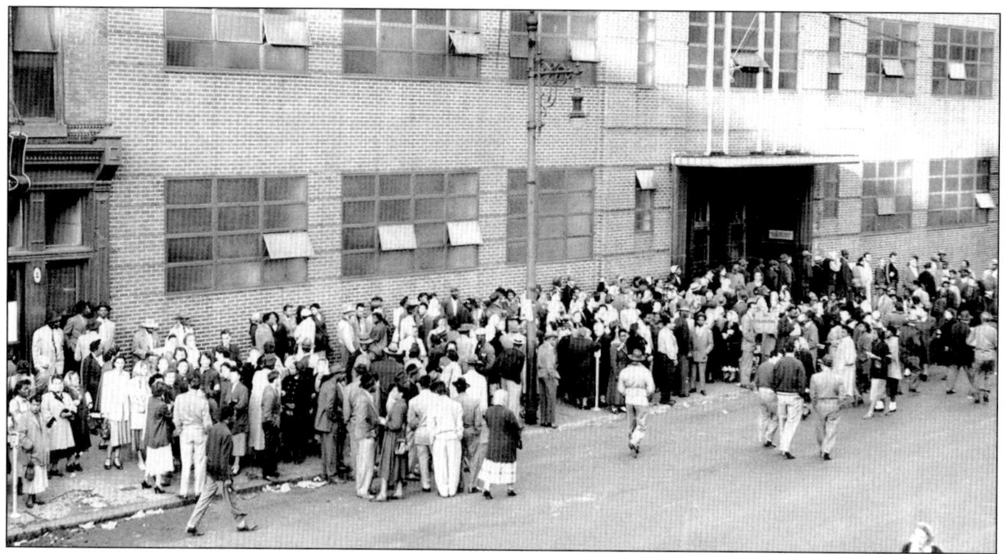

Puerto Ricans joined struggles to improve working conditions and wages, sometimes in the very industries that had recruited them. In 1952, members of Local 80, United Packing House Workers, Congress of Industrial Organizations (CIO), held a "protest stoppage" at the Campbell Soup Company. (Courtesy of UA.)

Los puertorriqueños se unieron a las luchas por mejorar los salarios y las condiciones de trabajo, algunas veces en las mismas industrias que los reclutaron. En el 1952, miembros de la unión Local 80, United Packing House Workers, Congress of Industrial Organizations (CIO), tuvieron un paro laboral en la Compañía de Sopas Campbell. (Cortesía de UA.)

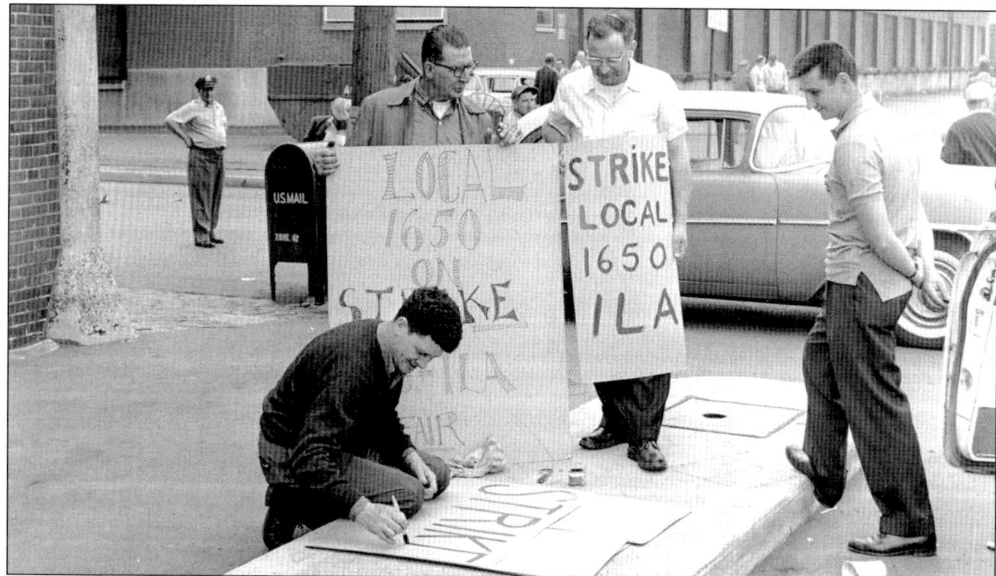

Workers at the Franklin Sugar Company are preparing for a strike in April 1960. (Courtesy of UA.)

Los trabajadores de la Compañía de Azúcar Franklin se preparan para una huelga en abril de 1960. (Cortesía de UA.)

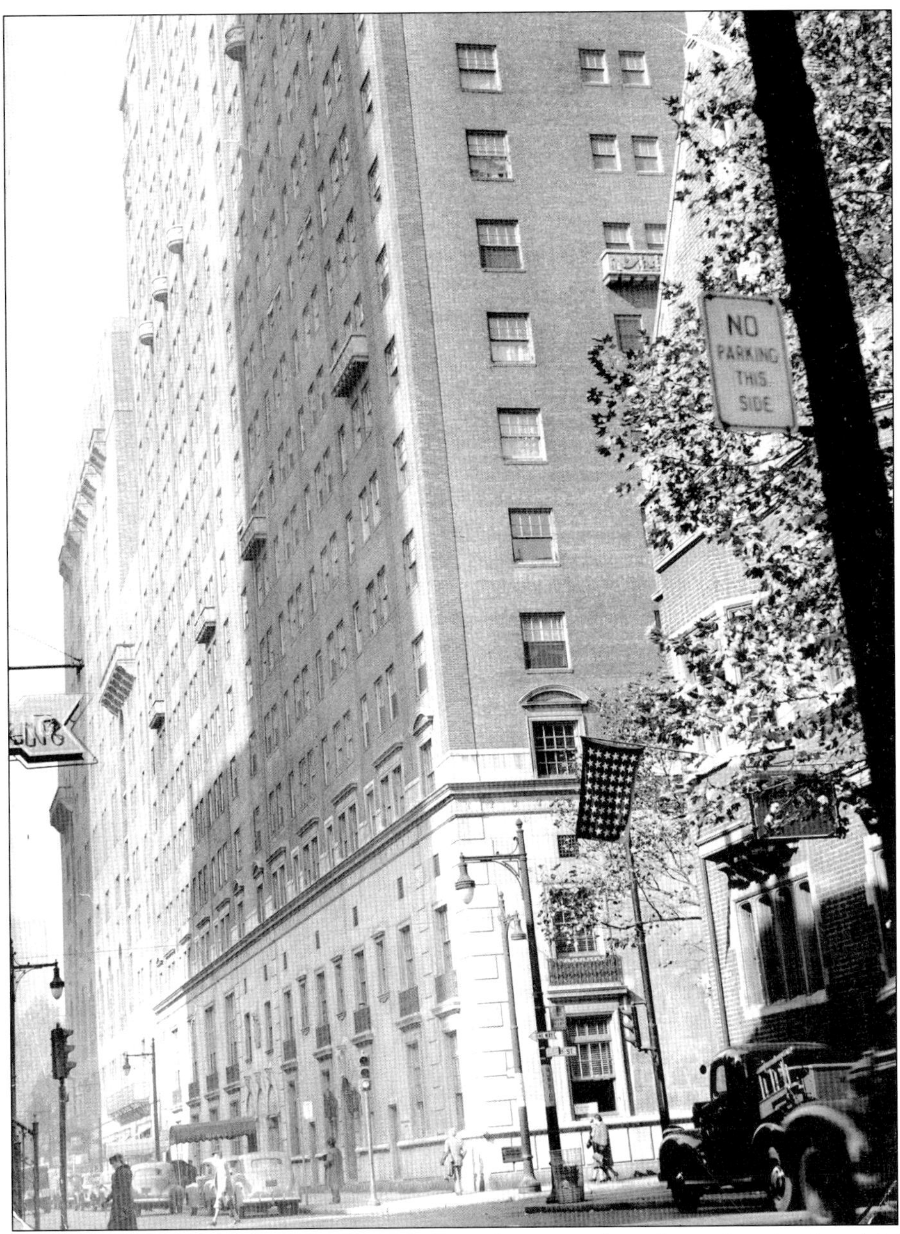

Puerto Rican farmworkers who stayed and men who came directly to the city found jobs in the service industries, especially in restaurants and hotels, where many worked as dishwashers. Some found jobs at the Warwick Hotel, pictured here in the 1940s. Others worked in light manufacturing, like the food processing and garment industries. (Courtesy of UA.)

Los trabajadores agrícolas puertorriqueños que se quedaron y los hombres que vinieron directamente a la ciudad encontraron trabajos en la industria de servicios, especialmente en los restaurantes y los hoteles, donde muchos trabajaron como lavaplatos. Algunos consiguieron trabajos en el Hotel Warwick, fotografiado aquí en la década de 1940. Otros trabajaron en la industria liviana, como en el procesamiento de alimentos y la industria de la aguja. (Cortesía de UA.)

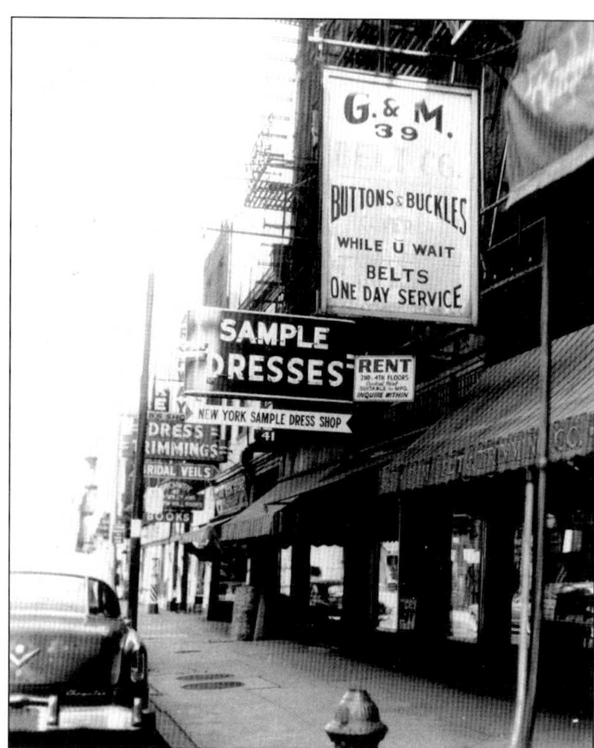

Puerto Rican women who left jobs as domestics and those who came directly to the city found work in the garment industry, often helping each other migrate and find jobs. This is Ninth and Filbert Streets in 1959. (Courtesy of UA.)

Las mujeres puertorriqueñas que dejaron sus trabajos como domésticas y las que vinieron directamente a la ciudad encontraron trabajos en la industria de la aguja, y a menudo se ayudaban entre sí a migrar y encontrar trabajos. Esta es la esquina de las calles 9 y Filbert en 1959. (Cortesía de UA.)

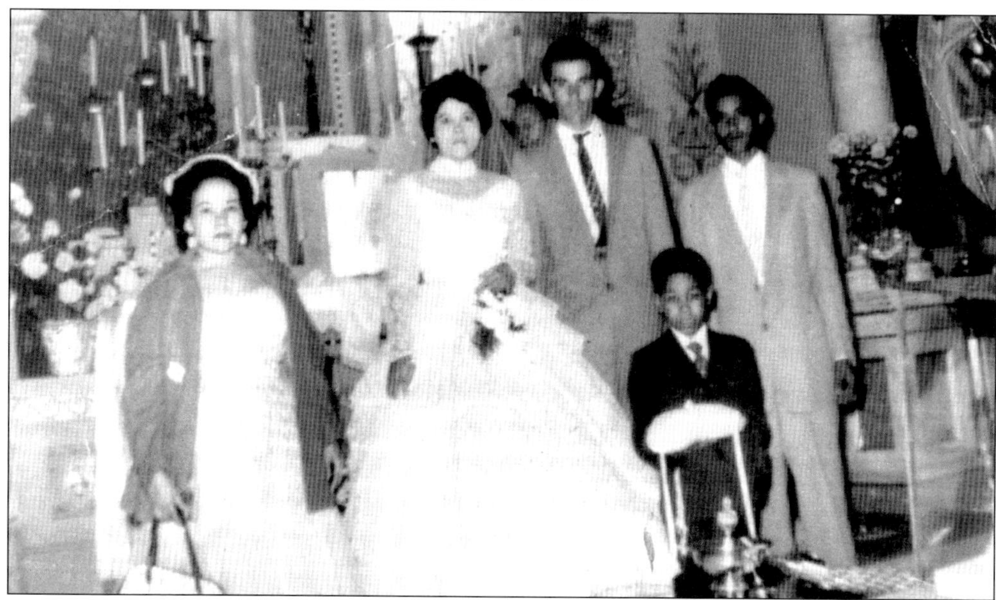

In 1954, Genara Aponte came from San Lorenzo to Philadelphia to work in the garment industry. When she married in 1958 at St. Peter's Church, she and her husband worked in the same garment shop, where she sewed and he ironed. (Courtesy of Genara Aponte.)

En 1954, Genara Aponte vino de San Lorenzo a Filadelfia para trabajar en la industria de la aguja. Cuando se casó en 1958 en la Iglesia de St. Peter, ella y su esposo trabajaban en la misma fábrica de aguja, donde ella cocía y él planchaba. (Cortesía de Genara Aponte.)

In the garment industry, women worked as machine operators and men as pressers, as shown in these photographs taken at SMI Industries at 232 North Eleventh Street in 1978. The women are Joann Corcione, in the foreground, and Fernanda Martínez, with John Rossi standing behind her. The men are Frank Gallo, on the left, and Woodrow Porchea. (Courtesy of UA.)

En la industria de la aguja, las mujeres trabajaban como costureras y los hombres como planchadores como muestran estas fotografías tomadas en las Industrias SMI, localizada en el 232 Norte de la calle 11 en 1978. Las mujeres son Joann Corcione, en la parte de alfrente, y Fernanda Martínez, con John Rossi parado detrás de ella. Los hombres son Frank Gallo, a la izquierda, y Woodrow Porchea. (Cortesía de UA.)

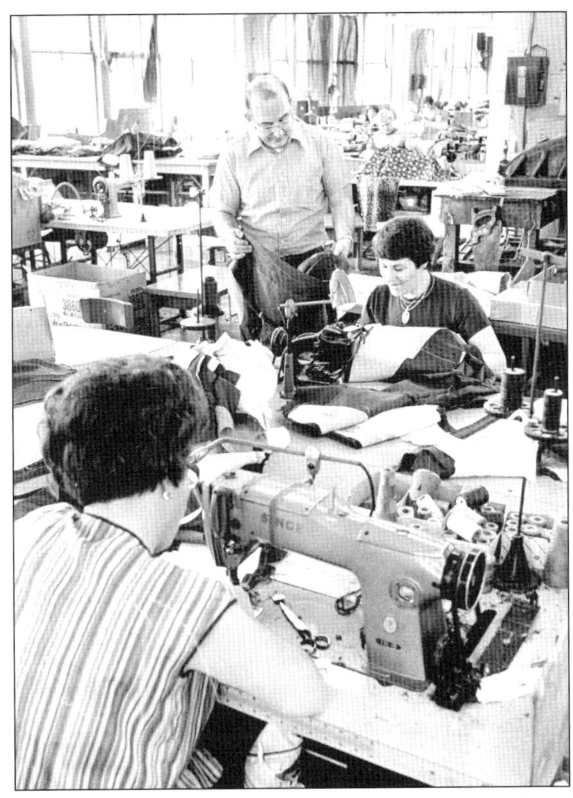

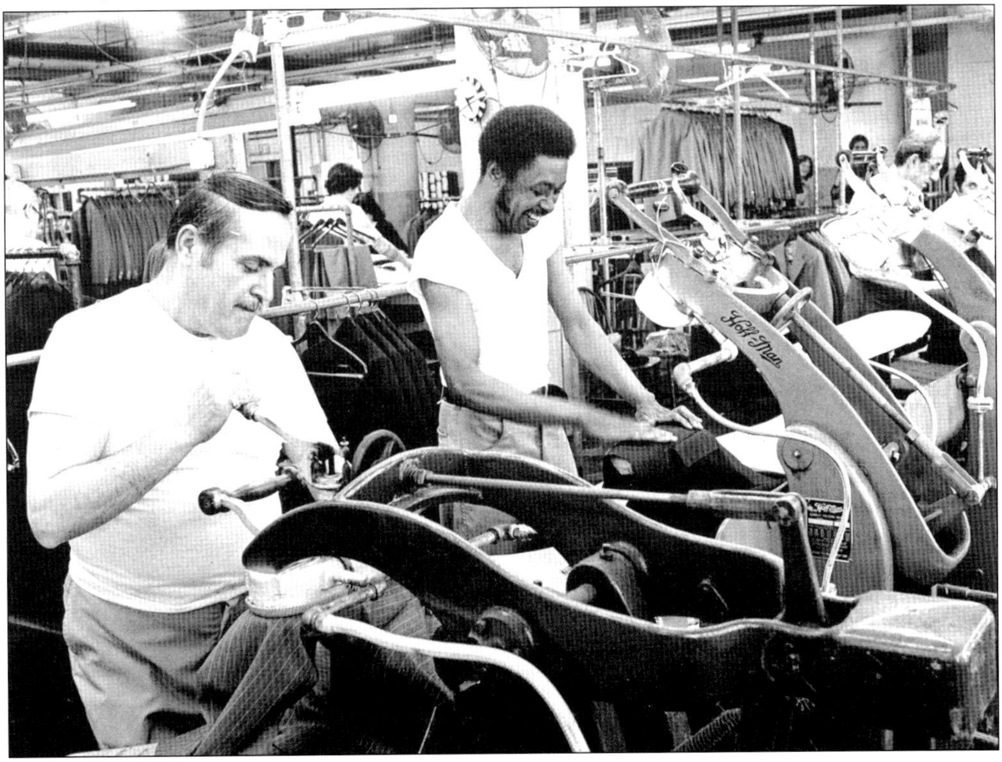

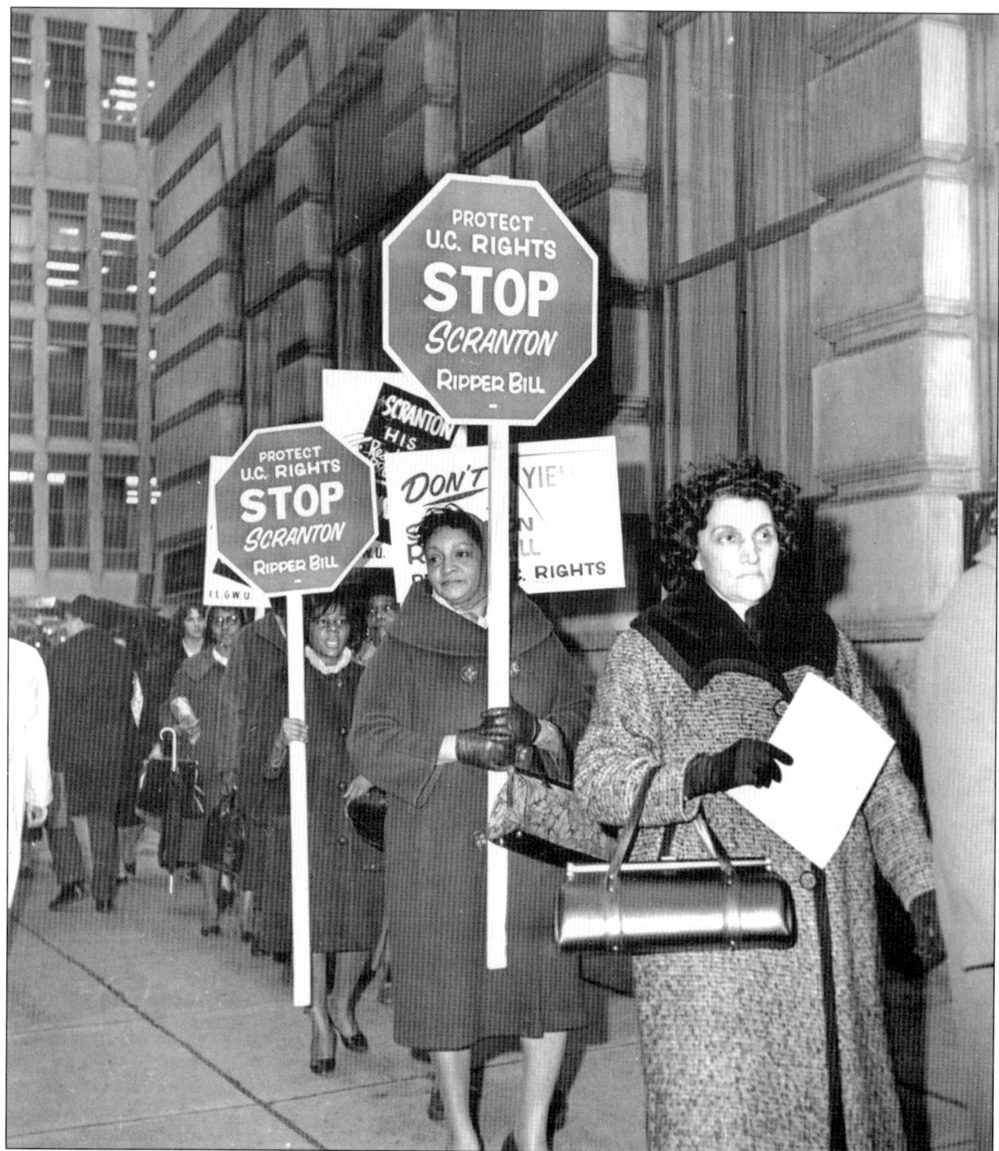

As in other industries, Puerto Ricans joined struggles to protect or improve working conditions and wages. In 1964, members of the Dress Joint Board of the International Ladies Garment Workers Union, American Federation of Labor and Congress of Industrial Organizations (AFL-CIO), picketed Governor Scranton outside of the Bellevue-Stratford Hotel in Philadelphia. (Courtesy of UA.)

Como en otras industrias, los(as) puertorriqueños(as) se unieron a las luchas para protejer o mejorar las condiciones de trabajo y los salarios. En 1964, miembros de la Junta Unida de Vestidos de la Unión Internacional de Damas Trabajadoras de la Aguja, American Federation of Labor and Congress of Industrial Organizations (AFL-CIO), piquetearon al Gobernador Scranton en las afueras del Hotel Bellevue-Stratford de Filadelfia. (Cortesía de UA.)

Two

NEIGHBORHOODS AND EVERYDAY LIFE
Los vecindarios y la vida cotidiana

Initially Puerto Ricans settled in three Philadelphia neighborhoods close to work. In Southwark, cigar-making shops were abundant. Northern Liberties was an industrialized area with textile, cigar-making, and other factories, and Spring Garden was home to Baldwin Locomotive Works Company. After World War II, the Spring Garden community grew rapidly. Increasingly, Puerto Rican settlement shifted toward neighborhoods to the north and east. Puerto Ricans lived close to other Spanish-speaking residents of the city. Networks of families and friends that facilitated migration eased settlement, too. Community life took shape in home- and neighborhood-centered ways. Children attended neighborhood schools, while churches of several denominations became focal points for meeting spiritual, communal, and social service needs. Puerto Rican businesses emerged to serve the growing communities.

Inicialmente los puertorriqueños se establecieron en tres vecindarios de Filadelfia cercanos al trabajo. En Southwark, los talleres de producción de tabaco eran abundantes. Northern Liberties estaba en una área industrializada con fábricas de tejido, producción de tabaco y otras industrias, mientras que Spring Garden era la sede de la Compañía de Locomotoras Baldwin. Luego de la Segunda Guerra Mundial, la comunidad de Spring Garden creció rápidamente. Las colonias de puertorriqueños fueron moviéndose hacia vecindarios más al norte y este de la ciudad. Los puertorriqueños vivían cerca de otros residentes hispanoparlantes en la ciudad. Las redes familiares y sociales que facilitaban la migración también hacían más fácil el proceso de establecimiento. La vida comunitaria tomó forma alrededor de los hogares y los vecindarios. Los niños asistían a las escuelas de sus comunidades, mientras que las iglesias de varias denominaciones comenzaron a servir como puntos focales para las necesidades espirituales, comunales y sociales de la comunidad. Para servir a las comunidades en crecimiento, comercios puertorriqueños emergieron.

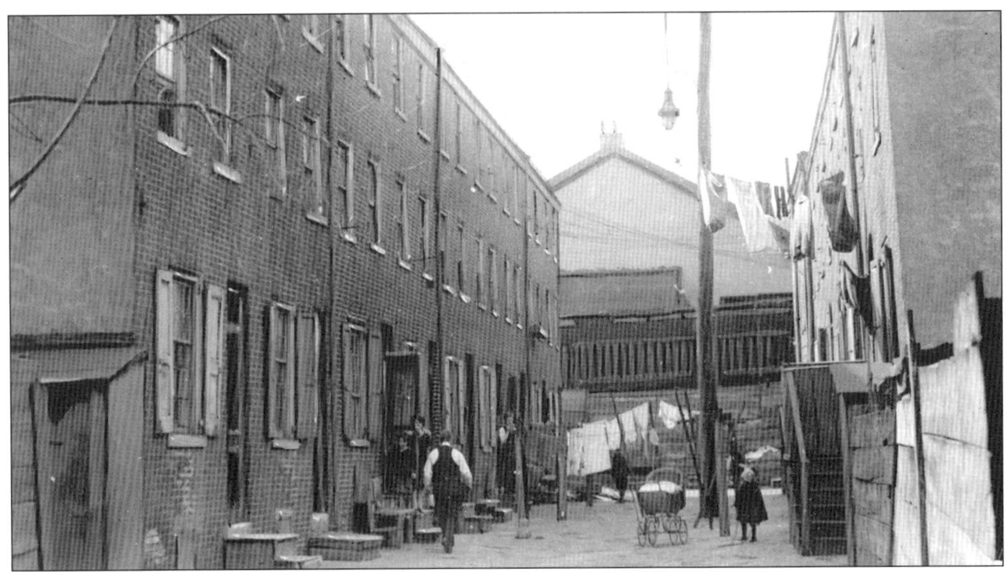

Puerto Ricans settled close to their jobs and to important community institutions. Early migrants settled in Southwark, near cigar-making shops. With houses dating from the late 18th century, this courtyard was photographed in 1927. (Courtesy of UA.)

Los puertorriqueños se establecieron cerca de sus lugares de trabajo y de instituciones comunitarias importantes. Los primeros migrantes se establecieron en Southwark, cerca de los talleres productores de cigarros. Con casas construídas a finales del siglo XVIII, este patio interior fue fotografiado en 1927. (Cortesía de UA.)

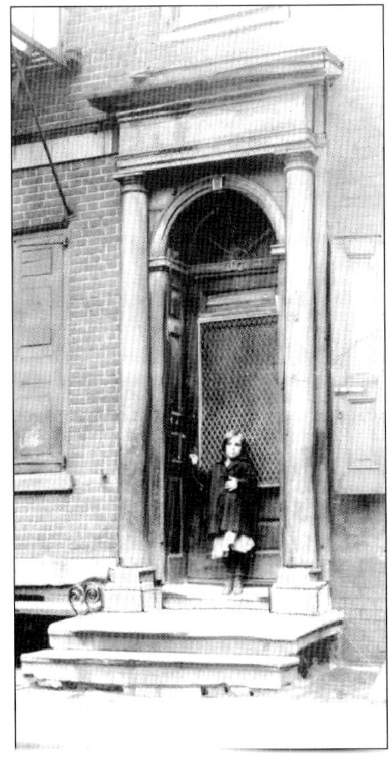

During the 1920s and 1930s, Puerto Ricans in Southwark lived in houses like these, shown here in 1927. (Courtesy of UA.)

Durante las décadas de 1920 y 1930, los puertorriqueños en Southwark vivieron en casas como las mostradas aquí en 1927. (Cortesía de UA.)

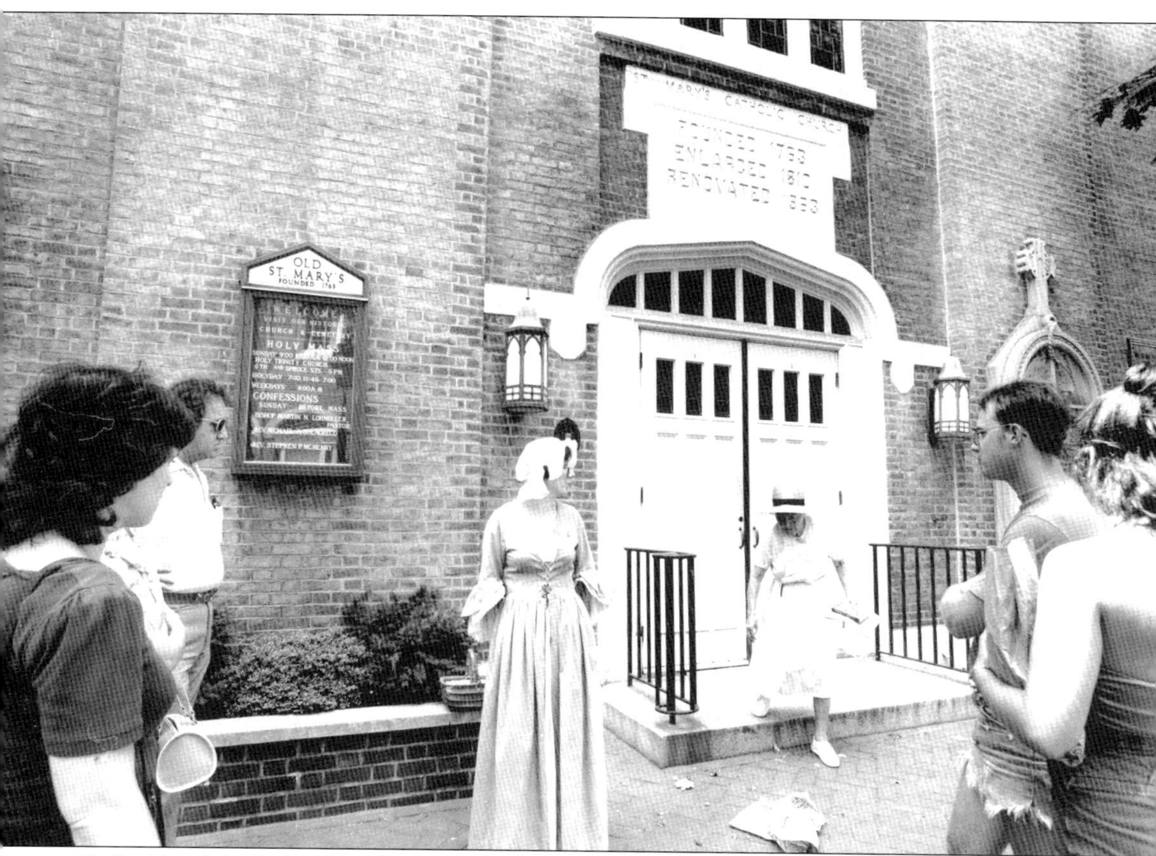

Old St. Mary's Catholic Church, at Fourth and Spruce Streets, was the first home of La Milagrosa, or the Spanish Chapel, from 1909 to 1912. Providing Spanish-language Catholic services, La Milagrosa was an anchor for Spanish speakers. This 1980 photograph is a reenactment of earlier times. The Spanish-American Fraternal Benevolent Association, an important mutual aid society, was established in 1908, just a block away. (Courtesy of UA.)

La vieja Iglesia Católica de St. Mary, localizada en la esquina de las calles 4 y Spruce, fue donde primero se ubicó la misión La Milagrosa, desde 1909 hasta 1912. La Milagrosa fue un ancla para los hispanoparlantes ya que ofrecía servicios en español para los feligreses hispanos. Esta fotografía tomada en 1980 es una interpretación de sus tiempos pasados. La Asociación Benévola Fraternal Hispanoamericana, una sociedad importante de apoyo mutuo, fue establecida en 1908 a sólo una cuadra de distancia. (Cortesía de UA.)

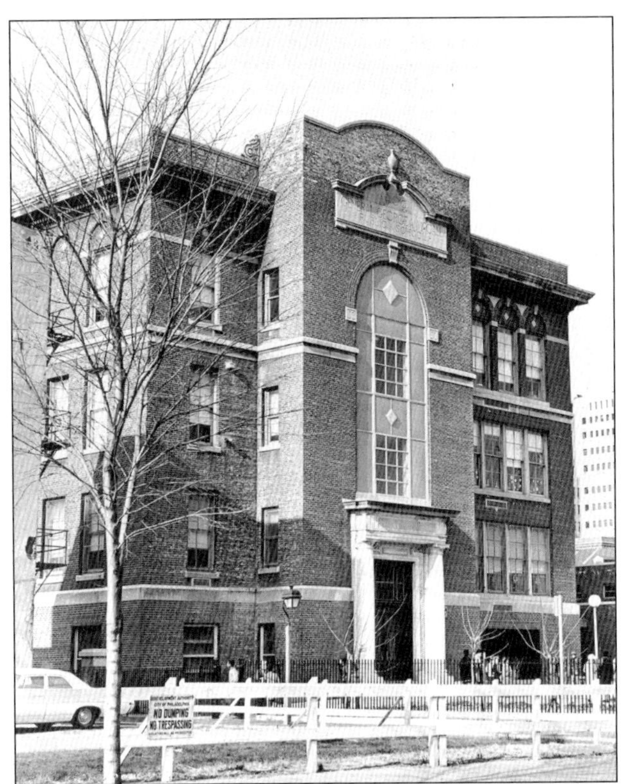

Schools were among the first institutions to respond to newly arriving Puerto Ricans. Children in Southwark attended the General A. McCall Public School, shown here in 1969, at Seventh and Delancy Streets from the 1920s to the 1970s. (Courtesy of UA.)

Las escuelas fueron de las primeras instituciones en responder a los nuevos migrantes puertorriqueños. Los niños en Southwark asistieron a la Escuela Pública General A. McCall, mostrada aquí en el 1969, en las calles 7 y Delancy entre los años 1920 y 1970. (Cortesía de UA.)

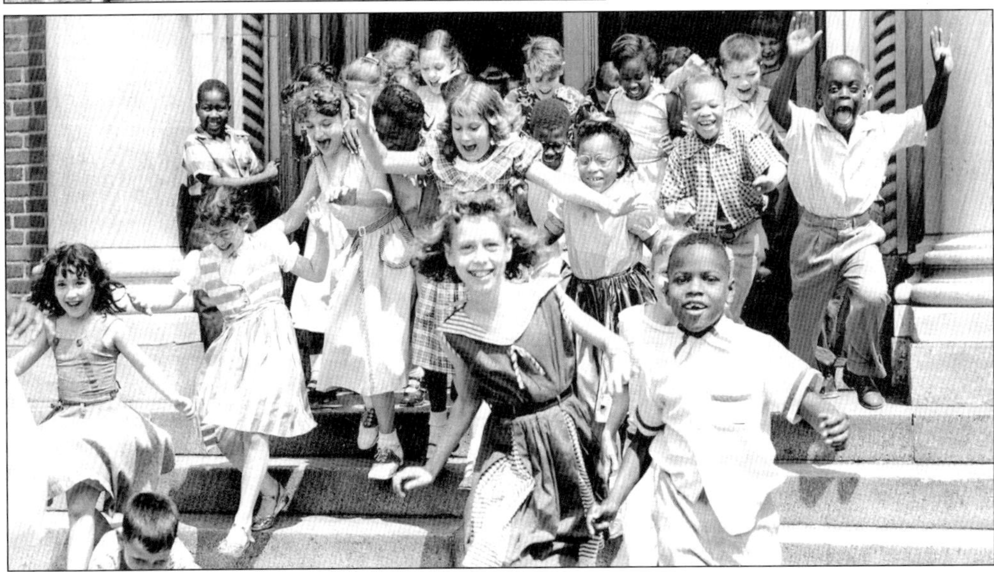

Puerto Rican children attended the McCall Elementary School, along with many children of different nationalities. Here children are leaving the building at the end of the school year in 1953. (Courtesy of UA.)

Los niños puertorriqueños asistieron a la Escuela Elemental McCall, junto a muchos otros niños de diferentes nacionalidades. Aquí los niños están saliendo del edificio al final del año escolar de 1953. (Cortesía de UA.)

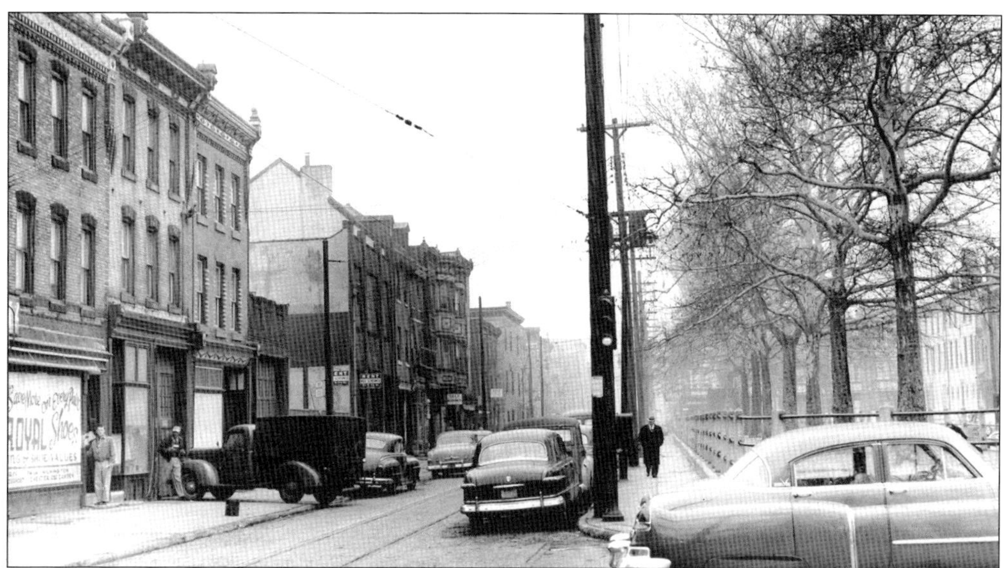

Puerto Ricans opened businesses to meet the community's needs. During the 1930s, Luis Alvarez owned a Puerto Rican grocery store on the 300 block of Bainbridge Street, shown here in 1955. (Courtesy of UA.)

Los puertorriqueños abrieron negocios para suplir las necesidades de su comunidad. Durante la década de 1930, Luis Alvarez fue el propietario de una bodega en el bloque 300 de la calle Bainbridge, mostrada aquí en 1955. (Cortesía de UA.)

By this 1960 photograph, gentrification had come to Southwark, at 216 South Front Street, pushing Puerto Ricans north and farther south. Gentrification displaced Puerto Ricans from Southwark and other neighborhoods. (Courtesy of UA.)

En esta fotografía del año 1960, el desplazamiento de la clase trabajadora por las más afluentes tuvo lugar en Southwark, en el 216 Sur de la calle Front, empujando a los puertorriqueños hacia el norte y más hacia el sur. El desplazamiento suplantó a los puertorriqueños en Southwark y otros vecindarios. (Cortesía de UA.)

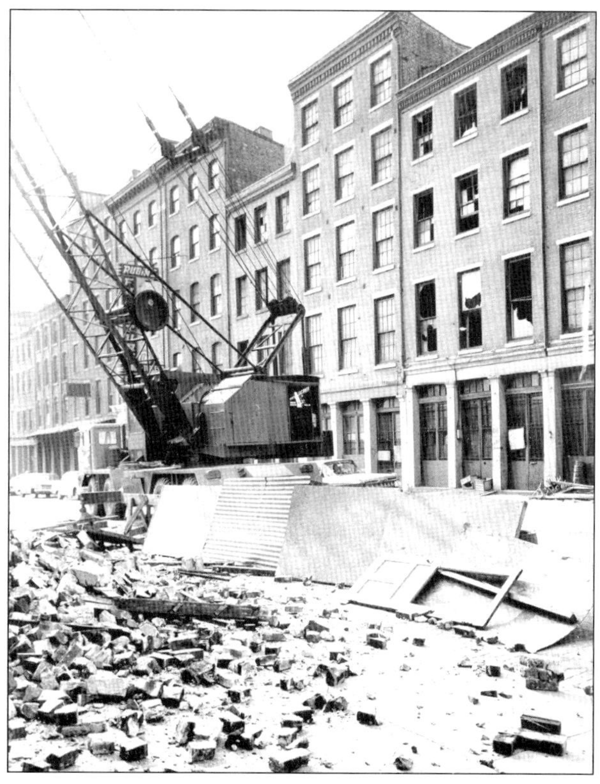

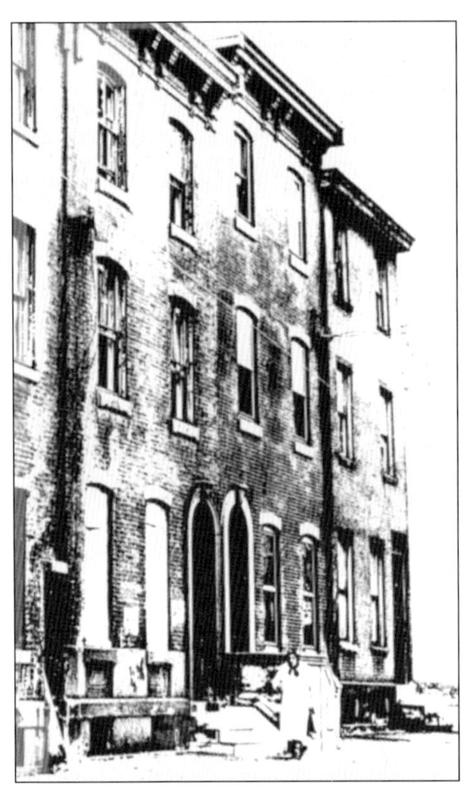

Puerto Ricans also settled in Northern Liberties, an industrialized area with cigar-making factories and home to the Cigar Makers International Union, Local 165. This 1976 photograph shows the typical row houses in this neighborhood. (Courtesy of UA.)

Los puertorriqueños también se establecieron en Northern Liberties, una área industrializada con fábricas productoras de tabaco y el hogar de Local 165 de la Unión Internacional de Tabacaleros. Esta fotografía de 1976 muestra las típicas casas en este vecindario. (Cortesía de UA.)

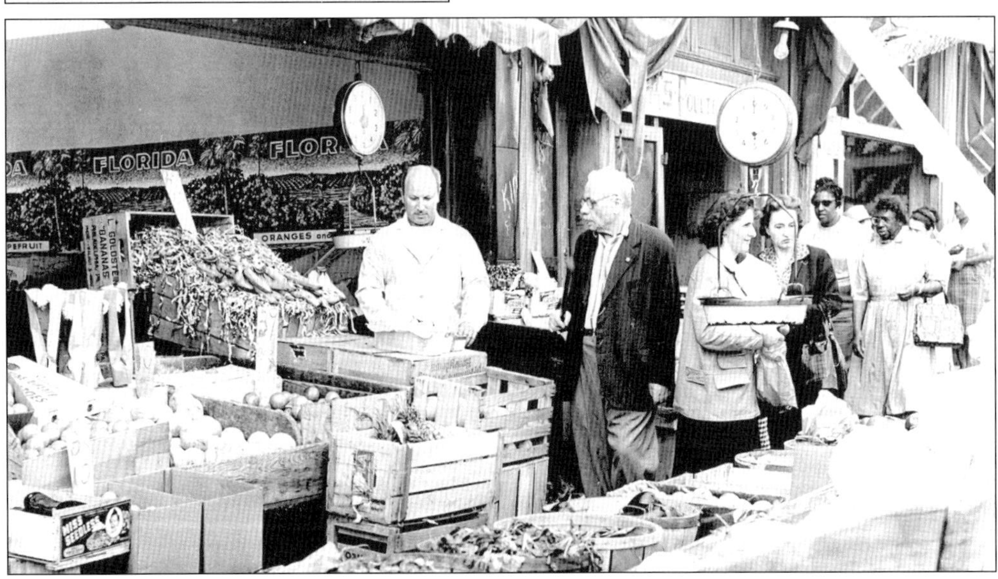

Marshall Street, between Spring Garden Street and Girard Avenue, was an important commercial strip in the neighborhood between 1920 and 1960. Puerto Ricans shopped the Marshall Street market, shown here in 1960. (Courtesy of UA.)

La calle Marshall, entre la calle Spring Garden y la avenida Girard, fue un sector comercial muy importante de la comunidad entre los años 1920 y 1960. Los puertorriqueños hacían sus compras en el mercado de la calle Marshall, mostrado aquí en 1960. (Cortesía de UA.)

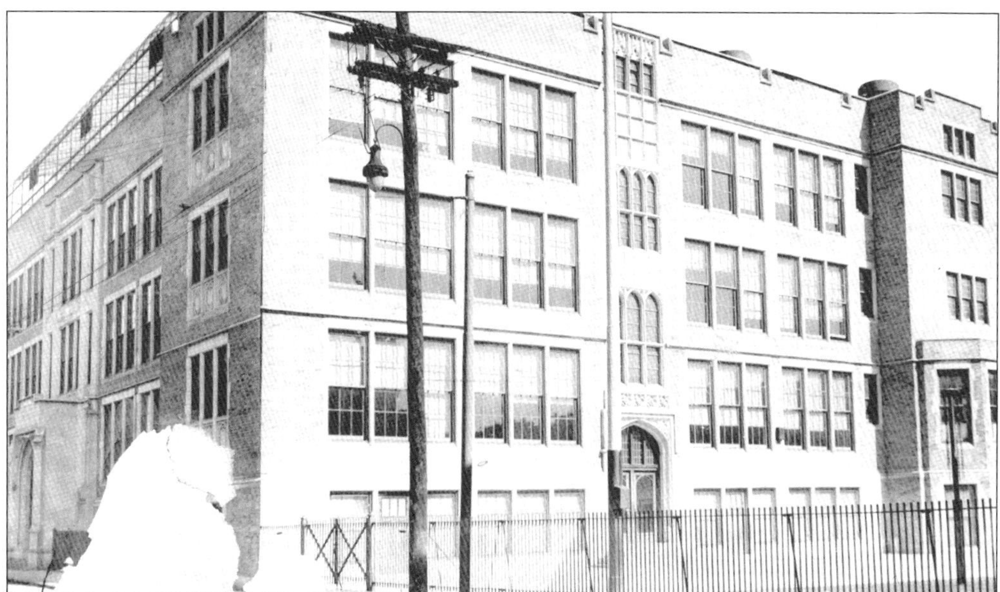

As Puerto Ricans moved into Northern Liberties and points north during the 1930s and 1940s, their children attended the James R. Ludlow Public School, at Sixth and Masters Streets, seen here in the 1920s. (Courtesy of UA.)

Mientras los puertorriqueños se iban mudando a Northern Liberties y a sectores más hacia el norte durante las décadas de 1930 y 1940, sus niños asistían a la Escuela Pública James R. Ludlow, en las calles 6 y Masters, fotografiada aquí en la década de 1920. (Cortesía de UA.)

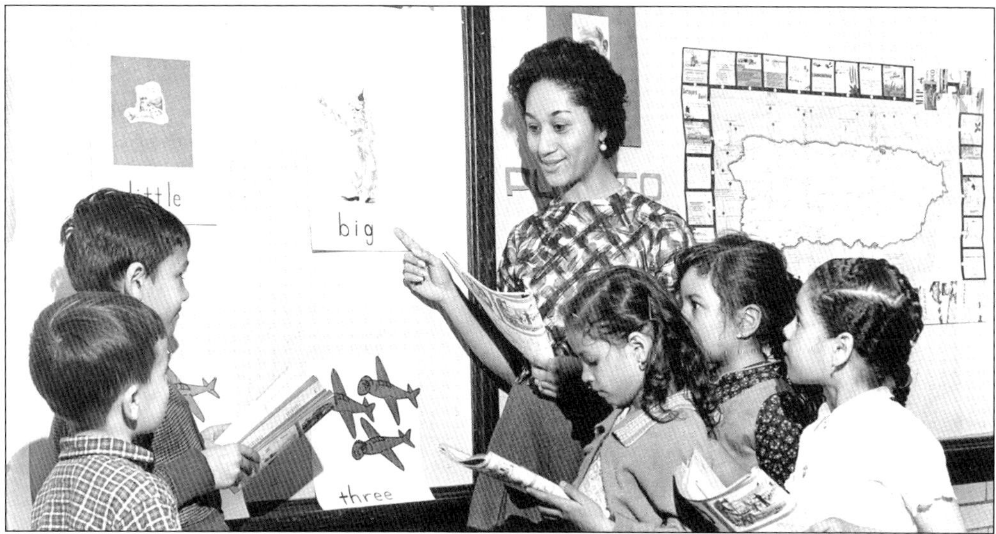

Carmen Guzmán is teaching English to Puerto Rican students at the Ludlow School in 1964. Note the map of Puerto Rico in the background. Puerto Rican students still attend the Ludlow School. (Courtesy of UA.)

Carmen Guzmán enseña inglés a estudiantes puertorriqueños(as) en la Escuela Ludlow en 1964. Note el mapa de Puerto Rico al fondo. Estudiantes puertorriqueños(as) todavía asisten a la Escuela Ludlow. (Cortesía de UA.)

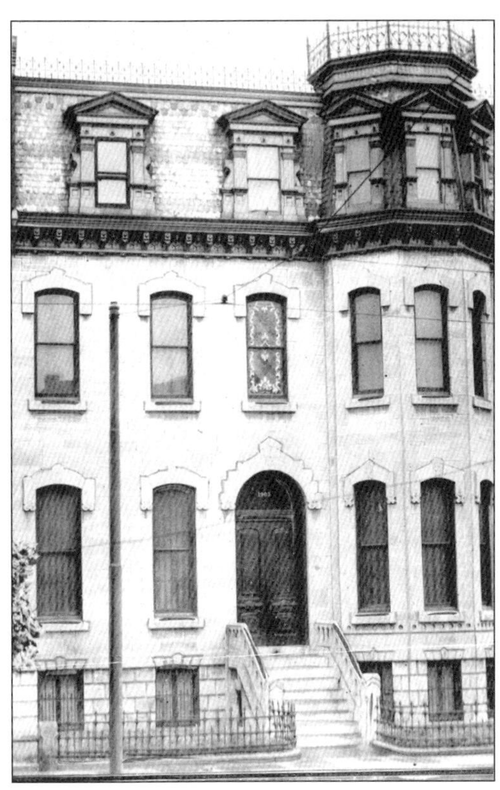

A cornerstone of the Spring Garden neighborhood, La Milagrosa is at its new location at 1903 Spring Garden Street in 1912. It was part of Puerto Ricans' larger Pan-Latino community, serving the diverse Spanish-speaking population. (Courtesy of UA.)

La Milagrosa, una piedra angular de la comunidad de Spring Garden, está en su nueva localización en el 1903 de la calle Spring Garden en el año 1912. Fue parte de la comunidad pan-latina de los puertorriqueños, sirviendo a la diversa población hispanoparlante. (Cortesía de UA.)

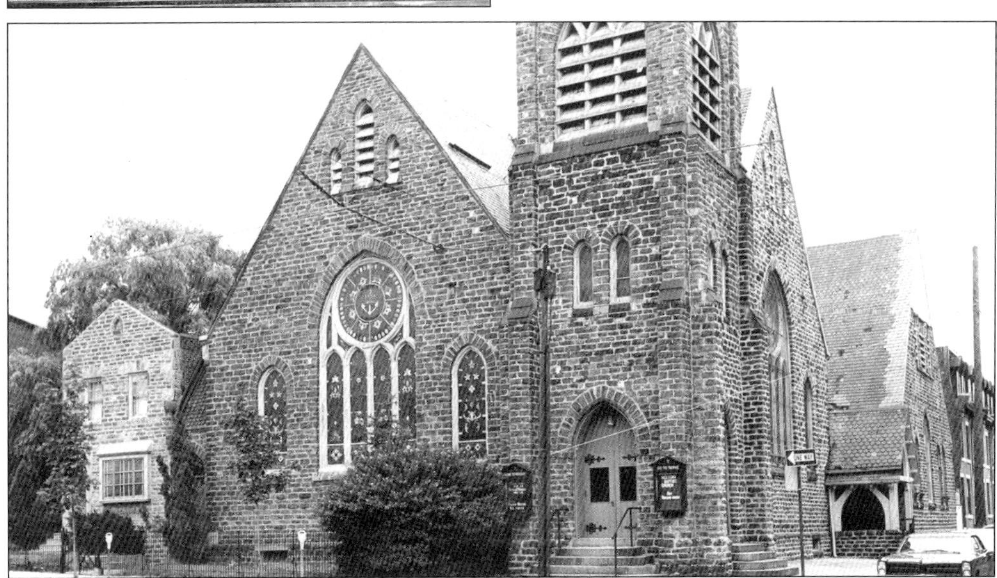

The First Spanish Baptist Church, started in 1929, was eventually located at Eighteenth and Spring Garden Streets. Initially Baptist churches, like the one pictured here in 1974, provided space for the First Spanish Baptist Church. (Courtesy of UA.)

La Primera Iglesia Bautista Hispana, fundada en 1929, fue eventualmente localizada en la esquina de las calles 18 y Spring Garden. Inicialmente las iglesias bautistas, como la que aparece en esta fotografía de 1974, brindaron espacio para la Primera Iglesia Bautista Hispana. (Cortesía de UA.)

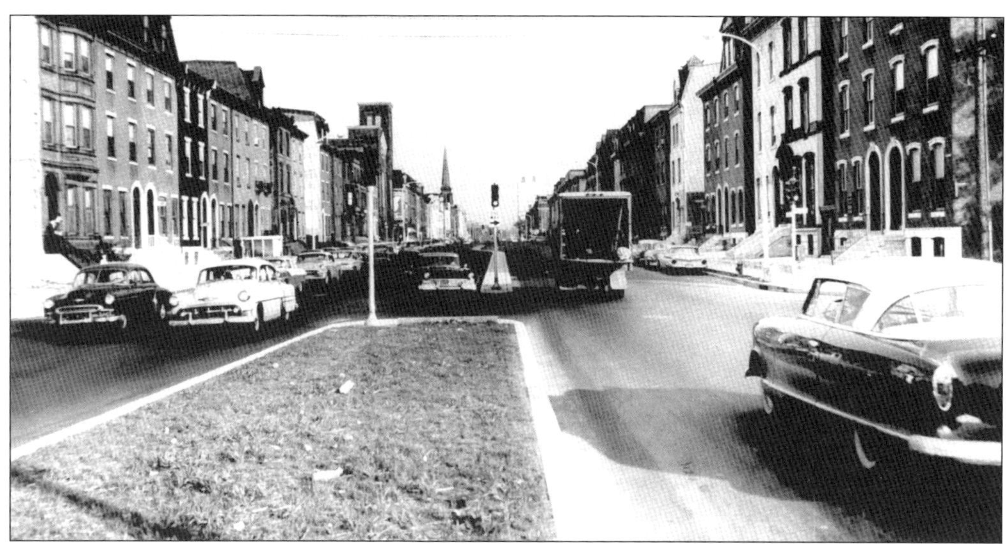

After World War II, Puerto Ricans continued to settle in Spring Garden, and the Puerto Rican population in this area grew faster than elsewhere. Here row houses line Spring Garden Street in 1959. (Courtesy of UA.)

Luego de la Segunda Guerra Mundial, los puertorriqueños continuaron estableciéndose en Spring Garden, y la población puertorriqueña en esta área creció más rápidamente que en cualquier otra parte de la ciudad. Aquí casas en hileras delinean la calle Spring Garden en el año 1959. (Cortesía de UA.)

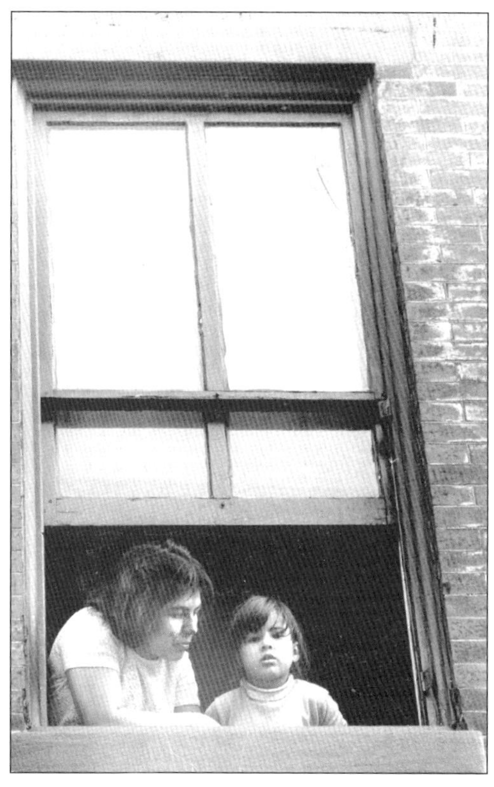

Row houses were sometimes converted into cramped apartments. Mercedes and her daughter Blanca look out the window of their apartment at 1708 Mount Vernon Street in the early 1960s. (Courtesy of UA.)

A veces, las casas en hileras eran convertidas en apartamentos comprimidos. Mercedes y su hija Blanca miran por la ventana desde su apartamento en el 1708 de la calle Mount Vernon a principios de la década de 1960. (Cortesía de UA.)

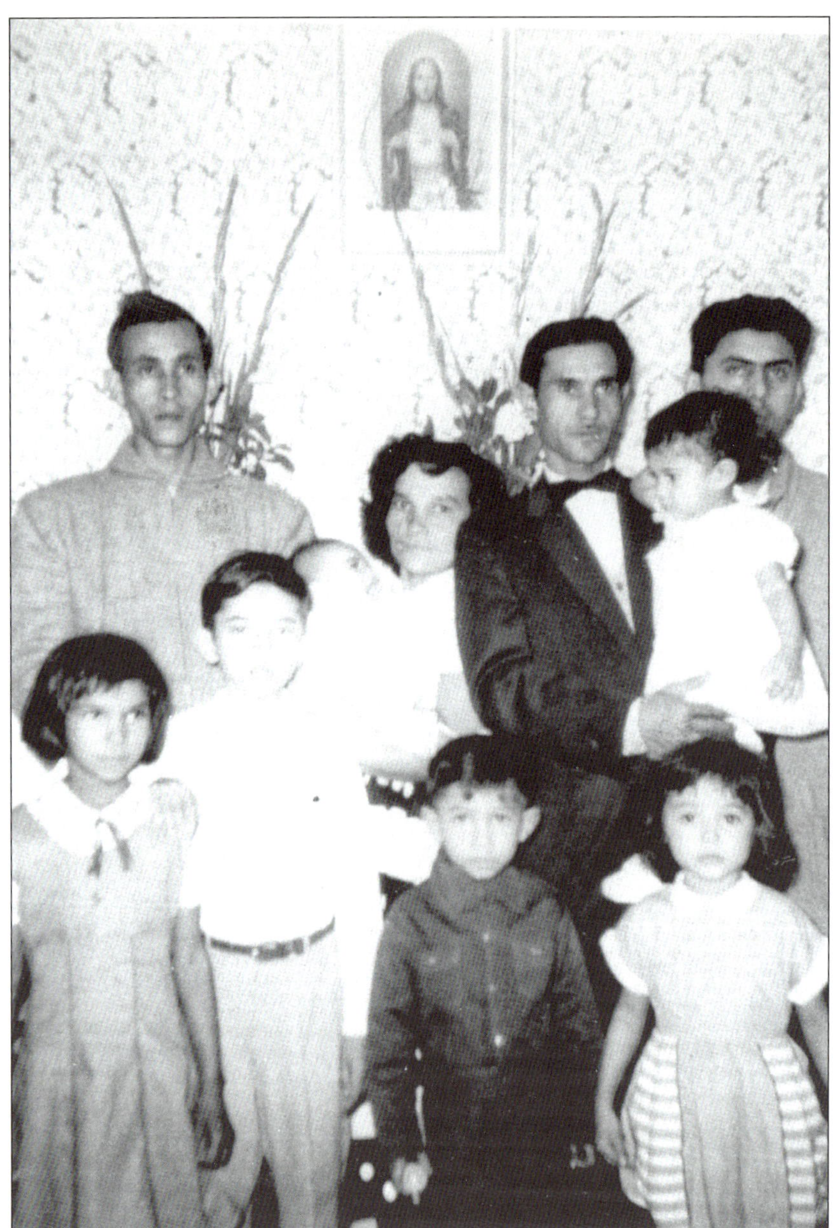

In 1956, Justino and Ana Luisa Navarro came from San Lorenzo to Spring Garden, living in a two-bedroom apartment in a row house at 1822 Wallace Street. In 1958, their home served as the site for their *entronización*. On the wall is their "Consecration of the Family to the Sacred Heart." They are with the first 6 of their 10 children and Justino's brother and nephew. (Courtesy of Justino and Ana Luisa Navarro.)

En 1956, Justino y Ana Luisa Navarro vinieron de San Lorenzo a Spring Garden a vivir en un apartamento de dos cuartos en una casa en hileras, localizada en el 1822 de la calle Wallace. En 1958, su casa sirvió como el lugar para su entronización. En la pared está su "Consagración de la Familia al Sagrado Corazón". Ellos se encuentran con los primeros 6 hijos de sus 10 y con el hermano y sobrino de Justino. (Cortesía de Justino y Ana Luisa Navarro.)

The Navarro family pauses for this photograph in 1957 near St. Peter and Paul Cathedral, where they attended services. (Courtesy of Justino and Ana Luisa Navarro.)

La familia Navarro posa para esta fotografía en el año 1957 cerca de la Catedral Católica St. Peter and Paul, donde ellos asistían a los servicios. (Cortesía de Justino y Ana Luisa Navarro.)

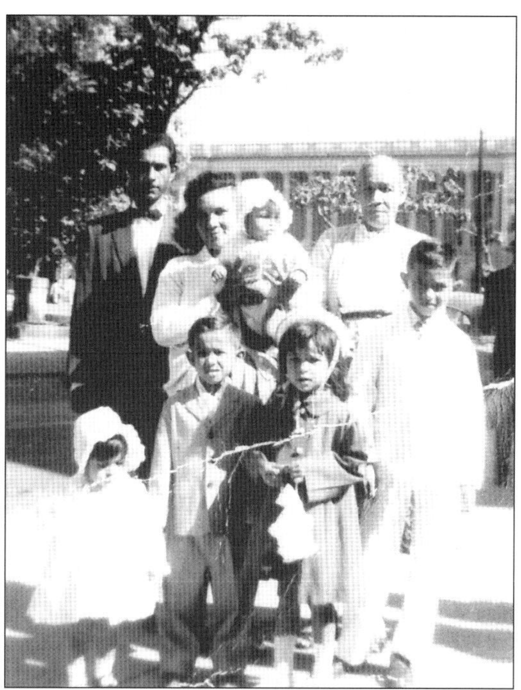

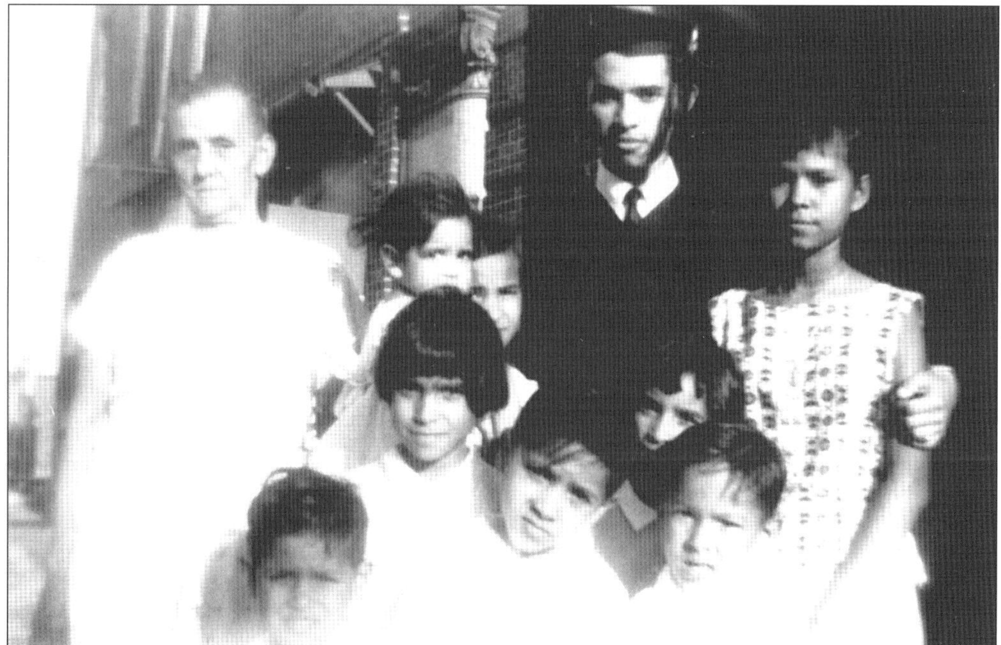

This photograph was taken when their oldest son, José Manuel Navarro, graduated from Catholic High School in 1965. José is with his siblings and Justino's mother. (Courtesy of Justino and Ana Luisa Navarro.)

Esta fotografía fue tomada cuando su hijo mayor, José Manuel Navarro, se graduó de la Escuela Superior Católica en 1965. José está con sus hermanos y la mamá de Justino. (Cortesía de Justino y Ana Luisa Navarro.)

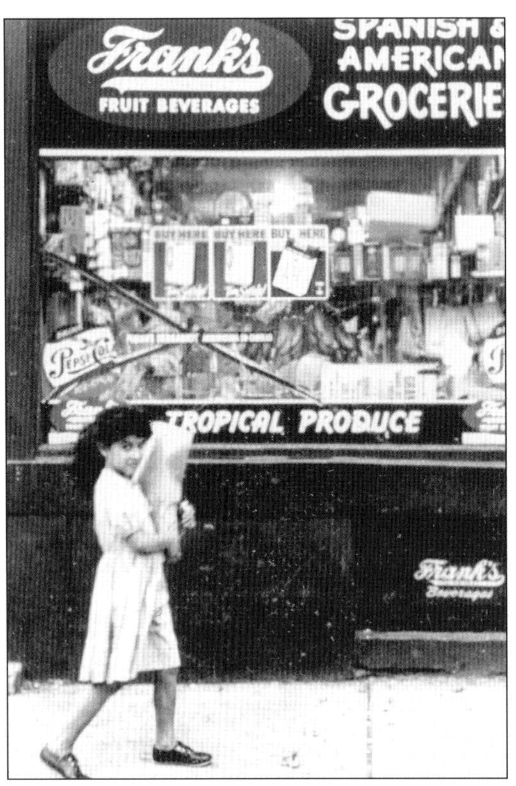

Businesses catered to the growing Puerto Rican community, as revealed by this market in the Spring Garden neighborhood in the early 1960s. (Courtesy of UA.)

Los negocios atendían las necesidades de la creciente comunidad puertorriqueña, como se muestra en este mercado de la comunidad de Spring Garden a principios de la década de 1960. (Cortesía de UA.)

Spanish-language signs, at 1520 Green Street, prohibited littering and attracted attention in 1961 from the Rev. Luis Jaime of the Church of Christ and from brothers Juan Pablo and Juan Francisco Pérez, who lived at 1529 Green Street. (Courtesy of UA.)

Letreros en el idioma español, en el 1520 de la calle Green, prohibían arrojar basura y atrayeron la atención del Reverendo Luis Jaime de la Iglesia de Cristo y de los hermanos Juan Pablo y Juan Francisco Pérez, quienes vivían en el 1529 de la calle Green, en 1961. (Cortesía de UA.)

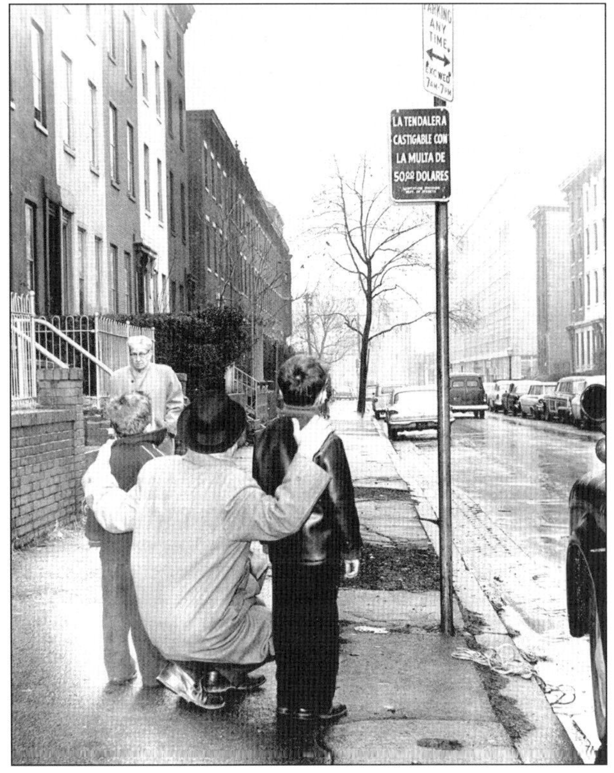

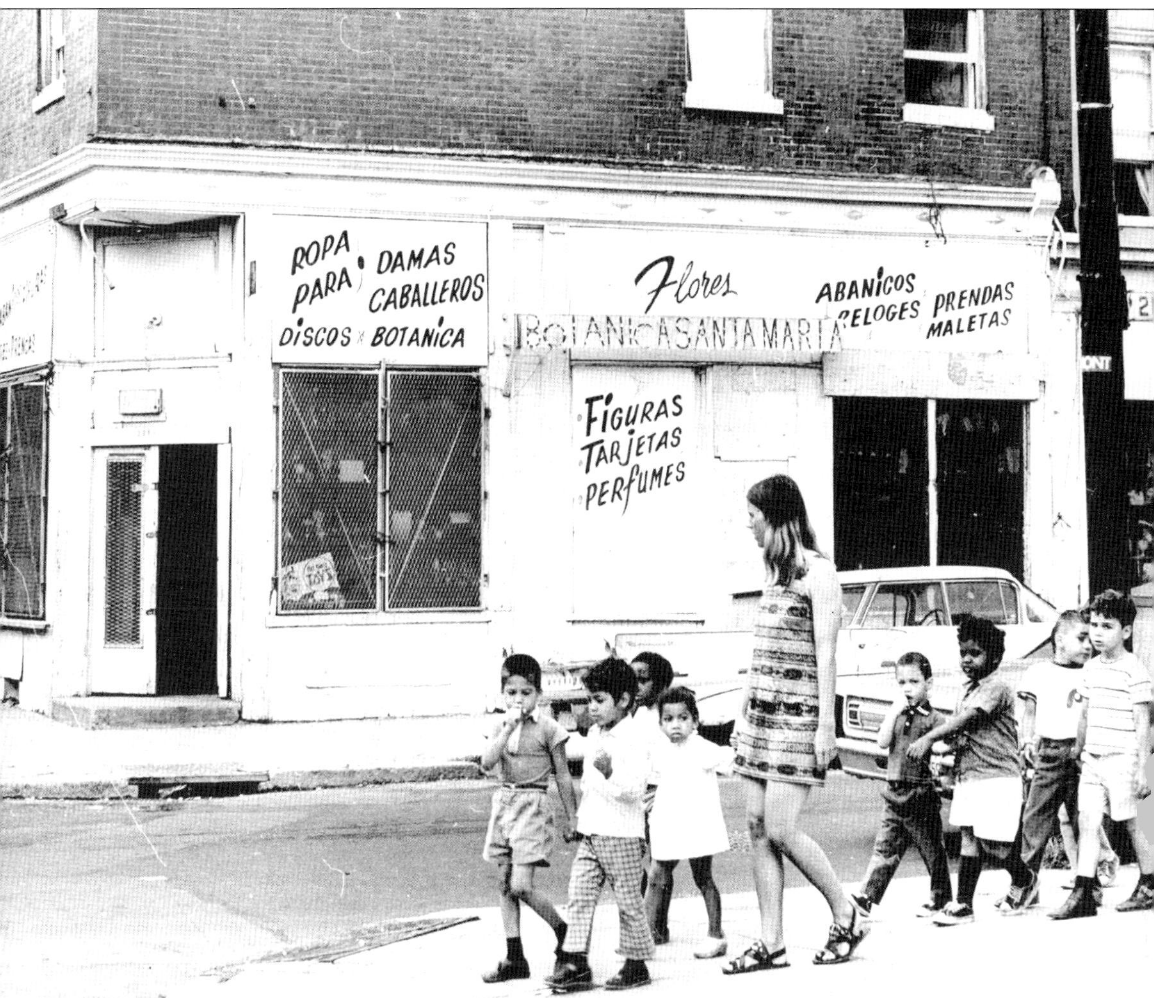

Spanish-language signs were also visible on stores. Here children from the Spring Garden Child Care Center, located at Eighteenth and Green Streets, walk past a store at Twentieth and Wallace Streets in 1970. (Courtesy of UA.)

En las tiendas también se podían ver anuncios en español. Aquí niños del Centro de Cuidado de Niños Spring Garden, localizado en la esquina de las calles 18 y Green, caminan pasando una tienda en la esquina de las calles 20 y Wallace en 1970. (Cortesía de UA.)

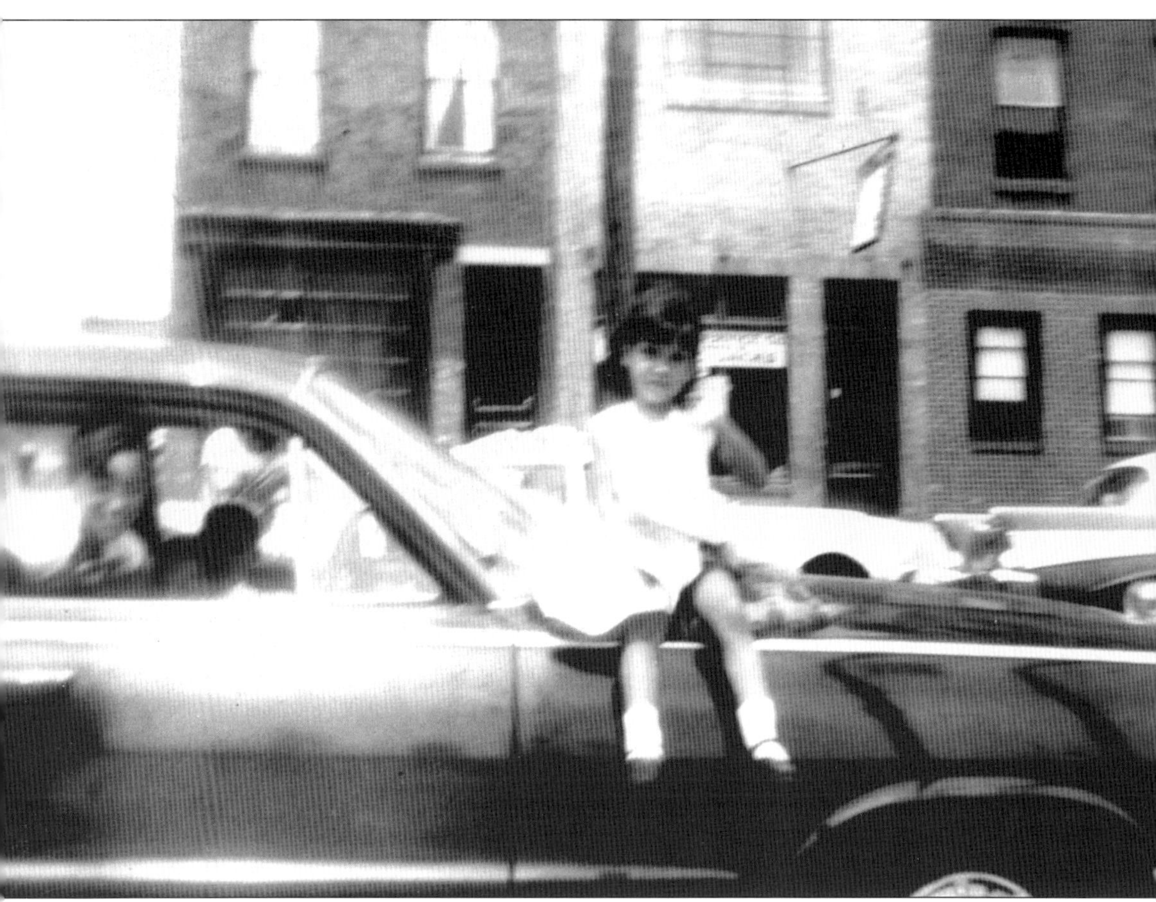

The desire for home ownership, the gentrification of Puerto Rican neighborhoods, and government policies contributed to Puerto Ricans' movement from central downtown to areas northward. Row houses provided some Puerto Ricans with an opportunity for home ownership. The Navarros purchased a row house at 1819 North Street. Their youngest daughter, Lidya, is sitting on top of their car in front of their house around 1968. (Courtesy of Justino and Ana Luisa Navarro.)

El deseo de ser dueños(as) de casa, el desplazamiento de las comunidades puertorriqueñas y las políticas gubernamentales contribuyeron al movimiento de los puertorriqueños de la área central de la ciudad hacia los precintos más al norte. Las casas en hileras le dieron la oportunidad a algunos puertorriqueños de ser dueños de casas. La familia Navarro compró una de estas casas en el 1819 de la calle Norte. Su hija más joven, Lidya, está sentada sobre el carro de la familia al frente de la casa cerca de 1968. (Cortesía de Justino y Ana Luisa Navarro.)

Other families were able to move from
rented apartments to owning a row
house. Gloria Roldán from San Lorenzo
and Hipólito Amaro from Salinas are in
their first rented apartment around 1958.
(Courtesy of Gloria Roldán Amaro.)

Otras familias pasaron de inquilinos a
ser dueños de casa. Gloria Roldán de San
Lorenzo e Hipólito Amaro de Salinas están
en su primer apartamento rentado cerca de
1958. (Cortesía de Gloria Roldán Amaro.)

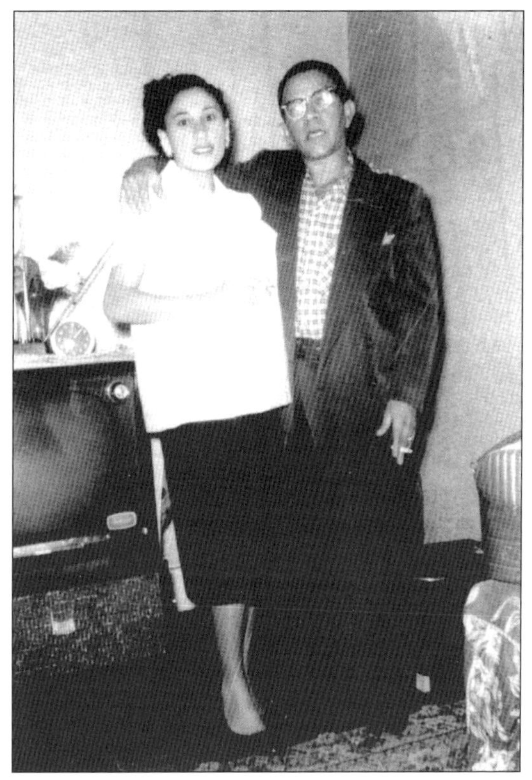

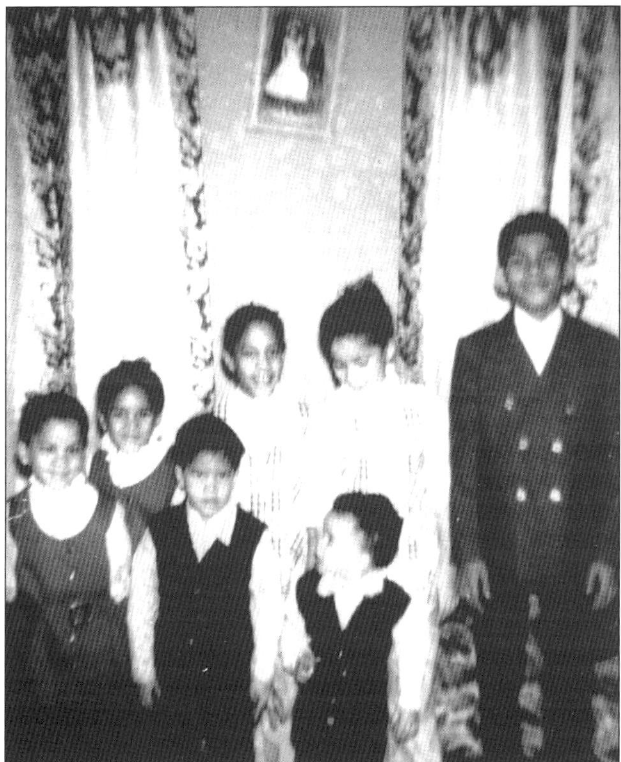

Around 1962, the Amaro
family purchased a row house
at 2230 North Fourth Street.
Their children are posing for a
Christmas portrait around 1967.
Gloria and Hipólito's wedding
picture is on the wall behind
them. (Courtesy of Gloria
Roldán Amaro.)

Para el año 1962, la familia
Amaro compró una casa en
hilera localizada en el 2230
Norte de la calle 4. Sus niños
posan para una fotografía en
las Navidades cerca de 1967. La
fotografía de la boda de Gloria e
Hipólito está en la pared detrás
de ellos. (Cortesía de Gloria
Roldán Amaro.)

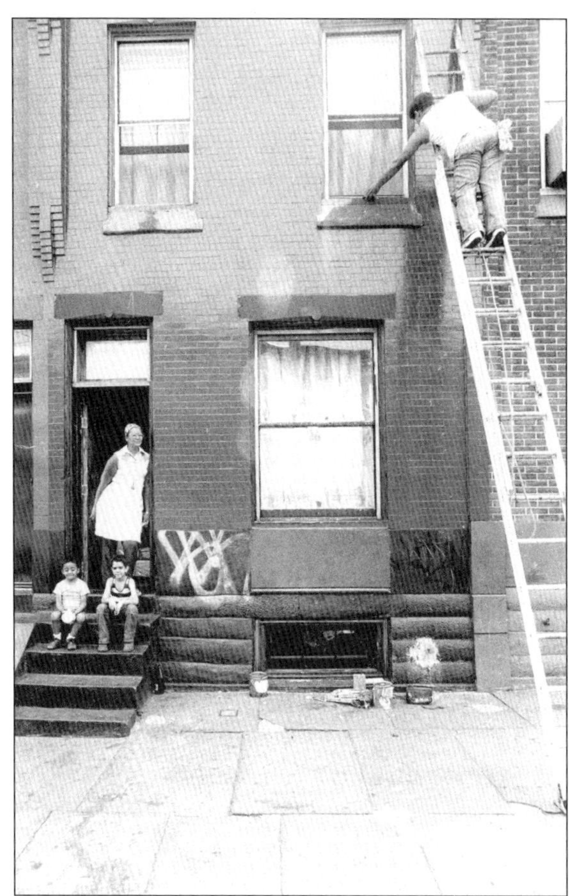

Government programs fostered Puerto Ricans' movement to the north toward Hunting Park. Carmen Coriano bought this house on North Mascher Street in Kensington for $1 in 1976 through the Gift Property Program, which sold houses provided by the Department of Housing and Urban Development. The family renovated the interior. Below, Carmen is in the living room with her sons, Michael and Ernie, ages six and five. (Courtesy of UA.)

Programas gubernamentales fomentaron el movimiento de los puertorriqueños hacia el norte, en la área de Hunting Park. En el 1976, Carmen Coriano compró esta casa al norte de la calle Mascher en el sector de Kensington por $1 a través del Programa de Donación de Propiedad, el cual vendía casas provistas por el Departamento de la Vivienda y Desarrollo Urbano. La familia hizo la remodelación del interior. Abajo, Carmen está en la sala con sus hijos, Michael y Ernie, de seis y cinco años. (Cortesía de UA.)

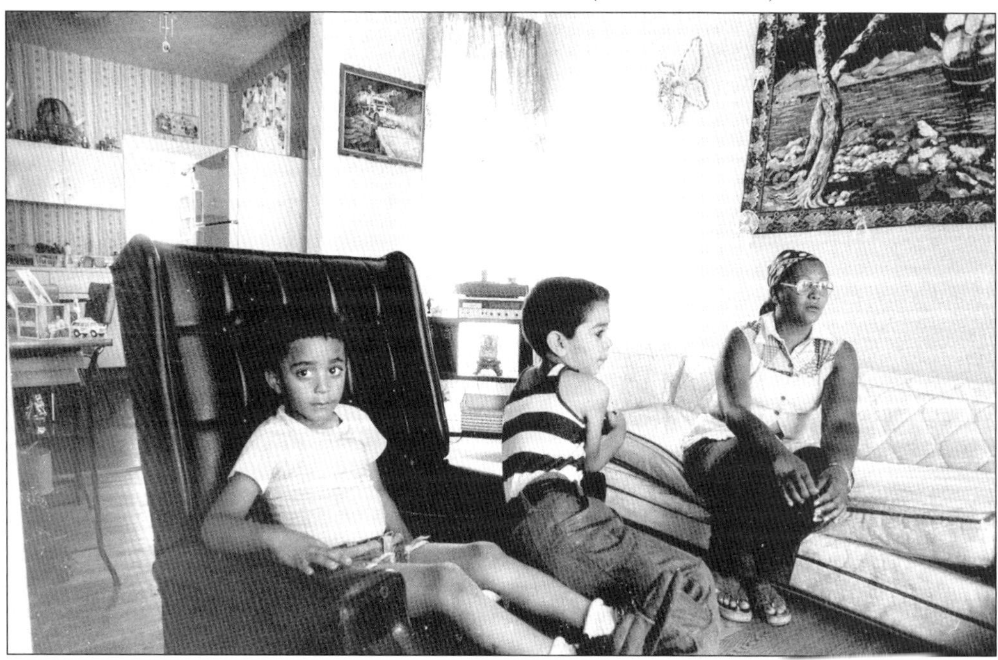

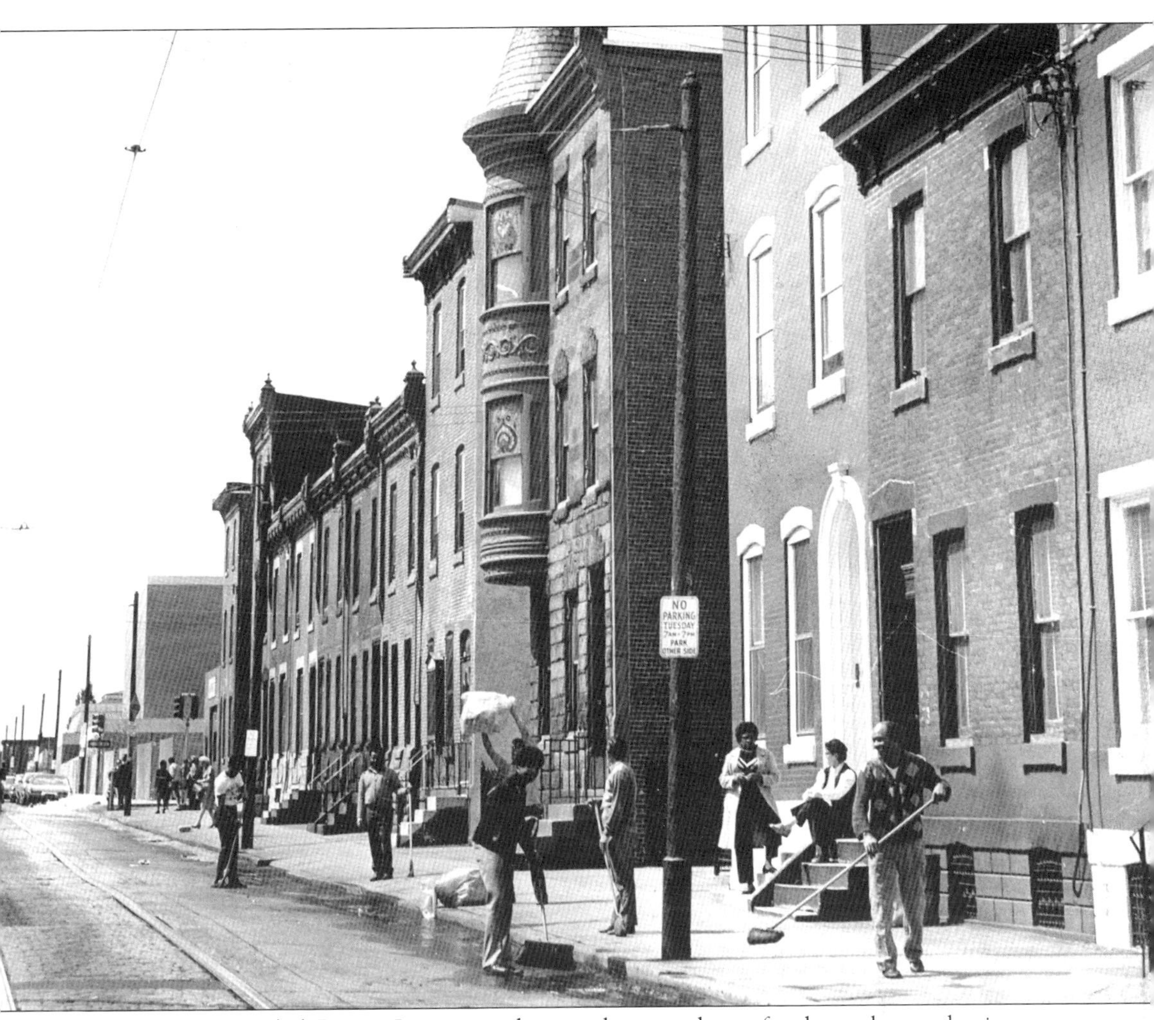

Wherever they settled, Puerto Ricans sought to make a new home for themselves and to improve the conditions around them. Puerto Ricans established many community organizations. Yet for many, community remained centered on the family and the neighborhood. Here Puerto Ricans participate in a neighborhood clean-up on the Sixth Street block of the Northern Liberties neighborhood in 1971. (Courtesy of UA.)

Dondequiera que se establecieron, los puertorriqueños se esforzaban en hacer un nuevo hogar para ellos y de mejorar las condiciones de vida a su alrededor. Los puertorriqueños establecieron muchas organizaciones comunitarias. Aun así, para muchos la comunidad permanecía centrada en la familia y la vecindad. Aquí puertorriqueños participan en una actividad de limpieza de la comunidad en el bloque de la calle 6 de la comunidad de Northern Liberties en 1971. (Cortesía de UA.)

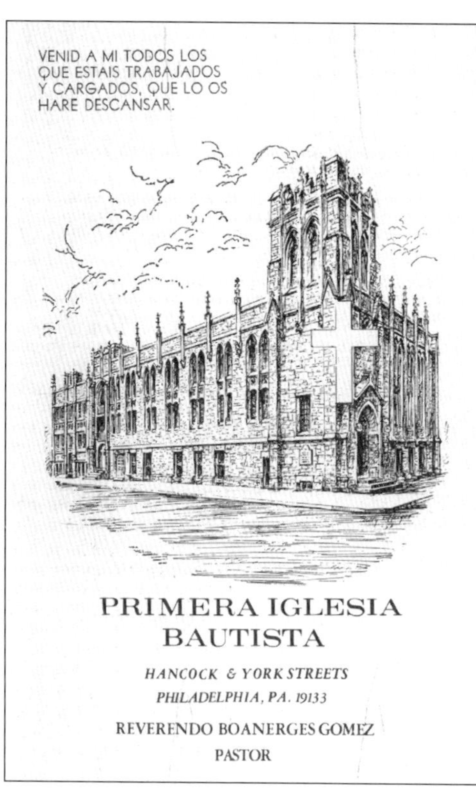

As Puerto Ricans moved northward, so did some of their churches and community organizations. The First Spanish Baptist Church moved to Hancock and York Streets, celebrating its dedication service in this 1974 bulletin. (Courtesy of HSP.)

A los puertorriqueños ir mudándose hacia el norte de la ciudad, sus iglesias y organizaciones comunitarias se movieron con ellos. En este boletín de 1974, la Primera Iglesia Bautista Hispana celebra su misa de dedicación en su nueva localización en las calles Hancock y York. (Cortesía de HSP.)

La Milagrosa remained in Spring Garden despite the exodus of Puerto Rican residents with the gentrification of the area. Shown here in the 1970s, La Milagrosa continues to provide services to Puerto Ricans and other Latinas and Latinos. (Courtesy of Taller.)

La Milagrosa permaneció en Spring Garden a pesar del éxodo de los residentes puertorriqueños debido al proceso de desplazamiento en la área. La Milagrosa, mostrada aquí en los años 1970, continúa ofreciendo servicios a los(as) puertorriqueños(as) y a otros latinos y latinas. (Cortesía de Taller.)

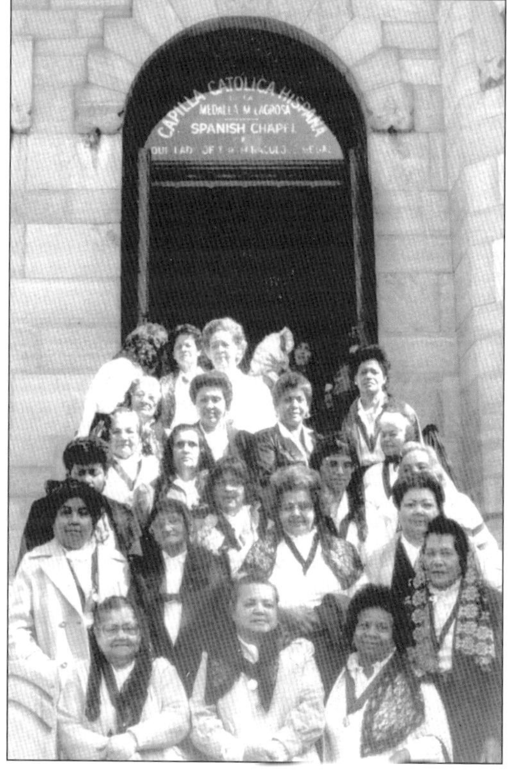

For many, religion was also a home- and neighborhood-centered affair. Nilda and Julio Quiñones purchased a row house at 3054 North Seventh Street. Here they are at their neighbor's home, dancing during a baptism celebration around 1967. At the same celebration, Nilda enjoys some food with four of her five daughters and friends. (Courtesy of Nilda Sánchez Quiñones.)

Para muchos, la religión también era un asunto centrado en el hogar y la comunidad. Nilda y Julio Quiñones compraron una casa en hileras en el 3054 Norte de la calle 7. Aquí ellos están en la casa de sus vecinos, bailando durante una celebración de bautismo cerca de 1967. En la misma celebración, Nilda disfruta de la comida con cuatro de sus cinco hijas y amistades. (Cortesía de Nilda Sánchez Quiñones.)

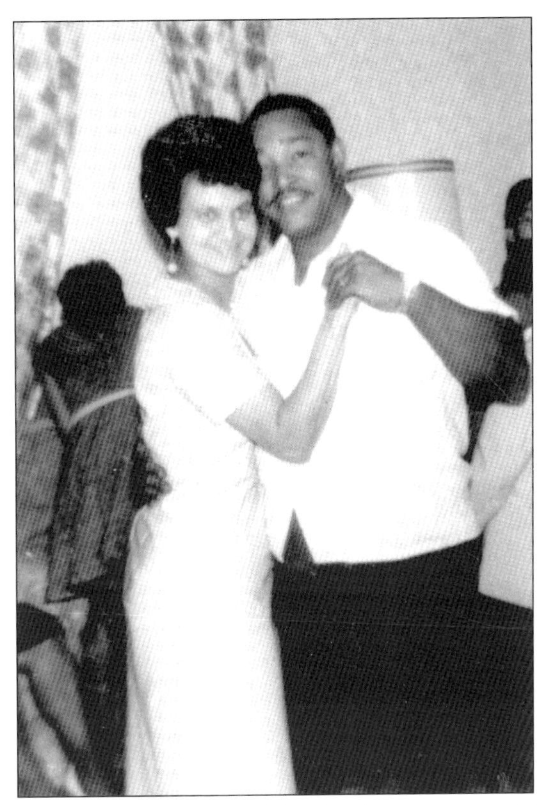

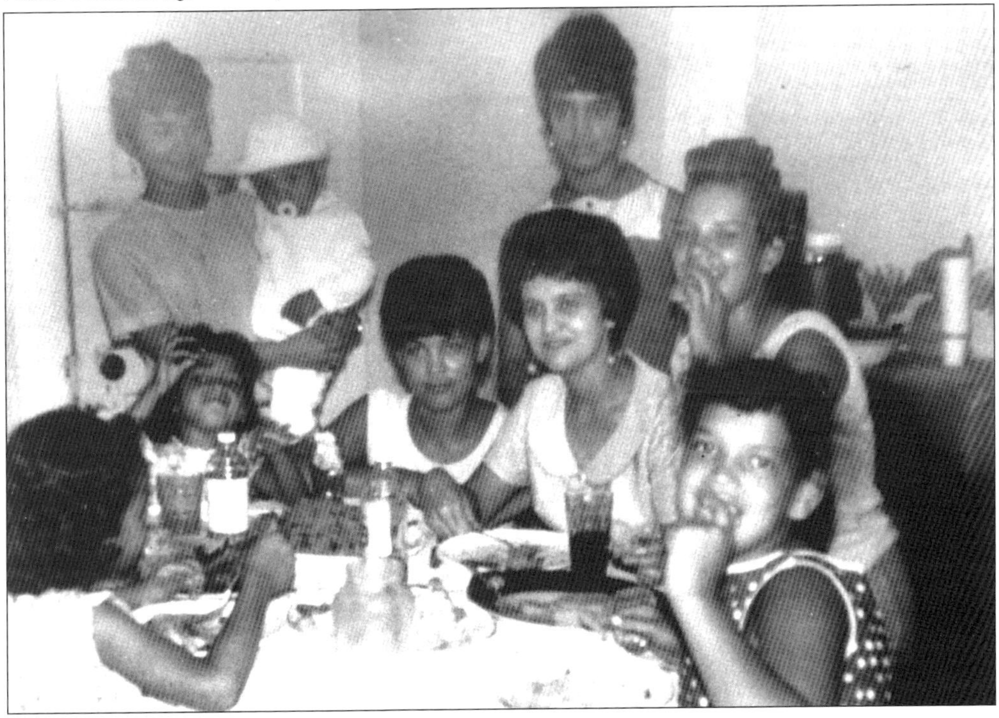

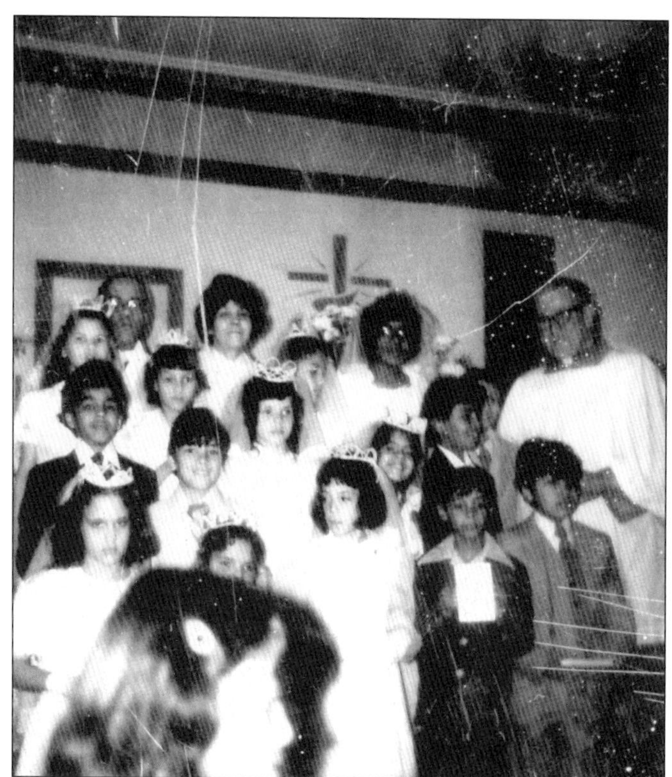

Genera Aponte, back row center, was a catechism teacher for 20 years for La Visitación on Lehigh Avenue. Each year, she taught 20 to 30 children in her home. (Courtesy of Genara Aponte.)

Genera Aponte, en el centro de la fila de atrás, fue una maestra de catecismo por 20 años en La Visitación, localizada en la avenida Lehigh. Cada año, ella enseñaba de 20 a 30 niños(as) en su hogar. (Cortesía de Genara Aponte.)

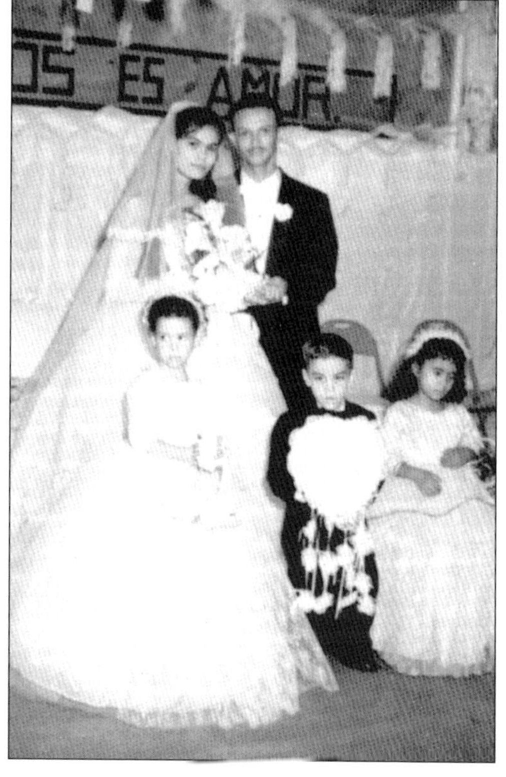

Domingo Negrón's older brother, Natividad, is getting married at a Pentecostal church at Sixth and Master Streets in 1961. (Courtesy of Domingo Negrón and HSP.)

El hermano mayor de Domingo Negrón, Natividad, está contrayendo nupcias en la iglesia Pentecostal entre las calles 6 y Masters en el año 1961. (Cortesía de Domingo Negrón y HSP.)

Domingo Negrón, on the left, and
his brother Félix are posing for this
portrait in 1960. His father, Flor, and
his older brothers left Maunabo in the
early 1950s, finding work on farms and
in factories. In 1959, Catalina Román
Negrón came to Philadelphia with
the rest of the children. (Courtesy of
Domingo Negrón and HSP.)

Domingo Negrón, a la izquierda, y
su hermano Félix posan para esta
fotografía en 1961. Su padre, Flor, y
sus hermanos mayores se fueron de
Maunabo a comienzos de la década de
1950 y encontraron trabajo en fincas y
en fábricas. En 1959, Catalina Román
Negrón llegó a Filadelfia con el resto de
sus hijos. (Cortesía de Domingo Negrón
y HSP.)

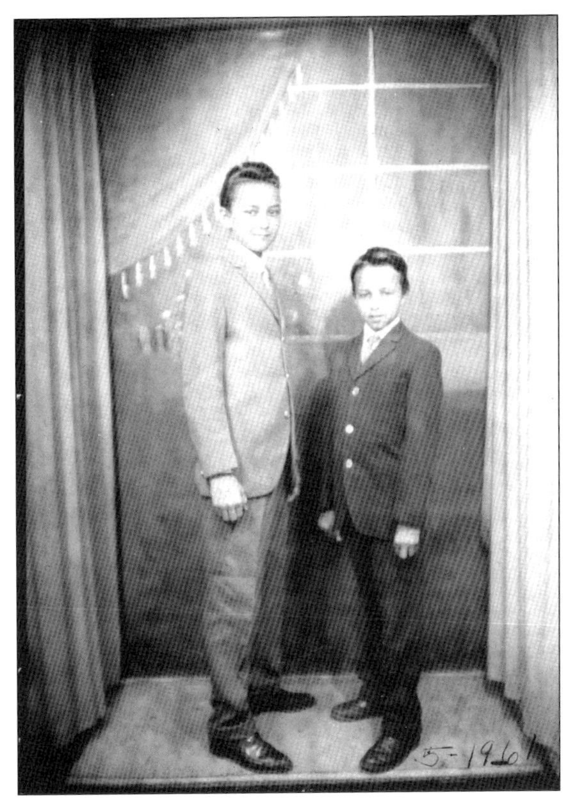

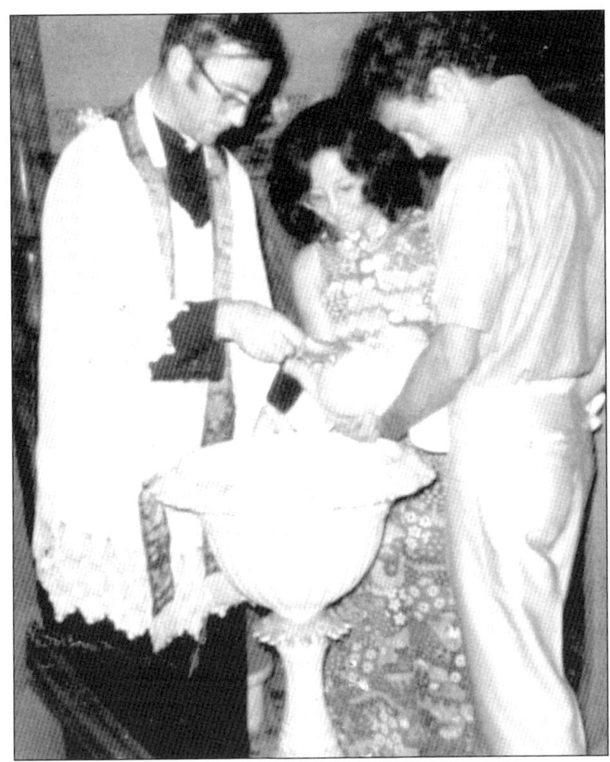

Domingo Negrón's niece Anita
Ramos and nephew Felipe
Negrón are being baptized at
St. Bonaventure, sometime in
the 1970s. (Courtesy of Domingo
Negrón and HSP.)

Los sobrinos de Domingo Negrón,
Anita Ramos y Felipe Negrón,
están siendo bautizados en la
Iglesia St. Bonaventure, en la
década de 1970. (Cortesía de
Domingo Negrón y HSP.)

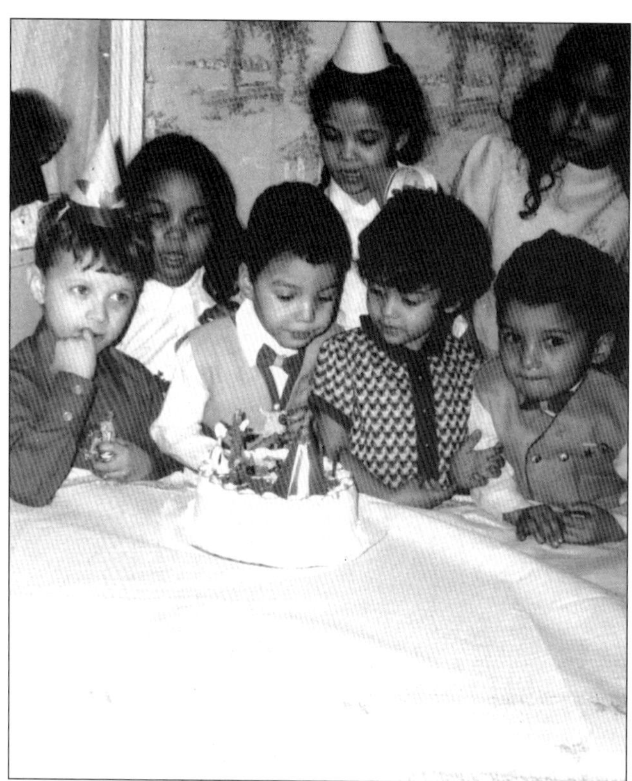

Domingo Negrón's nephew Tony is having a birthday party in the 1960s. Life celebrations continued to provide opportunities for extended families and the community to come together in home-centered social activities. (Courtesy of Domingo Negrón and HSP.)

El sobrino de Domingo Negrón, Tony, celebra su fiesta de cumpleaños en la década de 1960. Las celebraciones de la vida daban oportunidades a las familias extendidas y a la comunidad a reunirse en actividades sociales centradas en el hogar. (Cortesía de Domingo Negrón y HSP.)

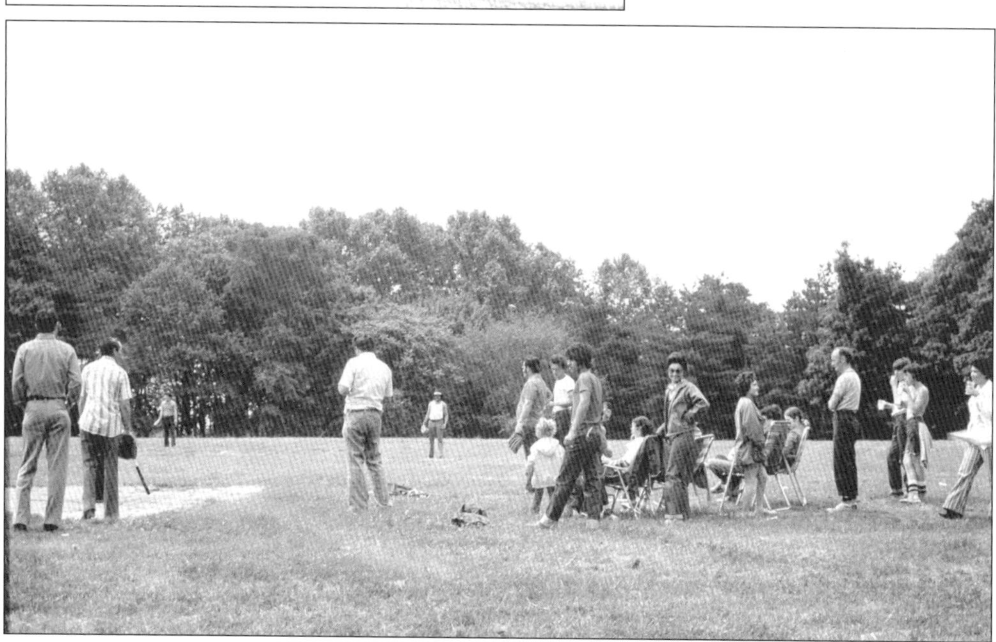

Everyday life also expanded to the city's public areas. Here the Negrón family plays baseball in Fairmount Park in the 1960s. (Courtesy of Domingo Negrón and HSP.)

La vida cotidiana también se expandió a las áreas públicas de la ciudad. Aquí la familia Negrón juega pelota en el Parque Fairmount en la década de 1960. (Cortesía de Domingo Negrón y HSP.)

Three

MAKING PUERTO RICAN PHILADELPHIA
Forjando una Filadelfia puertorriqueña

Puerto Ricans struggled to adjust to their new environment and to recreate communities they left behind. At the same time, Philadelphia's community organizations and social service agencies responded to the newcomers. Puerto Ricans built their own community organizations to improve conditions for themselves, their families, and their communities. Hometown clubs provided familiarity, social opportunities, and mutual assistance. Professional associations provided networking and support. Through community organizations and political activism, Puerto Ricans came together to meet their own needs and to make the city more responsive and inclusive. Along the way, they contributed to the making of Puerto Rican Philadelphia.

Los puertorriqueños lucharon para ajustarse a su nueva realidad y recrear las comunidades que dejaron atrás. Al mismo tiempo, las organizaciones comunitarias y las agencias de servicios sociales en Filadelfia respondieron a los recién llegados. Los puertorriqueños formaron sus propias organizaciones comunitarias para mejorar sus condiciones de vida, sus familias y sus comunidades. Los clubes de los pueblos natales brindaron familiaridad, oportunidades sociales y asistencia mutua. Las organizaciones profesionales proveyeron conexiones de trabajo y redes de apoyo. A través de las organizaciones comunitarias y el activismo político, los puertorriqueños se unieron para defender sus intereses y hacer la ciudad más receptiva e inclusiva. A lo largo del camino, ellos contribuyeron a una Filadelfia puertorriqueña.

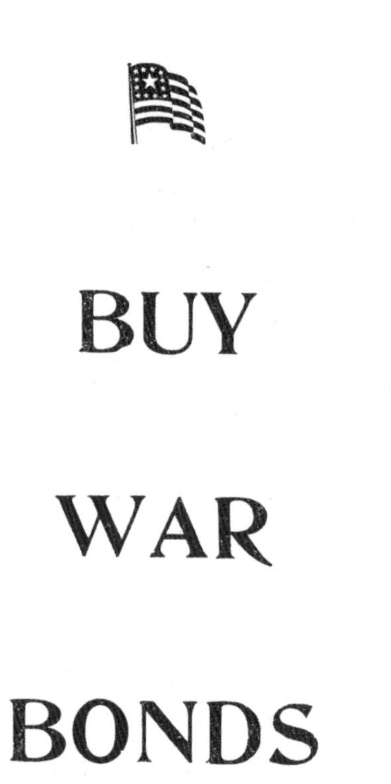

The Spanish-American Fraternal Benevolent Association, "La Fraternal," was a mutual aid society established in 1908. This 1943 flyer highlights the group's activities with other Latino groups, their support for the United States war effort, and their longevity, which continued into the 1960s. (Courtesy of UA.)

La Asociación Benévola Fraternal Hispanoamericana, "La Fraternal", fue una sociedad de ayuda mutua establecida en 1908. Este boletín de 1943 reseña sus actividades con otros grupos latinos, su apoyo a los Estados Unidos durante la guerra y su longevidad, la cual continuó hasta los años 1960. (Cortesía de UA.)

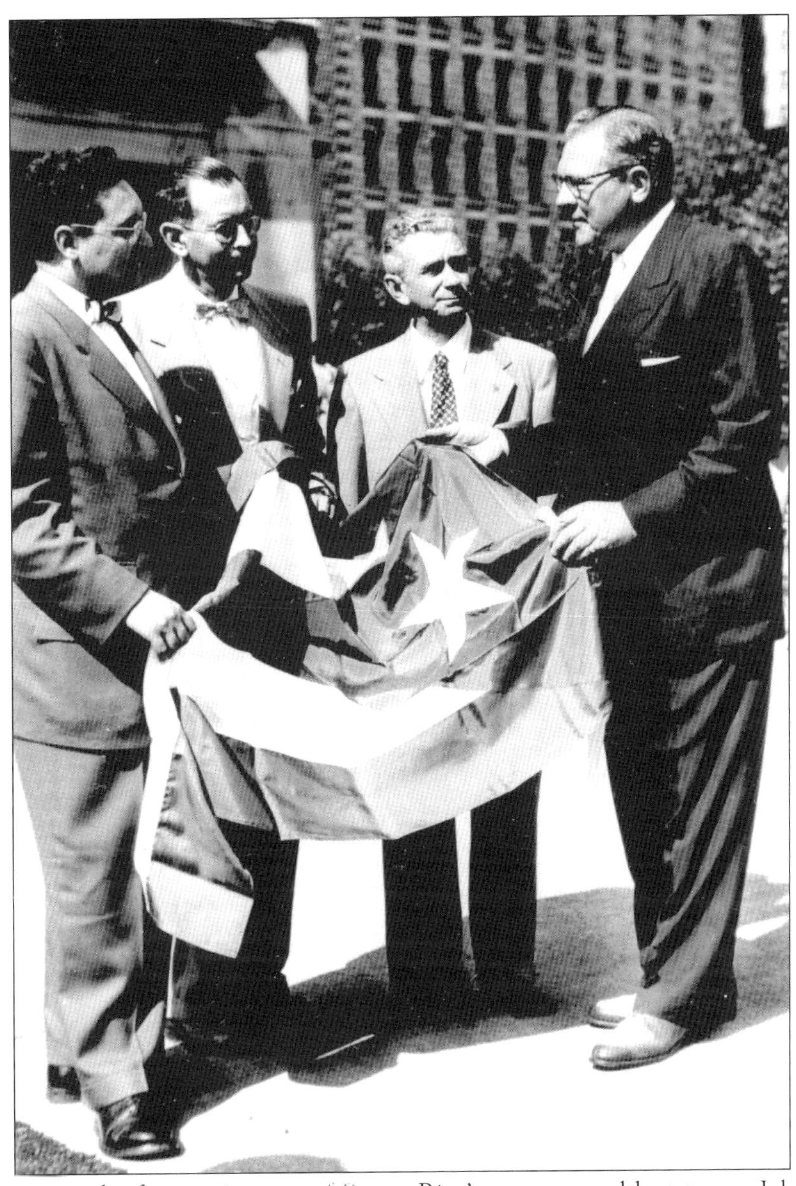

Commemorating the first anniversary of Puerto Rico's commonwealth status on July 25, 1953, are, from left to right, Joseph Monserrat of Puerto Rico's Migration Division; F. J. Pérez Almiroty, representing governor of Puerto Rico Luis Muñoz Marín; Dr. José DeCelis, an early leader in the Puerto Rican community who arrived in the city in 1915 and was chairman of the sponsoring committee; and Victor Blanc, councilman at large representing Mayor Joseph Clark. (Courtesy of UA.)

De izquierda a derecha, Joseph Monserrat de la División de Migración de Puerto Rico; F. J. Pérez Almiroty, representante del gobernador de Puerto Rico Luis Muñoz Marín; el Dr. José DeCelis, uno de los primeros líderes de la comunidad puertorriqueña quien llegó a la ciudad en el 1915 y fue presidente del comité auspiciador; y Víctor Blanc, asambleísta por acumulación representando al Alcalde Joseph Clark, están conmemorando el primer aniversario del Estado Libre Asociado de Puerto Rico el 25 de julio de 1953. (Cortesía de UA.)

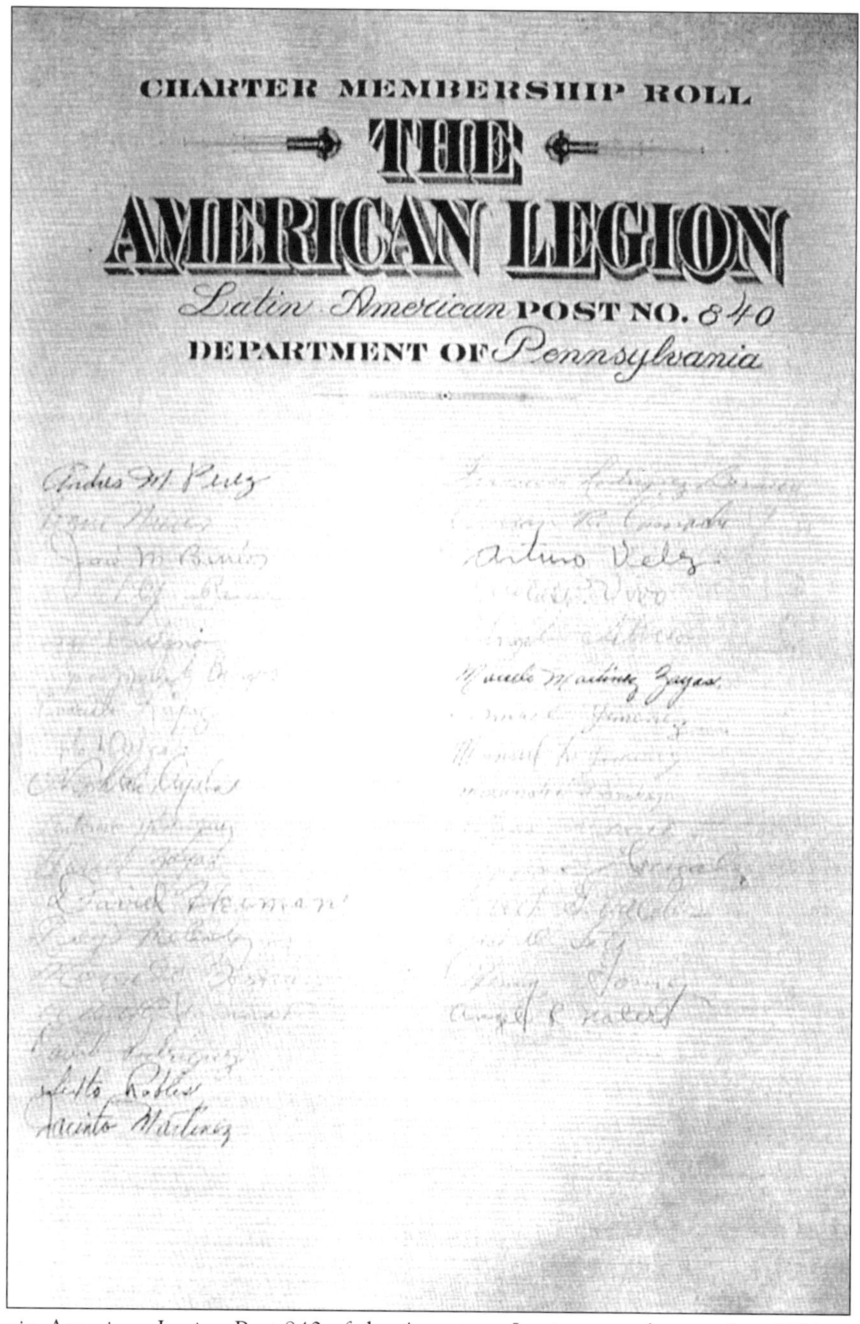

The Latin American Legion Post 840 of the American Legion was chartered in 1954, with the 33 members who signed above. Many Puerto Ricans who were United States veterans of World War II and the Korean War settled in Philadelphia. (Courtesy of José Rivera.)

Arriba se muestran los 33 miembros fundadores de la Legión Latinoamericana del Puesto 840 de la Legión Americana que fue constituida en 1954. Muchos puertorriqueños veteranos de las fuerzas armadas de los Estados Unidos de la Segunda Guerra Mundial y de la Guerra de Corea se establecieron en Filadelfia. (Cortesía de José Rivera.)

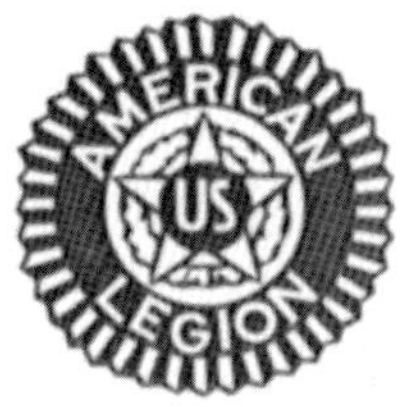

LATIN AMERICAN POST 840
OFFICERS 2003-2004

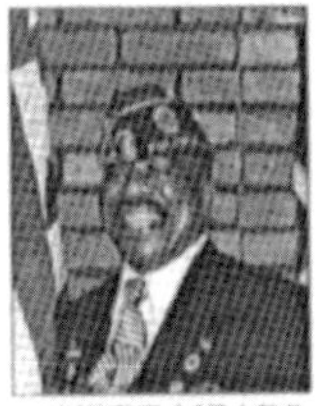

ANDRE MEARS
COMMANDER

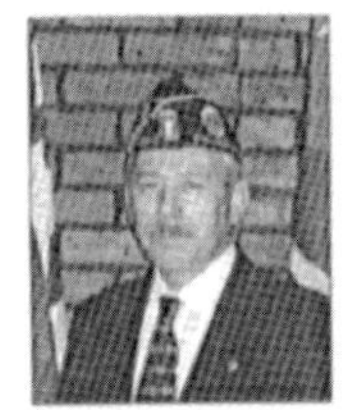

JOSE A. RIVERA
1ST VICE COMMANDER

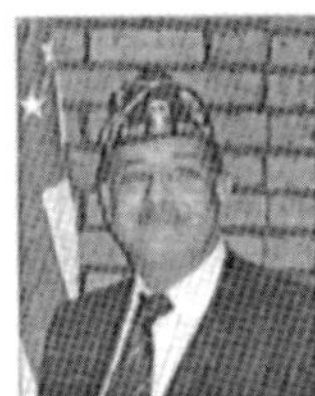

FELIX J. LEON
ADJUTANT

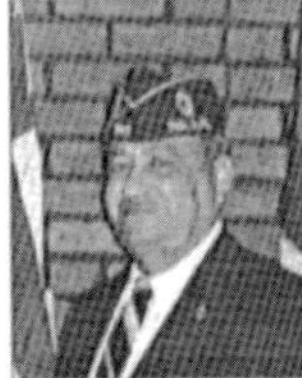

ELADIO COLON
FINANCE OFFICER

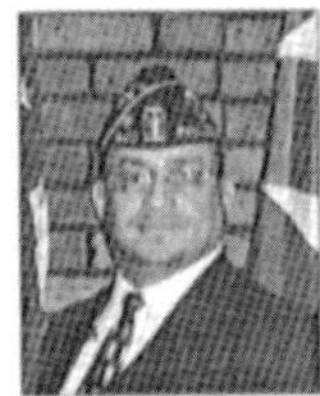

JOSE A. FIGUEROA
SERVICE OFFICER

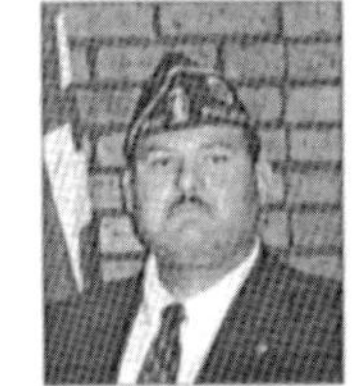

GREGORIO MUÑIZ
SERGEANT-AT-ARMS

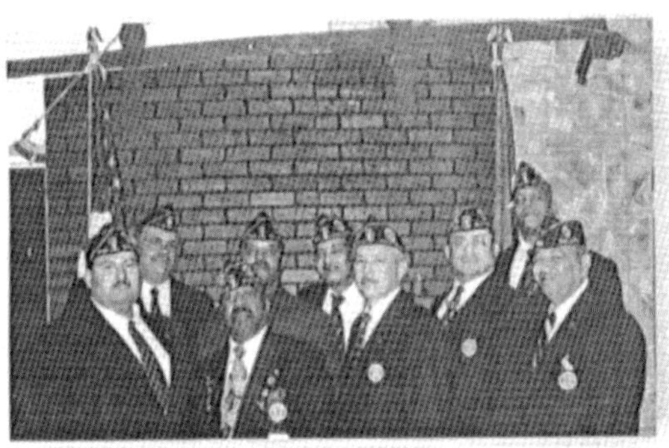

Post 840 celebrated its 50th anniversary in November 2003 and honored its officers, shown above. The post's early membership numbered about 200, providing a social outlet and support, as well as sponsoring veterans' memorials and community activities. (Courtesy of José Rivera.)

En la fotografía se muestra al puesto 840 celebrando su cincuenta aniversario en noviembre de 2003 y rindiendo homenaje a sus oficiales. El puesto 840 se inició con una membresía de 200 miembros, ofreciendo oportunidades de socialización y apoyo, así como auspicio a actividades comunitarias y de recordación de veteranos. (Cortesía de José Rivera.)

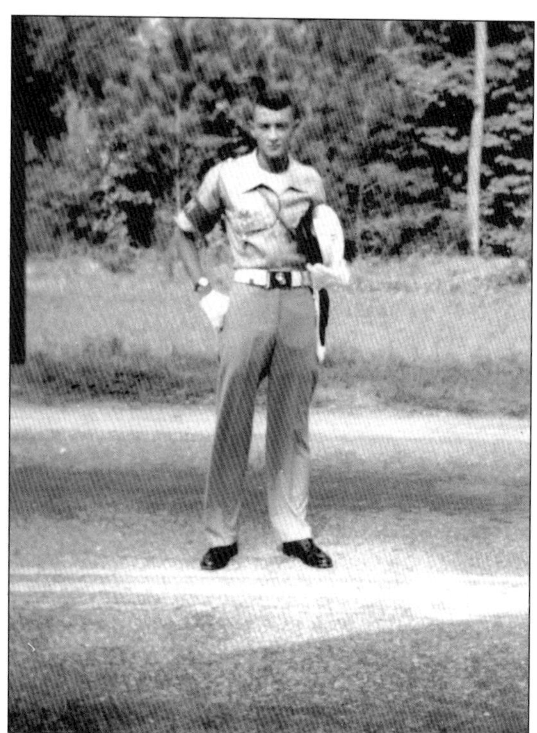

Puerto Ricans continued to serve in the armed forces. Shown here at Camp Lejeune, North Carolina, in 1966, Domingo Negrón was drafted and served in Vietnam from 1967 to 1968. He was wounded, discharged, and decorated with two Purple Hearts. (Courtesy of HSP.)

Los puertorriqueños continuaron sirviendo en las fuerzas armadas estadounidenses. Domingo Negrón, mostrado aquí en el Campamento Lejeune, Carolina del Norte, en el 1966, fue reclutado y sirvió en Vietnam de 1967 a 1968. Fue herido, licenciado y condecorado con dos Corazones Púrpuras. (Cortesía de HSP.)

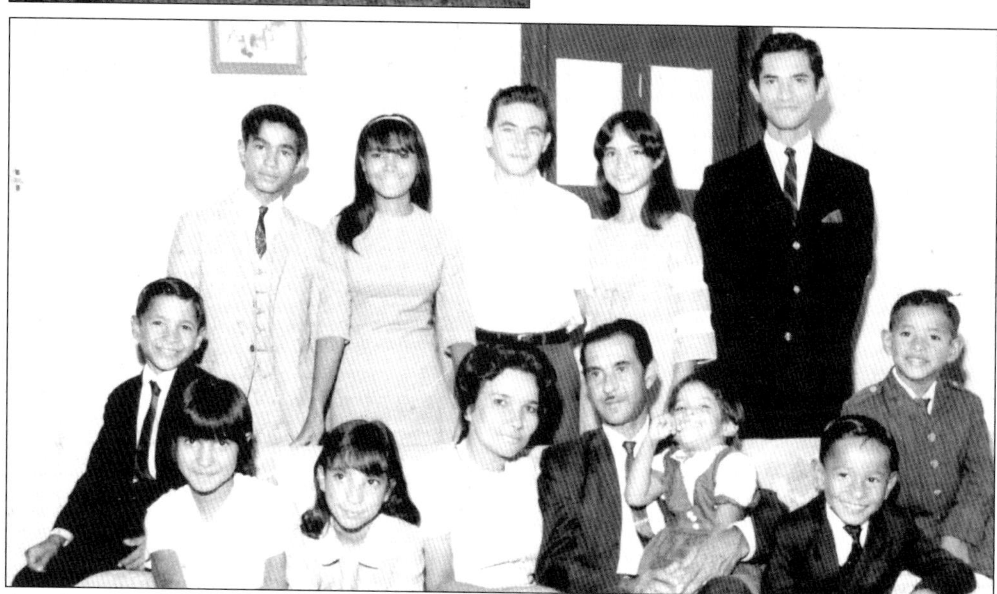

Ana Luisa Navarro's brother, William, back row center, returned from Vietnam in 1967. The Navarros are welcoming him home. The school where Ana Luisa worked put a banner across the street, thanking him for his service. (Courtesy of Justino and Ana Luisa Navarro.)

El hermano de Ana Luisa Navarro, William, en la fila de atrás al centro, regresó de Vietnam en 1967. Los Navarro le celebraron una fiesta de bienvenida a casa. La escuela donde Ana Luisa trabajaba puso un cruzacalle, agradeciendole por su servicio. (Cortesía de Justino y Ana Luisa Navarro.)

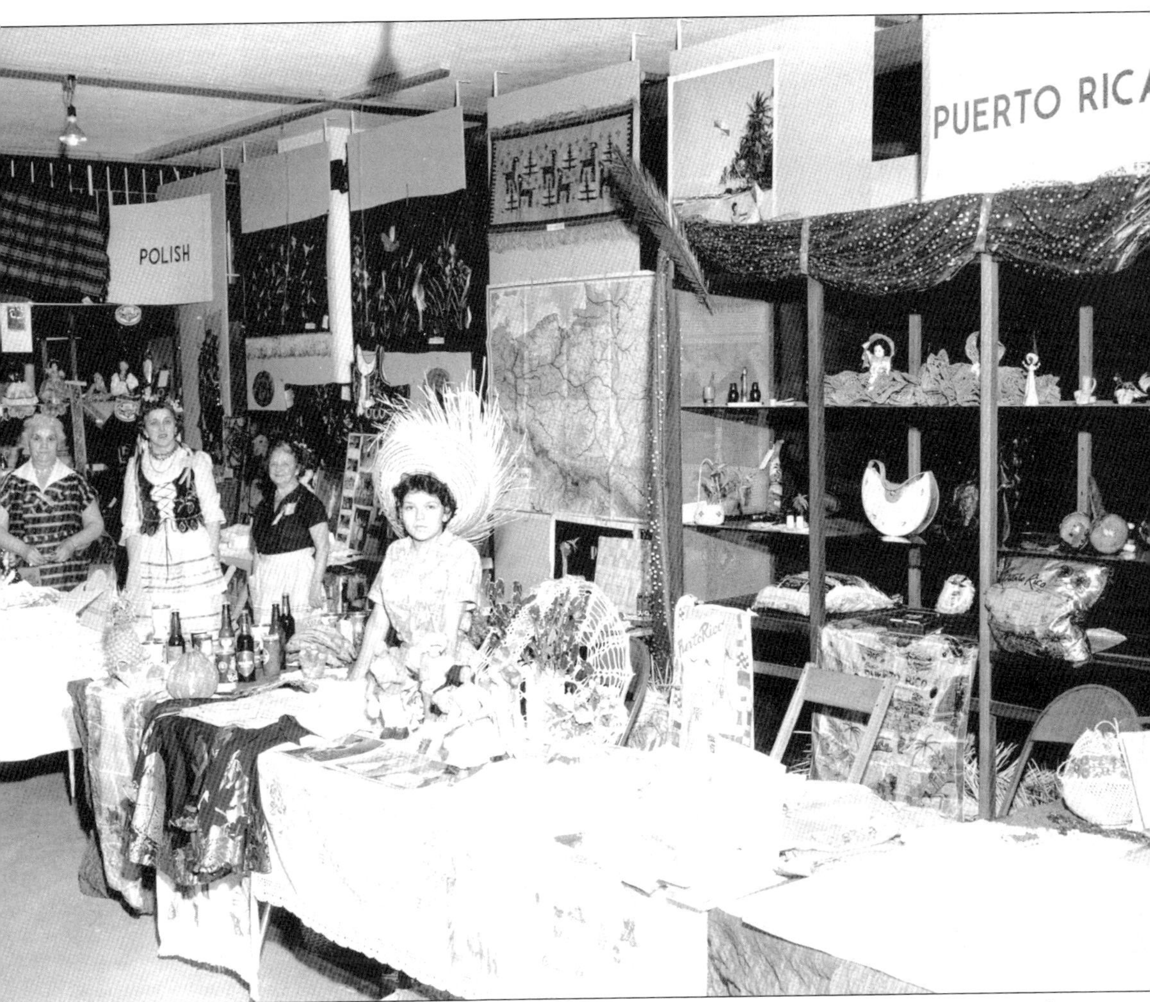

The International Institute, now the Nationalities Services Center, began working with Spanish-speaking communities in the 1920s. The institute provided services, sponsored social and cultural groups, and hosted an annual folk festival, shown here in 1966. (Courtesy of UA.)

El Instituto Internacional, ahora el Centro de Servicios a las Nacionalidades, comenzó a trabajar con las comunidades hispanoparlantes en la década de 1920. El instituto proveía servicios, auspiciaba a grupos cívicos y sociales y era el anfitrión de un festival folklórico, como el que se muestra aquí en el año 1966. (Cortesía de UA.)

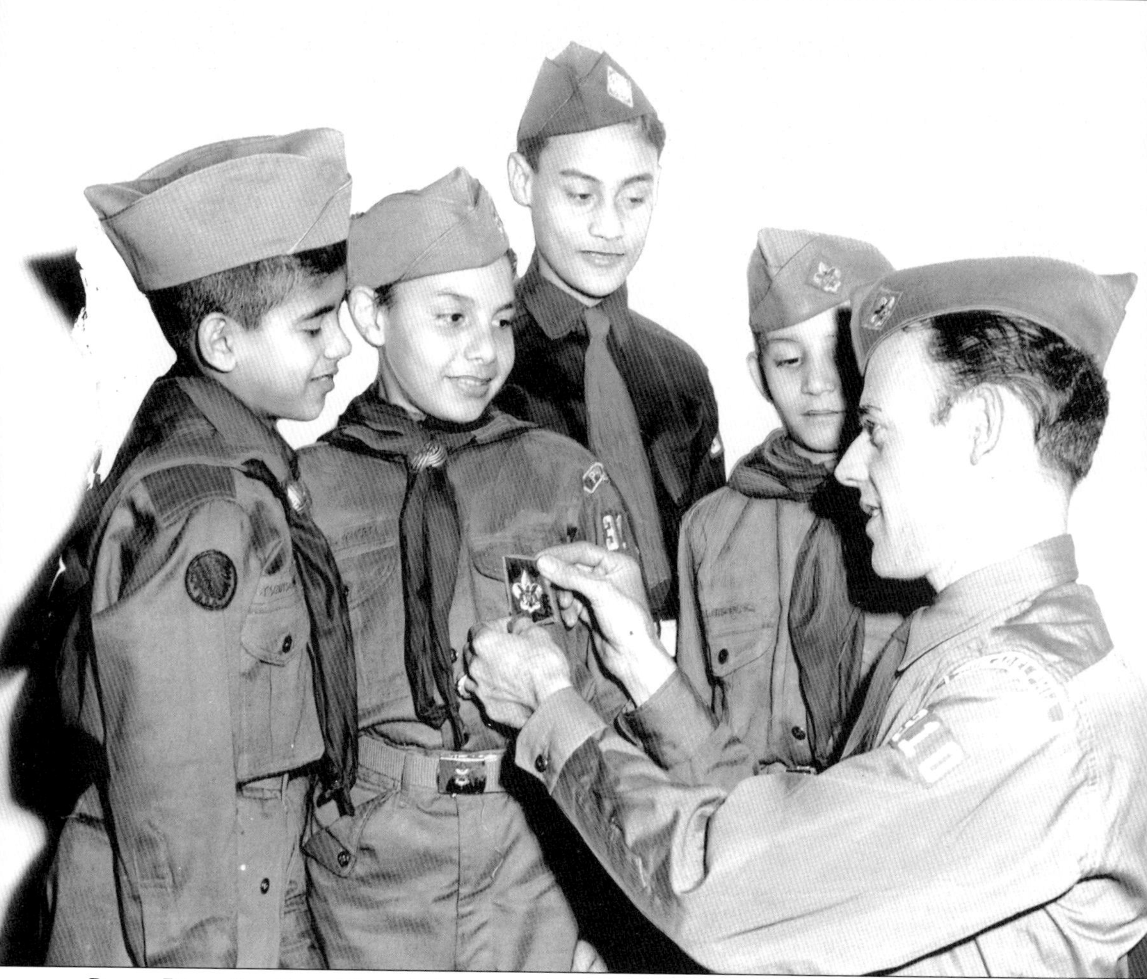

Puerto Rican Boy Scout Troop 310 was installed on March 18, 1955. Scoutmaster Pablo Adorno pins Tenderfoot badges on, from left to right, José Reyes, Héctor Rodríguez, Jesús Nazario, and Carlos Silva. The troop was sponsored by the Latin American Legion Post 840 and the Friends Neighborhood Guild, a Quaker settlement house. (Courtesy of UA.)

La tropa 310 de Niños Escuchas puertorriqueños fue instalada el 18 de marzo de 1955. Pablo Adorno, *scoutmaster*, está fijando insignias de mérito a niños escuchas con rango de Tenderfoot, de izquierda a derecha, José Reyes, Héctor Rodríguez, Jesús Nazario y Carlos Silva. La tropa fue auspiciada por el Puesto 840 de la Legión Latinoamericana y la Cofradía de los Amigos del Vecindario, un centro comunal de los cuáqueros. (Cortesía de UA.)

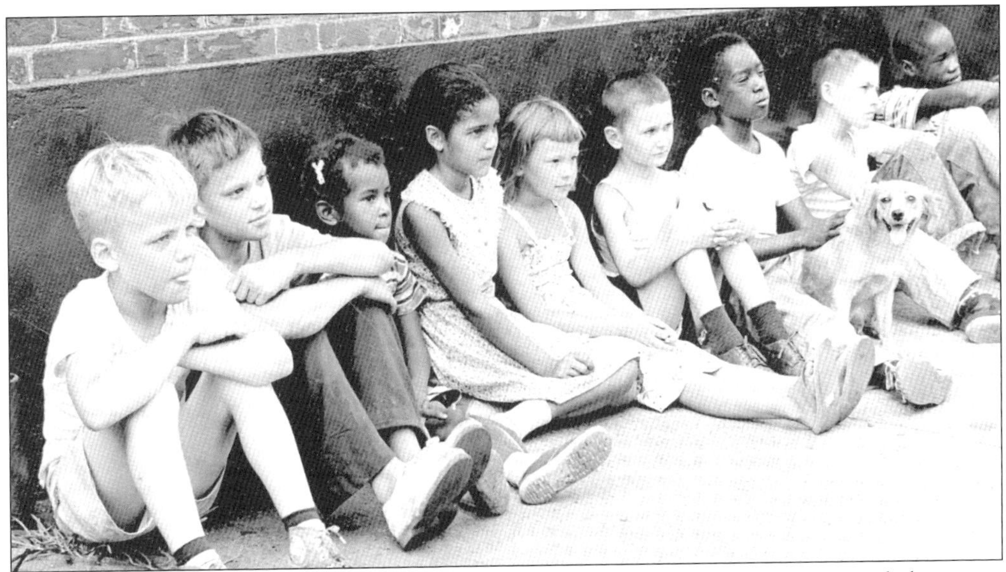

Sponsoring cultural and social groups, the Friends Neighborhood Guild also provided services and recreational activities. Their "Play Parade: A Mobile Community Service" brought summer fun to diverse children, including Puerto Rican. These children are waiting for the parade's arrival in 1960. (Courtesy of UA.)

La Cofradía de los Amigos del Vecindario auspiciaba eventos culturales y grupos sociales, así como también proveía servicios y actividades recreativas. Su "Desfile de Juegos: Un Servicio Comunitario Móvil" trajo diversión en el verano para una diversidad de niños(as), incluyendo puertorriqueños. Aquí están aguardando la llegada del desfile en el 1960. (Cortesía de UA.)

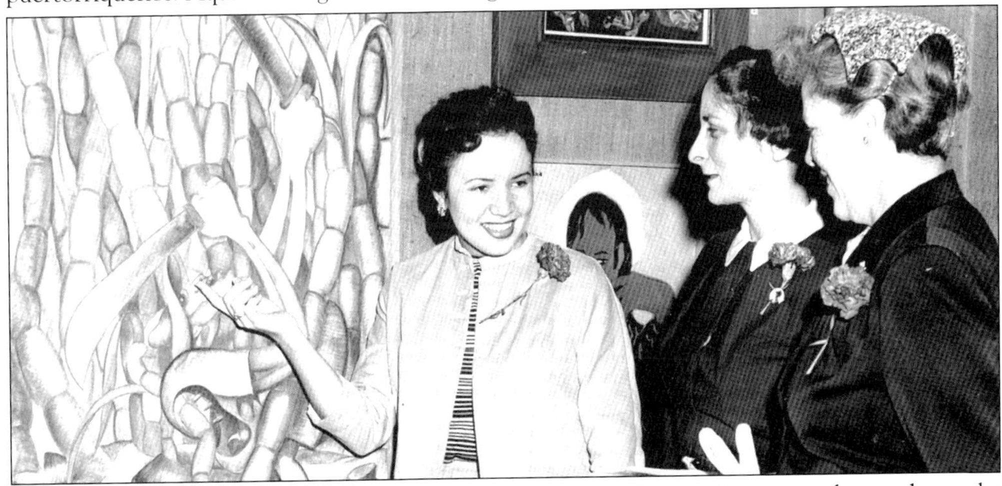

In 1955, the guild sponsored an exhibit of contemporary Puerto Rican art, being shown by Aurea Esther Rivera, on the left, to Mrs. Edwin Crosby, member of the guild's board, and Mrs. Robert Rosenbaum, sponsor of the exhibit. (Courtesy of UA.)

En el 1955, la cofradía auspició una exhibición de arte contemporáneo puertorriqueño, presentado aquí por Aurea Esther Rivera, en la izquierda, a la señora de Edwin Crosby, miembro de la junta de la cofradía, y a la señora de Robert Rosenbaum, auspiciador de la exhibición. (Cortesía de UA.)

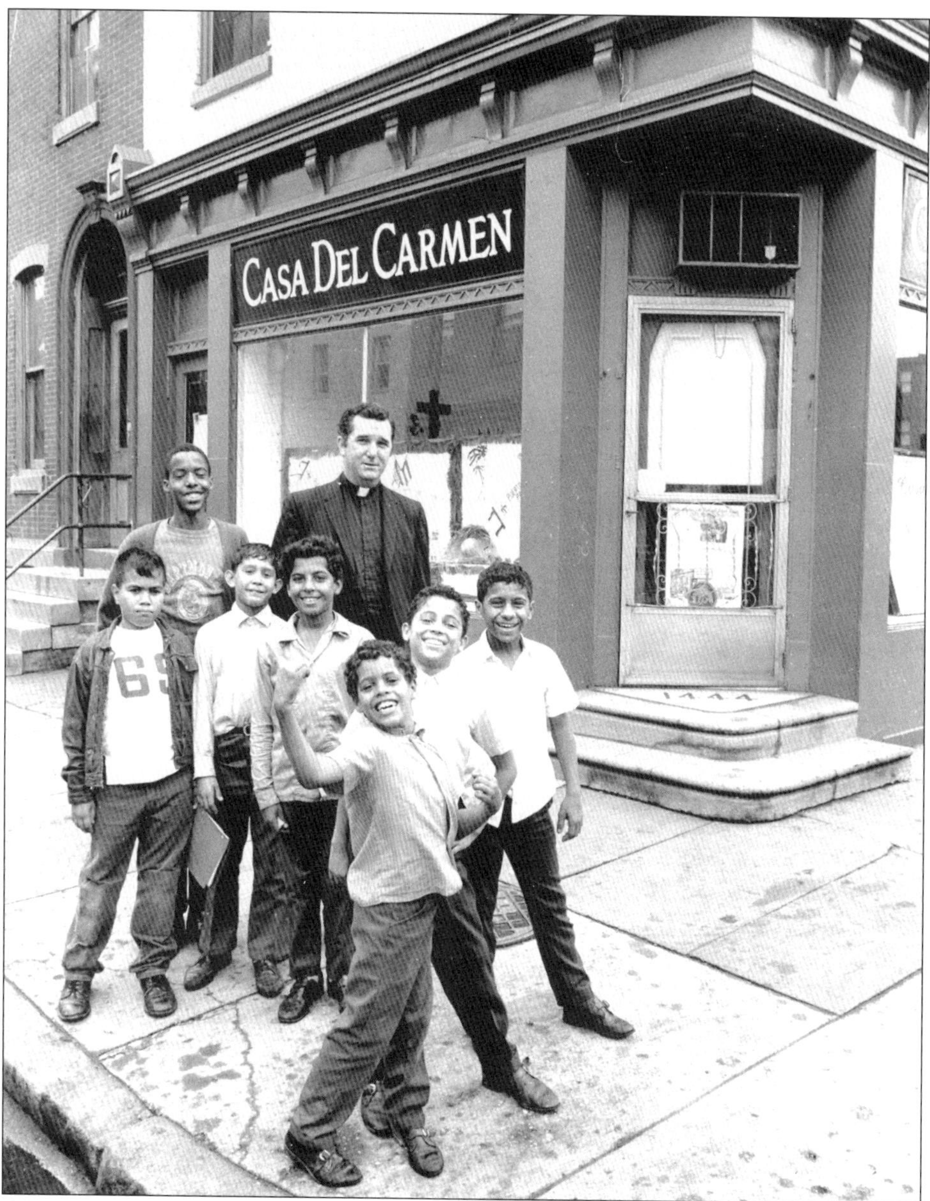

Established in 1954 by the Archdiocese of Philadelphia, Casa del Carmen provided the growing Puerto Rican community with social services and a particular ethic. Wilfredo Rojas recalled, "We were part of that system over at Casa del Carmen, we participated in sports, we cleaned up, so we were into giving a little something back. We saw it in our parents." The director, Rev. Thomas P. Craven, is seen here with neighborhood children in 1969. (Courtesy of UA.)

Establecida en 1954 por la Arquidiócesis de Filadelfia, la Casa del Carmen brindó servicios sociales y una ética particular a la creciente comunidad puertorriqueña. Wilfredo Rojas recuerda, "Nosotros éramos parte del sistema en la Casa del Carmen, participábamos en deportes, proyectos de limpieza, para así poder devolver algo a la comunidad. Lo aprendimos de nuestros padres". Aquí se ve al Padre Thomas P. Craven, director, con niños de la comunidad en el 1969. (Cortesía de UA.)

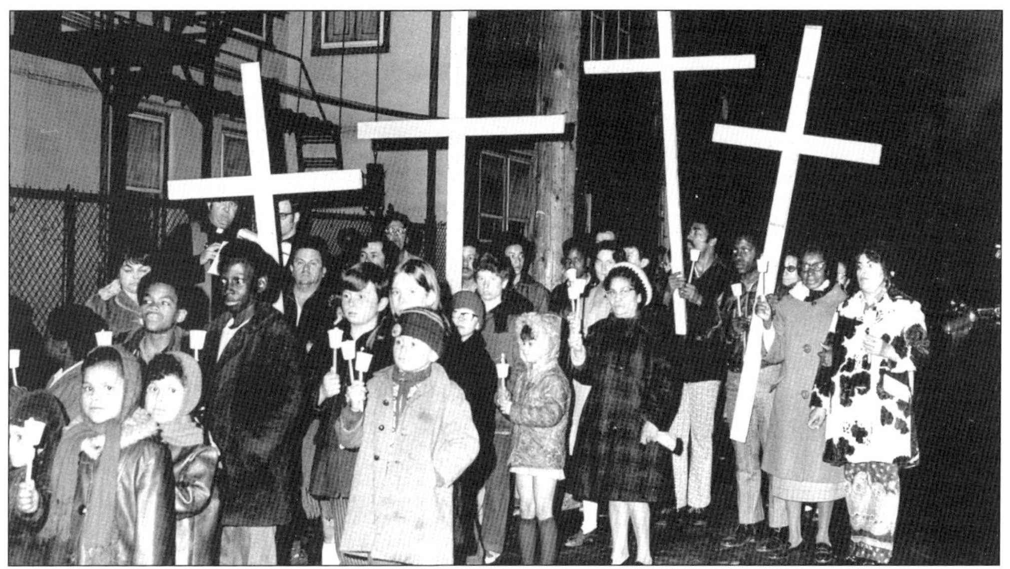

Casa del Carmen, at Seventh and Jefferson Streets, led religious processions. For this Good Friday procession in 1971, 100 Puerto Rican participants carried large crosses. (Courtesy of UA.)

La Casa del Carmen, localizada en las calles 7 y Jefferson, dirigía procesiones religiosas. Para esta procesión de Viernes Santo en el año 1971, unos 100 feligreses puertorriqueños(as) cargaron cruces grandes. (Cortesía de UA.)

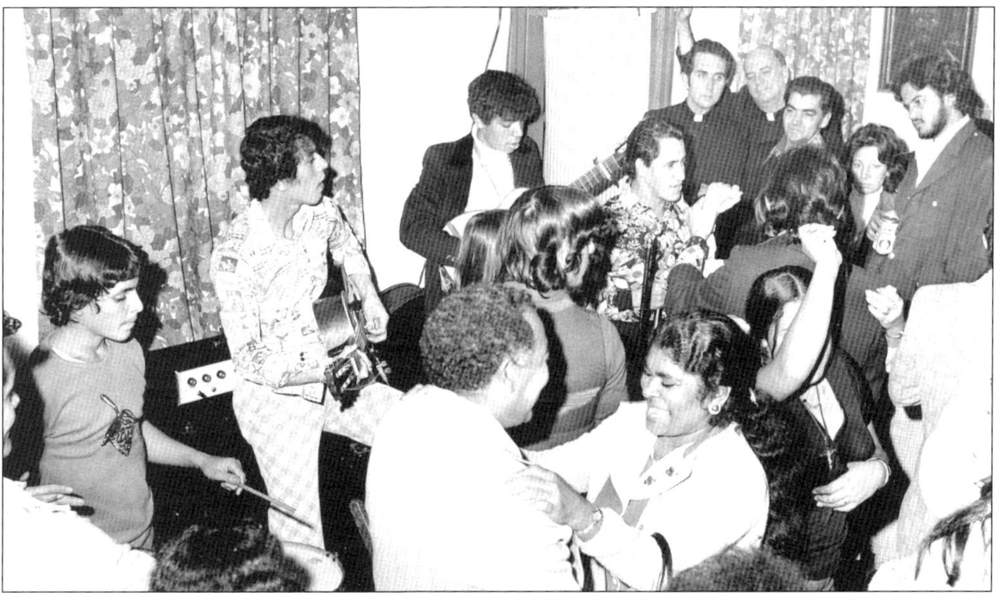

In 1974, music and dancing capped off Casa del Carmen's annual celebration of the founding of Puerto Rico. Wilson Derrios is singing. (Courtesy of UA.)

En 1974, la celebración anual del Día del Descubrimiento de Puerto Rico, auspiciado por la Casa del Carmen, culminó al ritmo de la música y el baile. En la fotografía, Wilson Derrios canta. (Cortesía de UA.)

LA VOZ del CONCILIO

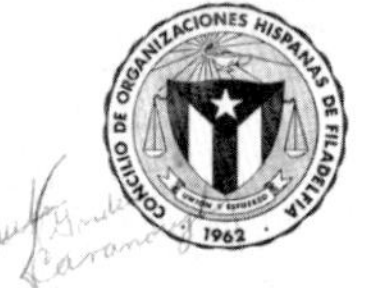

VOLUMEN I   SEPTIEMBRE 1966   NUMERO I

CRECE NUESTRO..........

La oficina cuenta con un sinnúmero de patronos que usan nuestros servicios diariamente pidiéndonos trabajadores. En muchas ocasiones no hemos podido suplir la demanda de estos patronos. Ofrecemos también distintos programas de Orientación en cursos vocacionales auspiciados por agencias del gobierno y distintas firmas privadas. Un gran número de personas se han aprovechado de estos servicios de adiestramiento vocacional que les ha permitido cualificar para un mejor empleo.

Hacemos un llamamiento a toda la comunidad para que usen este servicio gratuito. Planeamos expandir estos programa en un futuro cercano para la conveniencia de nuestra comunidad.

Recuerden que nuestras oficinas están localizadas en el Concilio de Organizaciones Hispanas, 2023 Norte de la calle Front, teléfonos NE 4-7996 y NE 4-3536. Nuestro horario es de 9:00 a.m. hasta 12:00 del medio día de lunes a viernes.

MOISES GONZALEZ SE REUNE CON AUTORIDADES MUNICIPALES SOBRE MEJORAMIENTO DE LA COMUNIDAD

Recientemente se reunió Moisés González, secretario general del Concilio, con el Lcdo. Cavanagh Comisionado del Departamento de Licencias e Inspecciones para discutir los problemas relacionados con el mejoramiento de la comunidad puertorriqueña.

Algunos de los problemas que salieron a relucir fueron los de los centenares de automóviles que se encuentran abandonados en las áreas residenciales, los montones de basura en los solares vacíos las casas viejas no habitadas que no solamente afean el área sino que también sirven de refugio para maleantes, ratas, y otras sabandijas.

El problema más importante, sin embargo, fue el de un gran número de familias puertorriqueñas que se ven obligadas a vivir en apartamentos que se encuentran en pésimas condiciones y los cuales el casero se niega a mejorar.

NOMBRAN A MOISES GONZALEZ

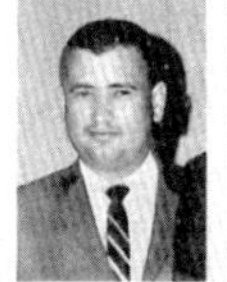

Moisés González, Ssecretario General del Concilio y Coordinador del desfile puertorriqueño de este año fue nombrado recientemente Especialista en Viviendas para trabajar con el gobierno de la ciudad.

Sus oficinas están localizadas en el 1603 de la Avenida Columbia, teléfono CE 6-4108 y su trabajo consiste en ayudar a los ciudadanos a resolver sus problemas de vivienda.

Moises Gonzalez

OTILIO MALDONADO EXHORTA A LA COMUNIDAD A QUE FORMEN ORGANIZACIONES

Otilio Maldonado, presidente del Concilio, exhorta a los puertorriqueños a que formen grupos u organizaciones de manera que podamos acelarar nuestro proceso de ajuste en un país extraño.

Dijo Maldonado que son las organizaciones las que suplen las fuerzas y las energías de cualquier comunidad y forman los bloques de defensa contra el "enemigo", cualquiera que fuere este.

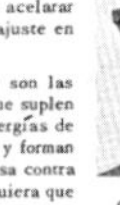

Otilio Maldonado

El presidente manifestó que no se explica por qué las organizaciones de los pueblos no han podido "echar raíces" en esta ciudad mientras florecen en otras comunidades. Se expreso en el sentido de quien ahora mejor que nunca es el tiempo propicio para hacerlo toda vez que la secretaria del Concilio está a la disposición de cualquier grupo que se quiera organizar en Filadelfia.

Maldonado dijo además que el Concilio de Organizaciones Hispanas tiene disponible personal profesional para aquellos grupos que lo soliciten. Estas personas están adiestradas para orientar, ayudar y aconsejar los nuevos grupos en el comienzo de su formación.

Demas esta decir, agregó Maldonado, que los salones y oficinas del Concilio están a la disposición de cualquier agrupación que desee utilizar nuestras facilidades para reuniones u otras actividades.

Rincón del Trovador

A los Hijos de Borinquen

A la comunidad hispana
Un consejo quiero dar
Que debemos de ayudar
A los hombres del mañana
Darles en su edad temprana
El tono de fundación
Conocer la educación

Es interés, es patriotismo
Es librarles del abismo
Del que hoy sufrimos con calma
Y se hace sentir en el alma

Pero cuando el corazón palpita
Si la fe no esta marchita
No se siente el latido
Cuando damos lo merecido

Así hagámoslo saber
Como parte de nuestro deber
Para ver realizar el sueño
De otro buen puertorriqueño

—Manuel Carrasquillo

NEREIDA PADUA ASUME DELANTERA EN CERTAMEN PARA REINA DEL DESFILE

La señorita Nereida Padua, candidata a reina del desfile tomó la delantera en el segundo escrutinio llevado a cabo recientemente en los salones del Concilio. Desplazó de esa manera a la señorita María Rodríguez quien salió primera en el primer escrutinio, pero relegada al tercer lugar en el segundo conteo de los votos. Nilda Rodríguez logró la segunda posición.

El orden de las candidatas al codiciado trono quedó como sigue al contar los votos del segundo escrutinio: Nereida Padua, Nilda Rodríguez, María Rodríguez, Sonia Pérez, Miriam Figueroa, Juanita Torres, Pauline Cruz, Augie Meléndez y Naida Caballero.

A juzgar por el gran entusiamo y lo cerrada la competencia entre estas bellezas del jardín puertorriqueño todo parece indicar que su Majestad, La Reina, cualquiera que fuere, habrá de ser electa por muy poco margen y después de una fuerte lucha.

El tercer escrutinio se llevará a cabo el sábado, diez de septiembre en los salones del club ukraniano en el bloque 900 de la calle Franklin. No será, sin embargo, hasta el primero de octubre cuando se llevara a cabo el cuarto y último escrutinio, y la gran proclamación de la bella reina. Para este magno acontecimiento se ha facilitado al Concilio uno de las mas lujosos salones del hotel Philadelphia.

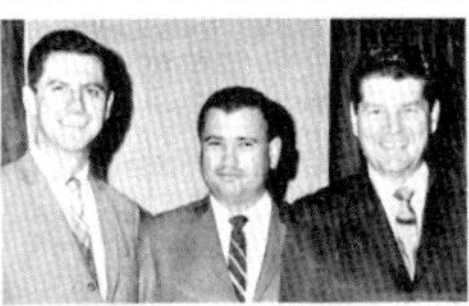

El Lcdo. Polanco-Abreu (extrema derecha), Comisionado Residente de Puerto Rico en Washington, durante su reciente visita al Concilio. En el centro, Moisés González, Secretario General de la organización y a la izquierda Jaime Pla, Director Regional de la Oficina del Estado Libre Asociado de Puerto Rico en el Valle Delaware.

POLANCO–ABREU VISITA OFICINAS DEL CONCILIO

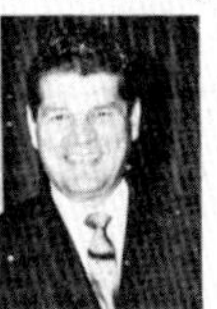

Polanco Abreu

El Lic. Santiago Polanco-Abreu, Comisionado Residente de Puerto Rico en Washington, (y su esposa) visitaron a principios del mes de julio las oficinas del Concilio de Organizaciones Hispanas de Filadelphia.

El Comisionado aprovechó la visita al Concilio para exhortar a los líderes de la comunidad a que emprendan tareas para al mejoramiento de los valores cívicos, culturales, económicos y sociales de los puertorriqueños.

Durante el fin de semana los dirigentes del Concilio respondieron a la visita con varios agasajos a los esposos Polanco. El sábado se les obsequió con una amena fiesta social con sabor Boricua en el batey del Concilio. El domingo por la tarde fueron huéspedes de los esposos Carlos y Olga Morales y por la noche fueron objetos de una fiesta hawaiiana en el hogar de los esposos John y Laura Sullivan.

El lunes 4 de julio el Concilio, organizó para los distinguidos visitantes un recorrido por la región norte del estado de Pennsylvania donde pudieron observar con interés la cultura de los "Amish", denominación religiosa que abunda en ese sector.

El Comisionado Residente visitó a Filadelfia a a invitación de Moises Gonzalez, secretario General del Concilio.

CRECE NUESTRO SERVICIO DE EMPLEO

El Concilio de Organizaciones Hispanas de Filadelfia en colaboración con el Departamento del Trabajo del Gobierno de P.R. demanalmente emplea un promedio de 35 a 50 personas en diversos trabajos.

Nuestra oficina se establecio con el propósito de prestar servicio de empleo directo a nuestra comunidad. La oficina del gobierno de Puerto Rico suple el personal técnico y el Concilio la oficina.

(continua en pagina 4)

The Council of Spanish Speaking Organizations of Philadelphia, "Concilio," was established by Puerto Rican community leaders in 1962. It served first as a social club, then as an umbrella organization for hometown clubs and other groups, and then as a social service agency. Concilio provided services and played an advocacy role for the community. This is the cover of Concilio's first newsletter in 1966. (Courtesy of HSP.)

En el 1962, el Concilio de Organizaciones Hispanas de Filadelfia, "Concilio", fue establecido por líderes puertorriqueños. Primero sirvió como un club social, luego como una organización sombrilla de clubes de diferentes pueblos natales y otros grupos, para finalmente transformarse en una organización de servicios sociales. El Concilio ofrecía servicios y abogaba por los intereses de la comunidad. Aquí se muestra la portada del primer boletín de Concilio, publicado en 1966. (Cortesía de HSP.)

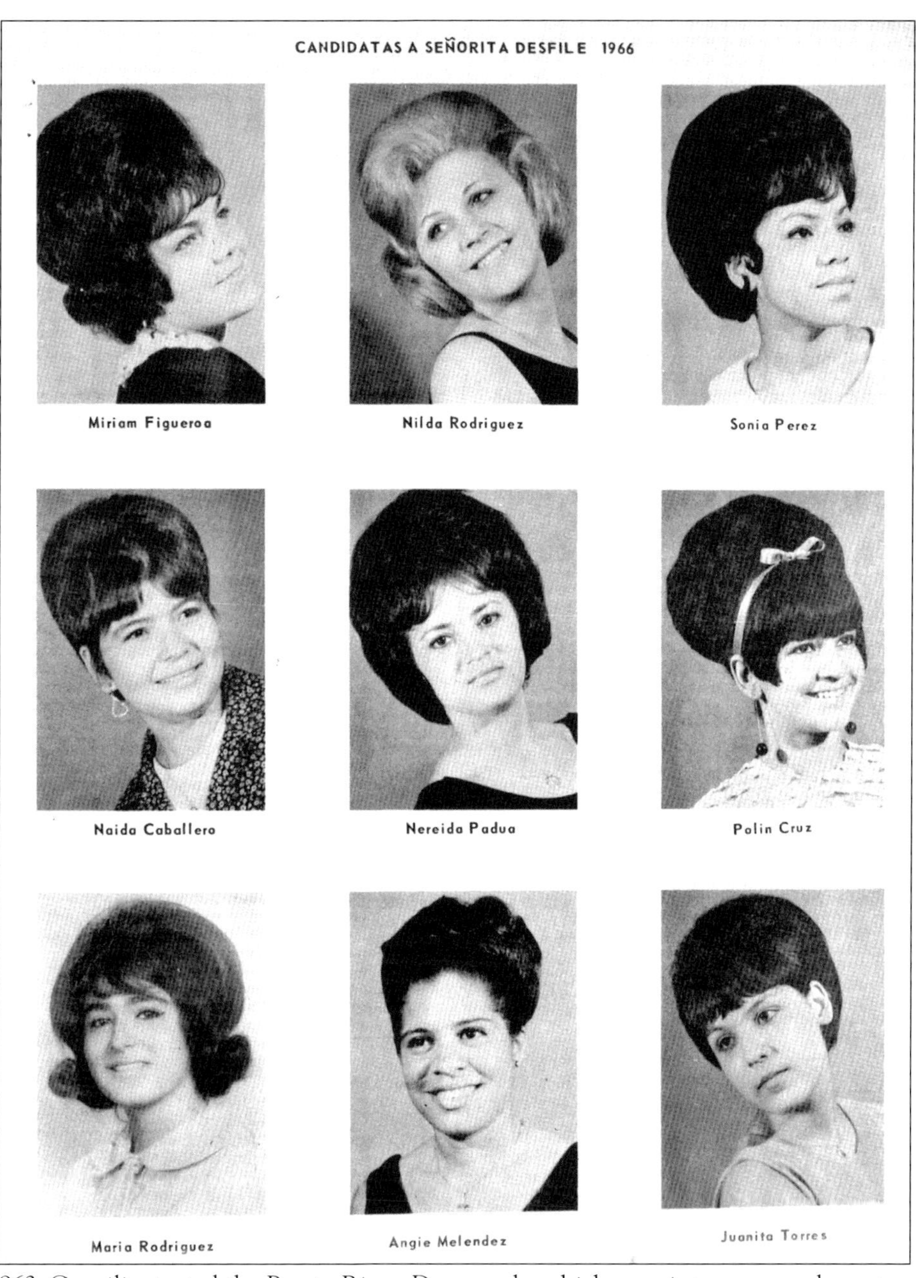

In 1963, Concilio started the Puerto Rican Day parade, which grew into an annual event and a weeklong series of events, building pride within the Puerto Rican community and bridges with the larger Philadelphia community. The 1966 newsletter shows the candidates for the parade's queen. (Courtesy of HSP.)

En el 1963, el Concilio comenzó el desfile puertorriqueño, el cual creció hasta convertirse en un evento anual y en una semana entera de celebración con diferentes tipos de actividades, fortaleciendo así el orgullo entre la comunidad puertorriqueña y extendiendo lazos con la comunidad de Filadelfia en general. Este boletín del año 1966 muestra las candidatas a Señorita Desfile. (Cortesía de HSP.)

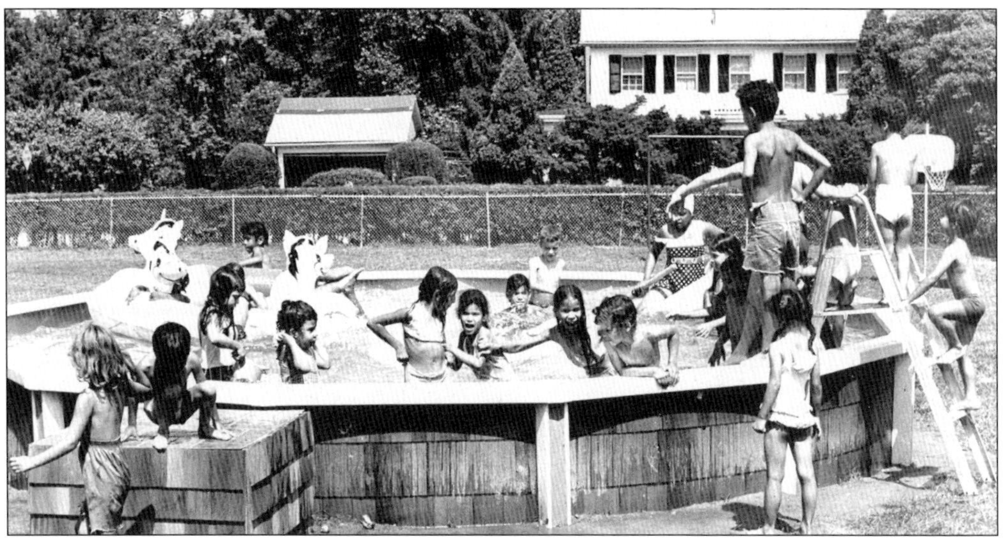

Recreational programs for youth were often a top priority. Concilio and the Northern Liberties Lions Club sponsored a summer camp for Puerto Rican children at the Holland School in Plymouth Township, where children enjoy a swim in 1971. (Courtesy of UA.)

Los programas recreativos para jóvenes eran a menudo una prioridad. El Concilio y el Club de Leones de Northern Liberties auspiciaron un campamento de verano para niños y niñas puertorriqueños en la Escuela Holland del pueblo de Plymouth, donde los pequeños disfrutan en una piscina como se muestra en esta fotografía tomada en 1971. (Cortesía de UA.)

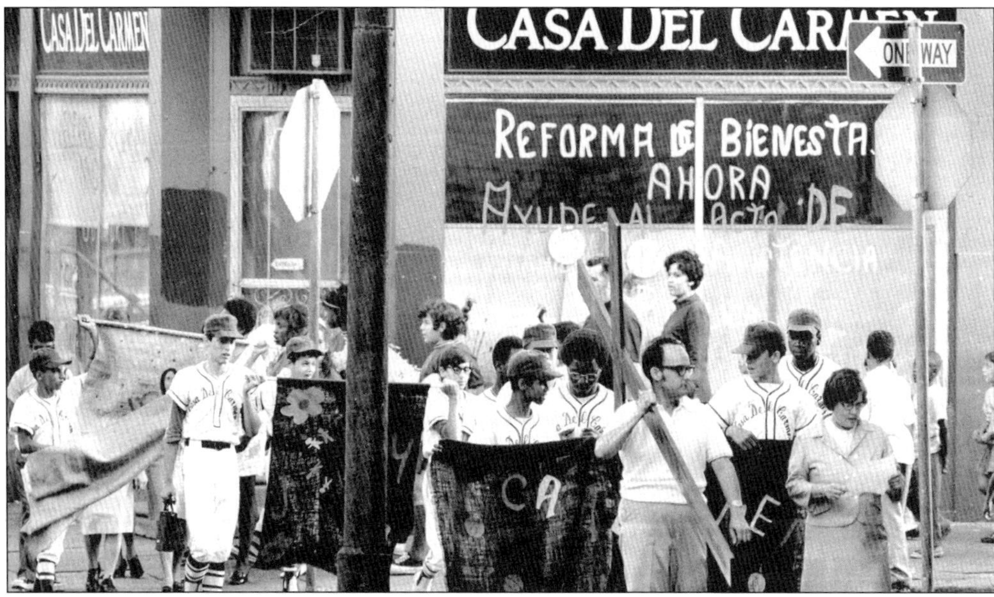

Casa del Carmen sponsored a baseball team, shown here as part of a religious procession in 1970. Note the signs in the window calling for welfare reform. (Courtesy of UA.)

La Casa del Carmen auspició un equipo de pelota, mostrado aquí como parte de una procesión religiosa en el 1970. Note las pancartas en las ventanas haciendo un llamado a la reforma del bienestar público. (Cortesía de UA.)

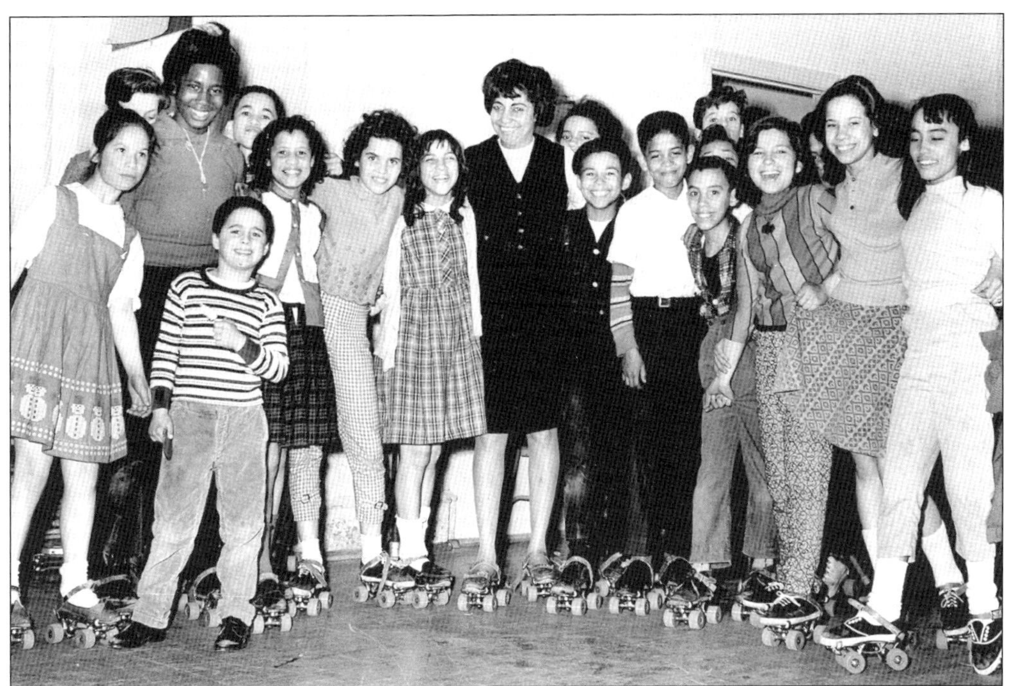

The Spring Garden's Mid-City YWCA, located at 2027 Chestnut Street, also provided recreational activities for Puerto Rican children. In 1964, the children are skating with Carmen Meléndez, the program director, and below, she is teaching the children to sew. (Courtesy of UA.)

El YWCA de Spring Garden, localizado en el 2027 de la calle Chestnut, también ofrecía actividades recreativas a los niños puertorriqueños. En 1964, los niños están patinando con Carmen Meléndez, directora del programa. Abajo, ella aparece enseñando a un grupo de niños(as) a coser. (Cortesía de UA.)

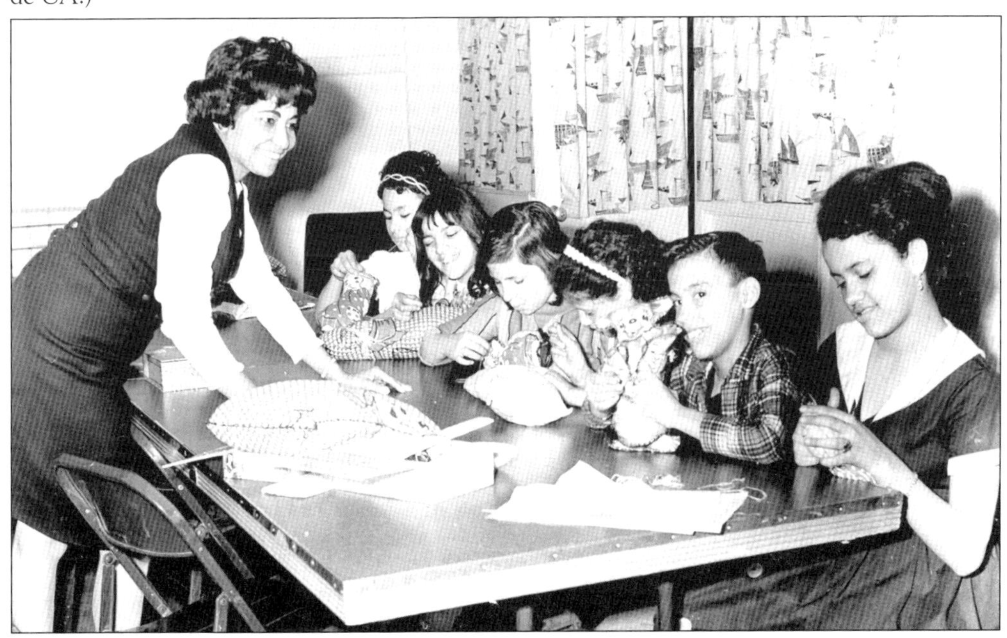

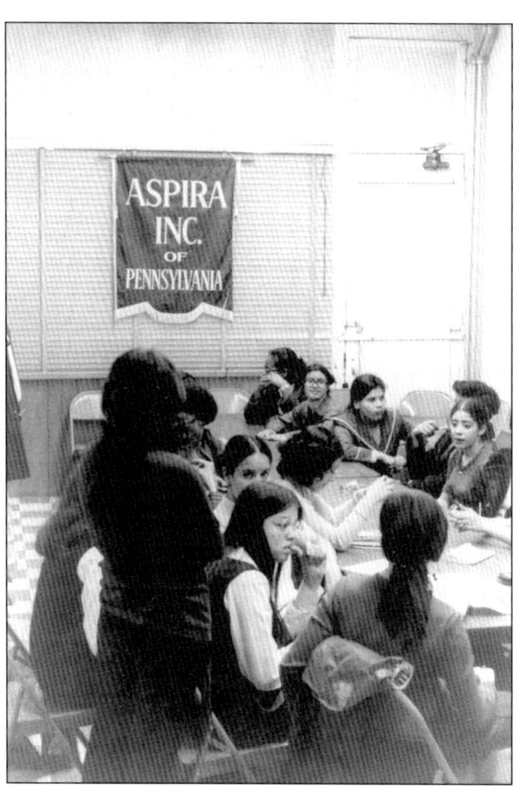

Aspira was started in New York City in 1961 and came to Philadelphia in 1969. This educational agency fostered students' graduation from high school and encouraged higher education. Aspira clubs held meetings at local high schools like the one shown here in 1972. (Courtesy of Aspira.)

Aspira se fundó en la ciudad de Nueva York en el año 1961, y una nueva afiliada se estableció en Filadelfia en 1969. Esta agencia educativa fomentaba a los estudiantes de escuela superior a que se graduaran y los motivaba a que continuaran estudios universitarios. Los clubes de Aspira llevaban a cabo sus reuniones en las escuelas superiores locales, como se muestra aquí en 1972. (Cortesía de Aspira.)

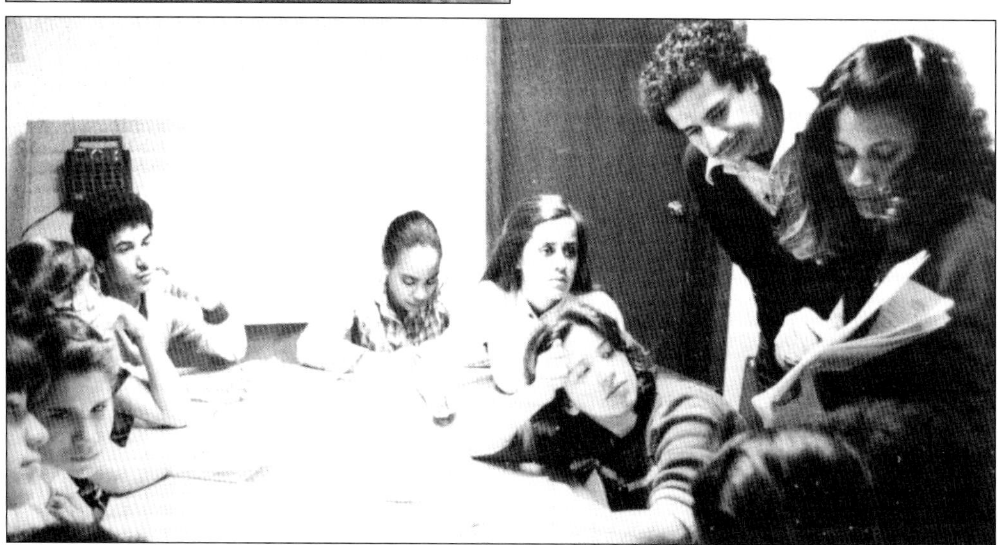

Aspira Inc. of Pennsylvania supported students' educational aspirations, running study groups like the one shown here in the 1970s and providing information on applying to college and financial aid. (Courtesy of Aspira.)

Aspira Inc. of Pennsylvania apoyaba las aspiraciones educativas de los estudiantes, organizando grupos de estudios como el que se muestra en esta fotografía de los años 1970. Además, ofrecía información de cómo llenar solicitudes de admisión universitaria y de ayuda financiera. (Cortesía de Aspira.)

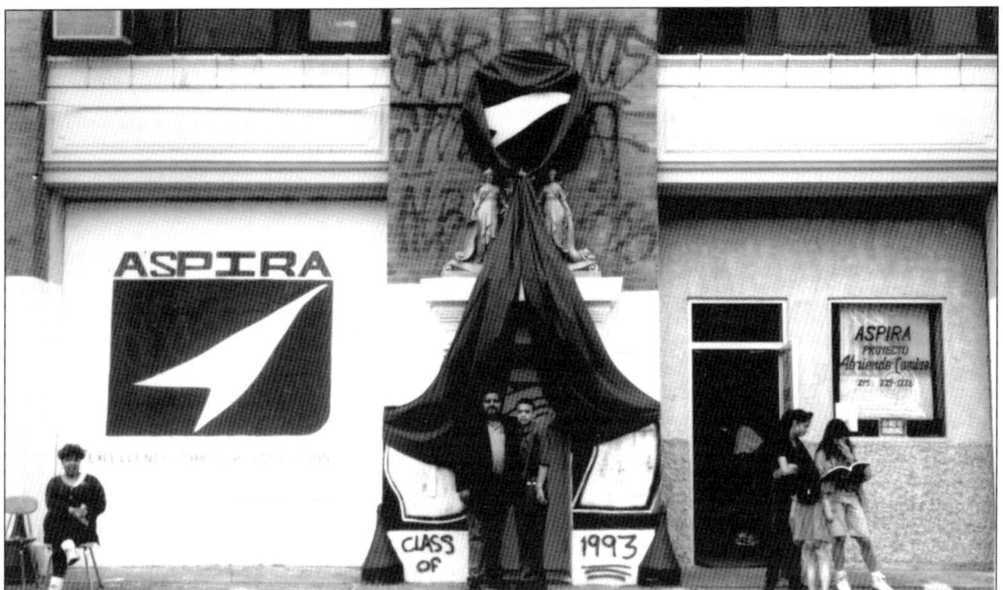

With its motto, Excellence through Education, painted proudly on the wall, this was Aspira's home until 1999. Aspira promoted leadership development. (Courtesy of Aspira.)

Con su lema, Excelencia a través de la Educación, pintado orgullosamente en la pared, este edificio fue la sede de Aspira hasta 1999. Aspira promovía el desarrollo del liderazgo. (Cortesía de Aspira.)

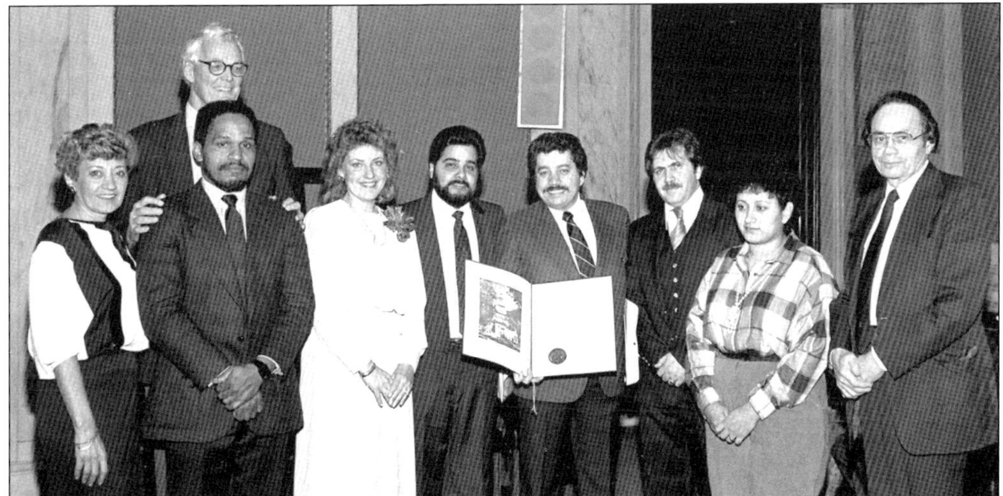

At this city hall ceremony in 1984, Emanuel Ortíz, Aspira's executive director from the late 1970s until 1995, is fourth from the left, with city councilor at large Angel Ortíz to his right. City councilor John Street is second from the left, and city councilor at large David Coherr is on the far right. (Courtesy of Aspira.)

En esta ceremonia celebrada en la alcaldía en 1984, Emanuel Ortíz, director ejecutivo de Aspira desde finales de los años 1970 hasta el 1995, es cuarto desde la izquierda, con el asambleísta por acumulación Angel Ortíz a su derecha. El asambleísta John Street es segundo desde la izquierda, y el asambleísta por acumulación David Coherr es el último a la derecha. (Cortesía de Aspira.)

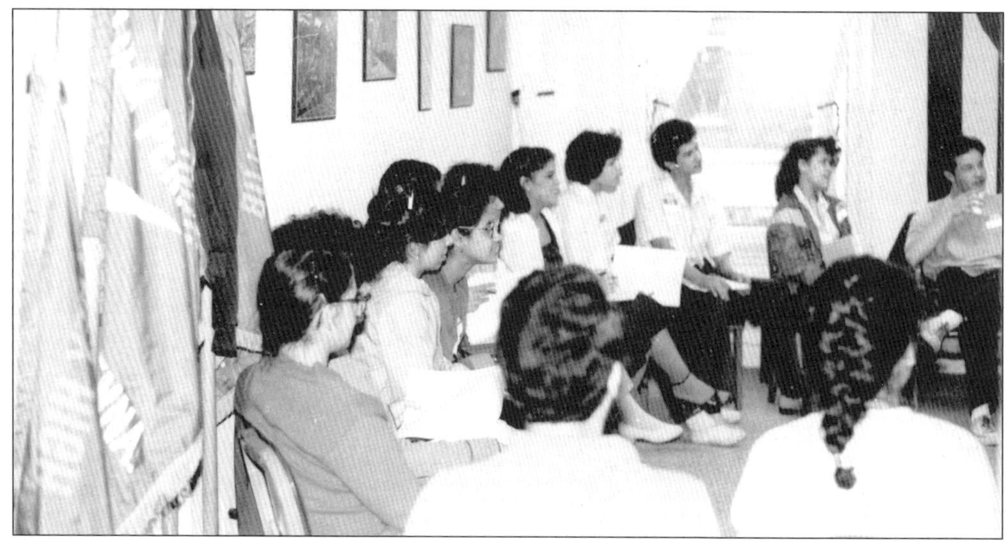

Aspira inspired pride in Puerto Rican history and culture. When Juan Ramos wanted to name his club after a Spanish explorer, a counselor suggested a Puerto Rican nationalist instead. Ramos recalled, "All the Aspira clubs changed their names. . . . It was a great movement, and that kind of said to us this is what we are looking for—our own identity." Note the Puerto Rican flags behind the club meeting above and on the board in the office below in the 1970s. (Courtesy of Aspira.)

Aspira inspiró orgullo por la historia y cultura puertorriqueñas. Cuando Juan Ramos quizo nombrar su club Aspira con el nombre de un explorador español, un consejero le sugirió que le pusiera el nombre de un nacionalista puertorriqueño. Ramos recuerda, "Todos los clubes de Aspira cambiaron sus nombres. . . . Fue un movimiento grandioso, y ese tipo de cosa nos dijo, ésto es lo que estamos buscando, nuestra propia identidad". Observe, en la fotografía de arriba, las banderas de Puerto Rico al fondo del salón de reunión y en el tablón de edictos de la oficina, abajo, en la década de 1970. (Cortesía de Aspira.)

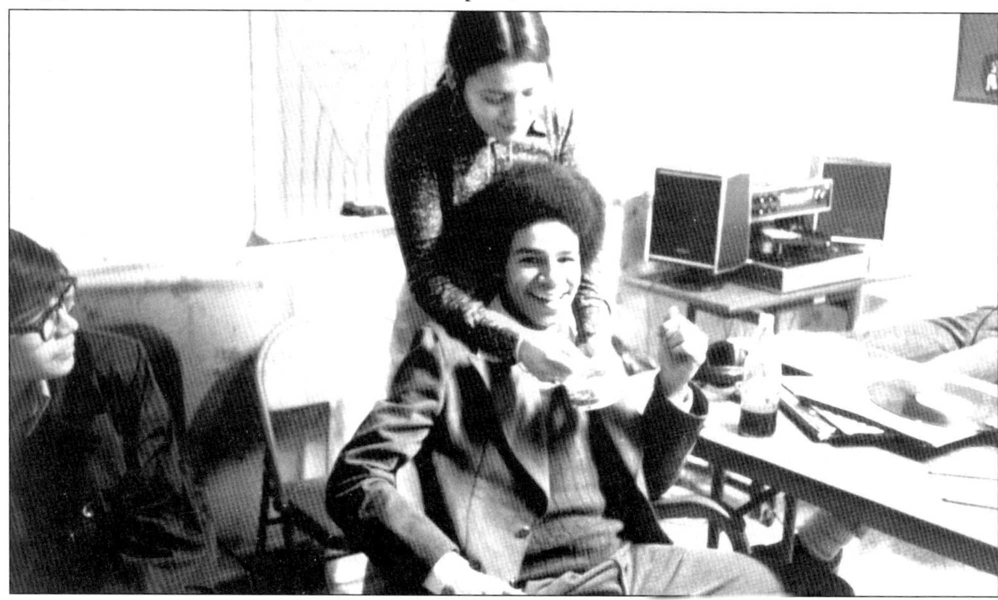

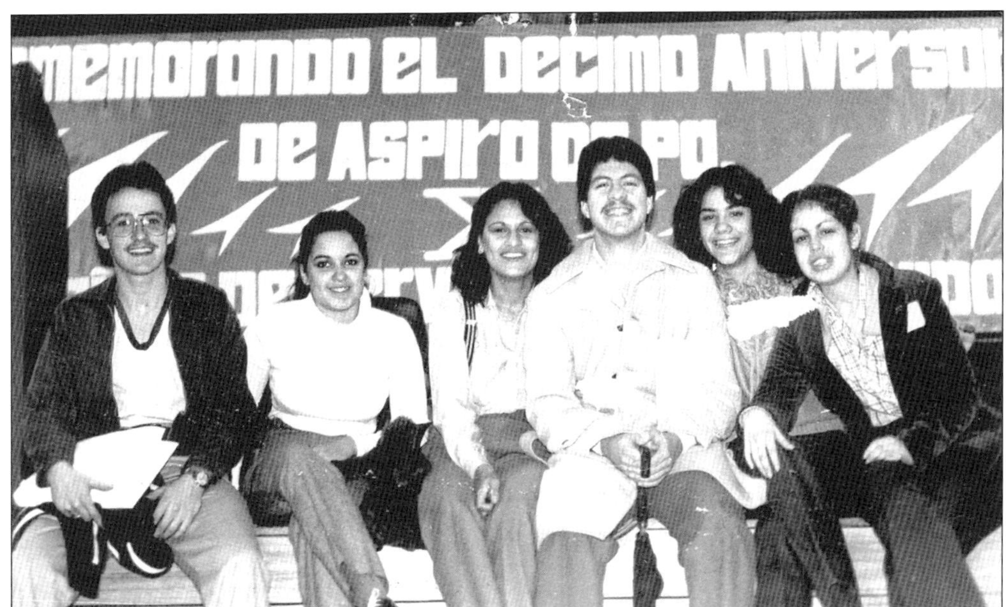

In 1979, Aspira Inc. of Pennsylvania celebrated its 10th anniversary. Pictured above are "Aspirantes," as the program's participants are known. To the right, Lydia Hernández-Vélez speaks at the celebration. An Aspirante from New York City who came to Philadelphia in the 1970s, she served as the executive director of Aspira and then as chair of Aspira's board. (Courtesy of Aspira.)

En 1979, Aspira Inc. de Pennsylvania celebró su décimo aniversario. En la fotografía de arriba se encuentran los "Aspirantes", como se le conocen a los participantes del programa. A la derecha, Lydia Hernández-Vélez habla en la celebración. Una Aspirante de la ciudad de Nueva York que llegó a Filadelfia en la década de 1970, ella sirvió como directora ejecutiva de Aspira y luego como presidenta de su junta de directores. (Cortesía de Aspira.)

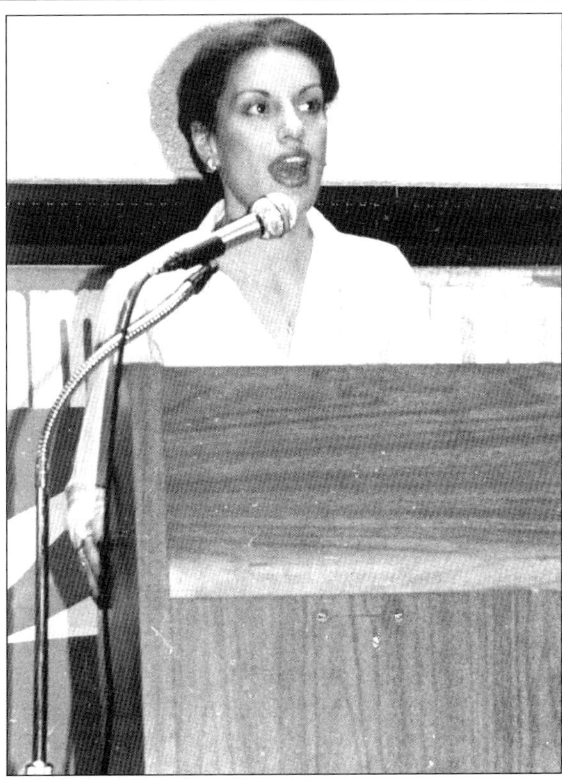

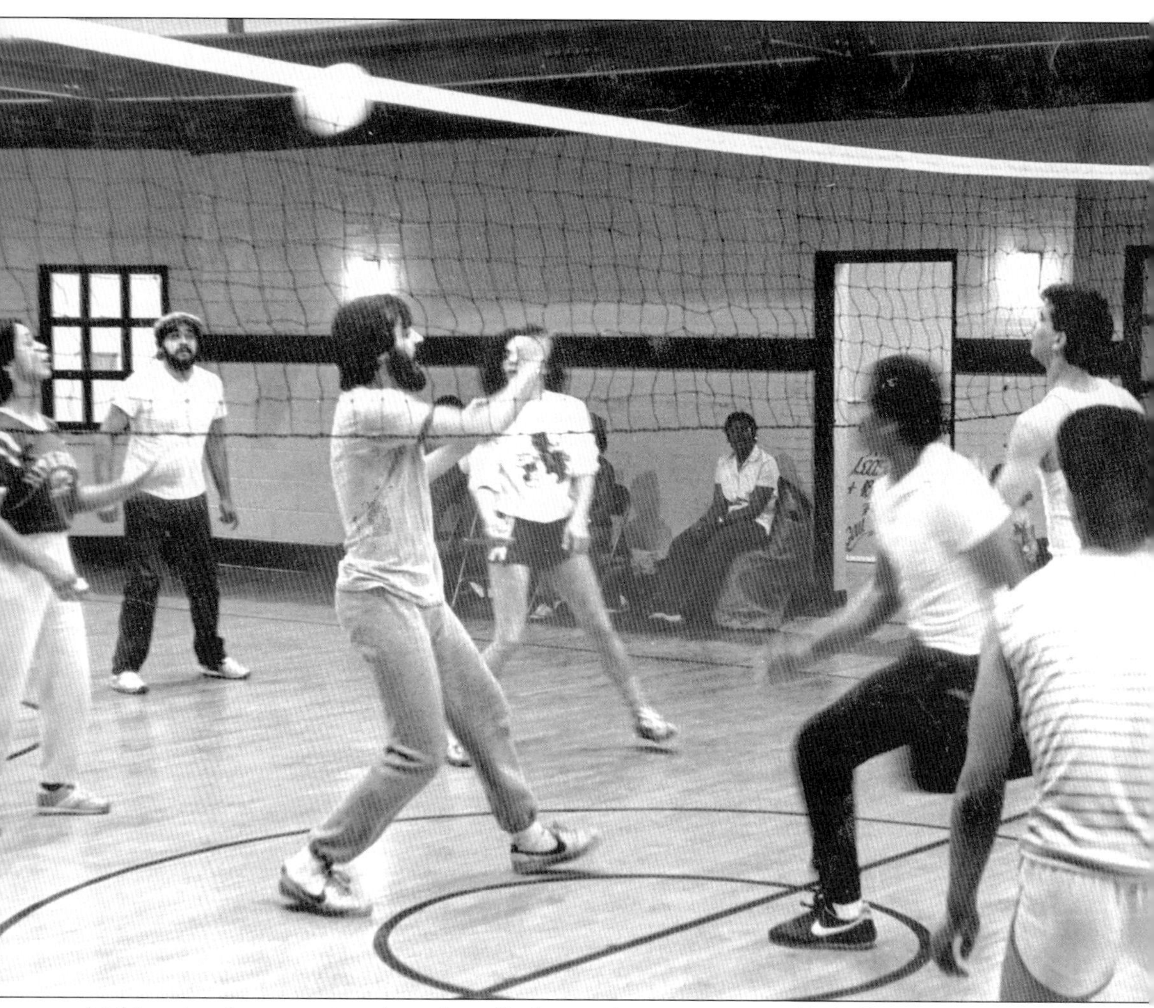

Making time for recreation, Aspira's staff takes on Aspirantes in a volleyball game in the 1980s. Staff players include Nitza Quiñones, Emanuel Ortíz, and Mario Rivera. Aspira continues to provide critical services to students from its current location at 4322 North Fifth Street. Aspira has offices in Connecticut, Illinois, New Jersey, Florida, Puerto Rico, New York, Pennsylvania, and its national office in Washington, D.C. (Courtesy of Aspira.)

Haciendo tiempo para la recreación, empleados de Aspira se enfrentan a unos Aspirantes en un juego de voleibol en la década de 1980. Entre los empleados que aparecen jugando en la fotografía se encuentran Nitza Quiñones, Emanuel Ortíz y Mario Rivera. Aspira continúa ofreciendo servicios indispensables a los estudiantes en sus oficinas localizadas en el 4322 Norte de la calle 5. Aspira tiene oficinas afiliadas en Connecticut, Illinois, Nueva Jersey, Florida, Puerto Rico, Nueva York, Pennsylvania y su oficina nacional en Washington, D.C. (Cortesía de Aspira.)

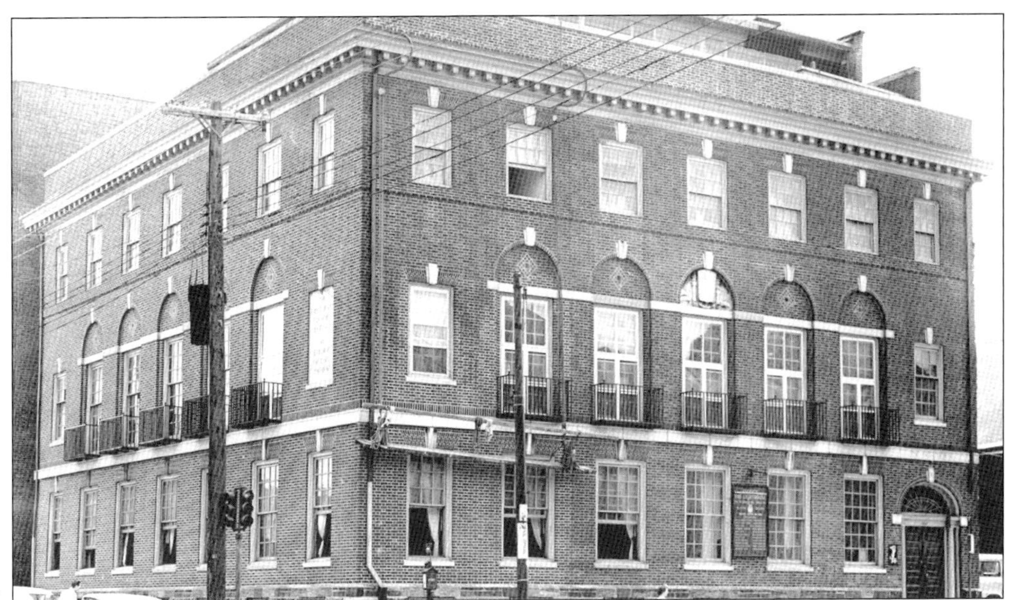

The Lighthouse, at Lehigh and Mascher Streets, was founded in 1893. Shown here in 1962, it was another institution that provided recreational and other programs for Puerto Ricans. In the 1970s, the Young Lords' free breakfast program came to the Lighthouse. (Courtesy of UA.)

La organización el Lighthouse (El Faro), localizada en las calles Lehigh y Mascher, fue fundada en 1893. Mostrada aquí en el 1962, el Lighthouse fue otra de las organizaciones que ofrecían recreación y otros programas a los puertorriqueños. En la década de 1970, el programa de desayuno gratuito de los Young Lords vino a el Lighthouse. (Cortesía de Aspira.)

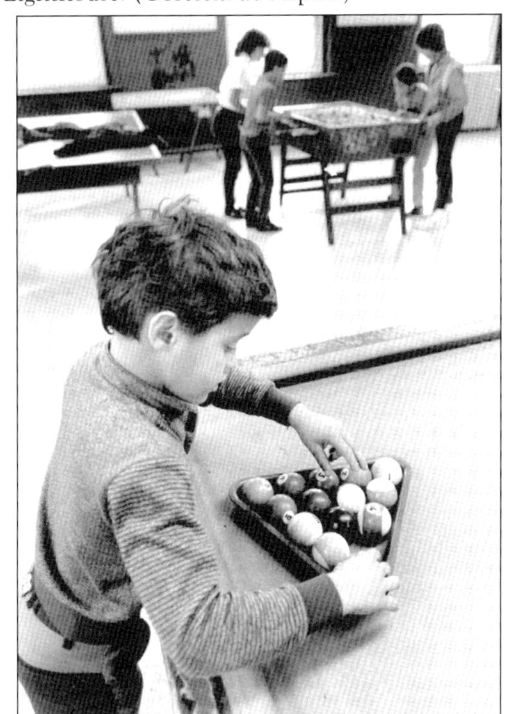

Héctor Santiago, age 10, plays pool at the Lighthouse as part of the after school programs in 1986. (Courtesy of UA.)

Héctor Santiago, de 10 años, juega billar como parte del programa después de clases de el Lighthouse en 1986. (Cortesía de UA.)

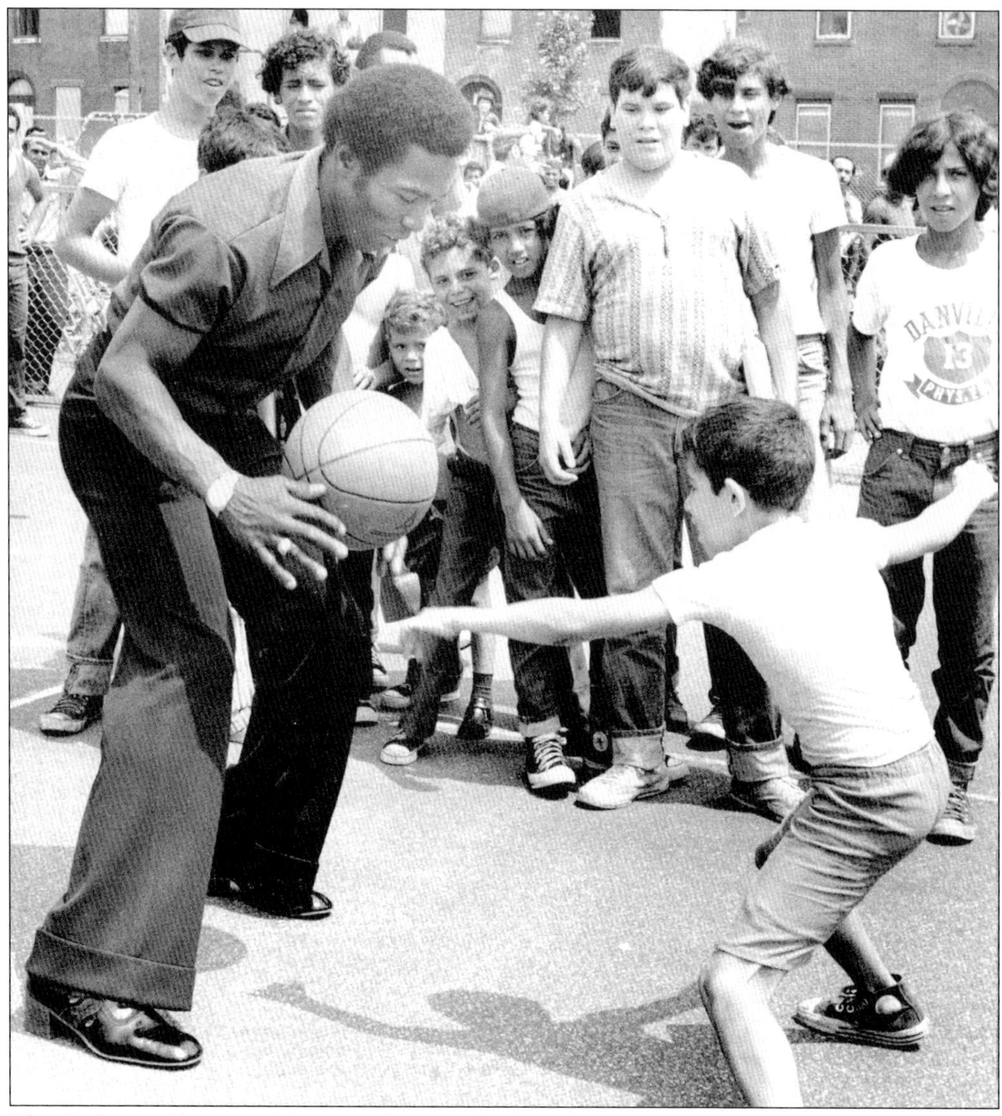

The Roberto Clemente Playground, named after the world-famous Puerto Rican baseball player, was dedicated in 1973. Manny Sanguillén, the Pirates catcher and longtime friend and teammate of Roberto Clemente, is playing one-on-one basketball with Rafael Matos, age 10. The playground was located at Eighteenth and Wallace Streets in the Spring Garden neighborhood. (Courtesy of UA.)

En 1973, se nombró el Parque Recreativo Roberto Clemente a la memoria del mundialmente famoso pelotero puertorriqueño. Manny Sanguillén, el receptor de los Piratas y amigo por mucho tiempo y compañero de equipo de Roberto Clemente, juega un uno a uno de baloncesto con Rafael Matos de 10 años de edad. El parque estaba localizado en las calles 18 y Wallace en el sector de Spring Garden. (Cortesía de UA.)

Carmen Aponte is on Concilio's float in the Puerto Rican Day parade in 1973. She came from San Lorenzo to Philadelphia in 1947 and became a lifelong advocate for Puerto Ricans. She served as the director of the Norris Square Senior Citizens' Center for two decades. (Courtesy of UA.)

Carmen Aponte está en la carroza de Concilio en el desfile puertorriqueño de 1973. Ella vino de San Lorenzo a Filadelfia en 1947 y dedicó toda su vida a abogar por los puertorriqueños. Ella sirvió como la directora del Centro de Envejecientes de Norris Square por dos décadas. (Cortesía de UA.)

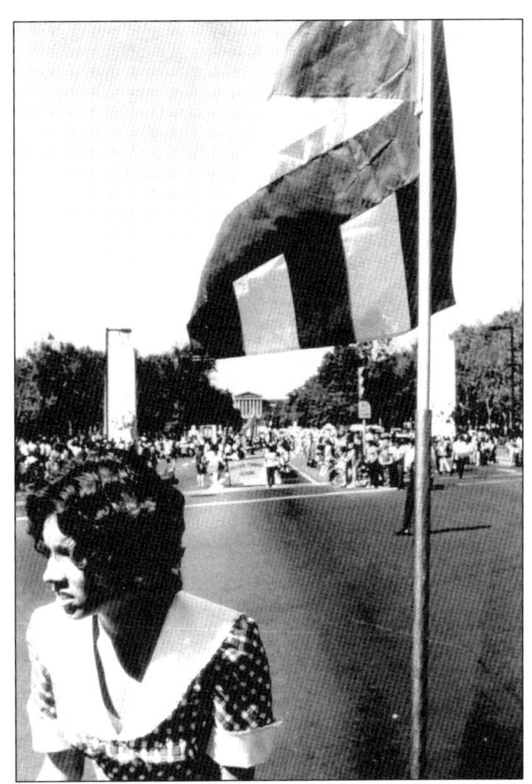

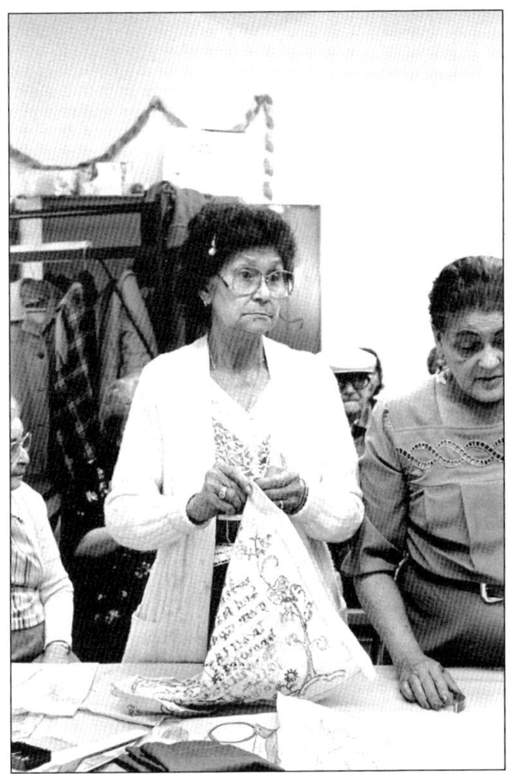

The Norris Square Senior Citizens' Center is seen here in the 1970s. Established in 1972, the center served Puerto Rican seniors a hot lunch, while providing arts and crafts, domino games, and other activities along with social service assistance. (Courtesy of Taller.)

Aquí se aparece el Centro de Envejecientes de Norris Square en la década de 1970. Establecido en 1972, el centro proveía a los envejecientes puertorriqueños(as) almuerzo caliente, mientras también ofrecía actividades de arte y manualidades, juegos de dominó y otras actividades además de los servicios de asistencia social. (Cortesía del Taller.)

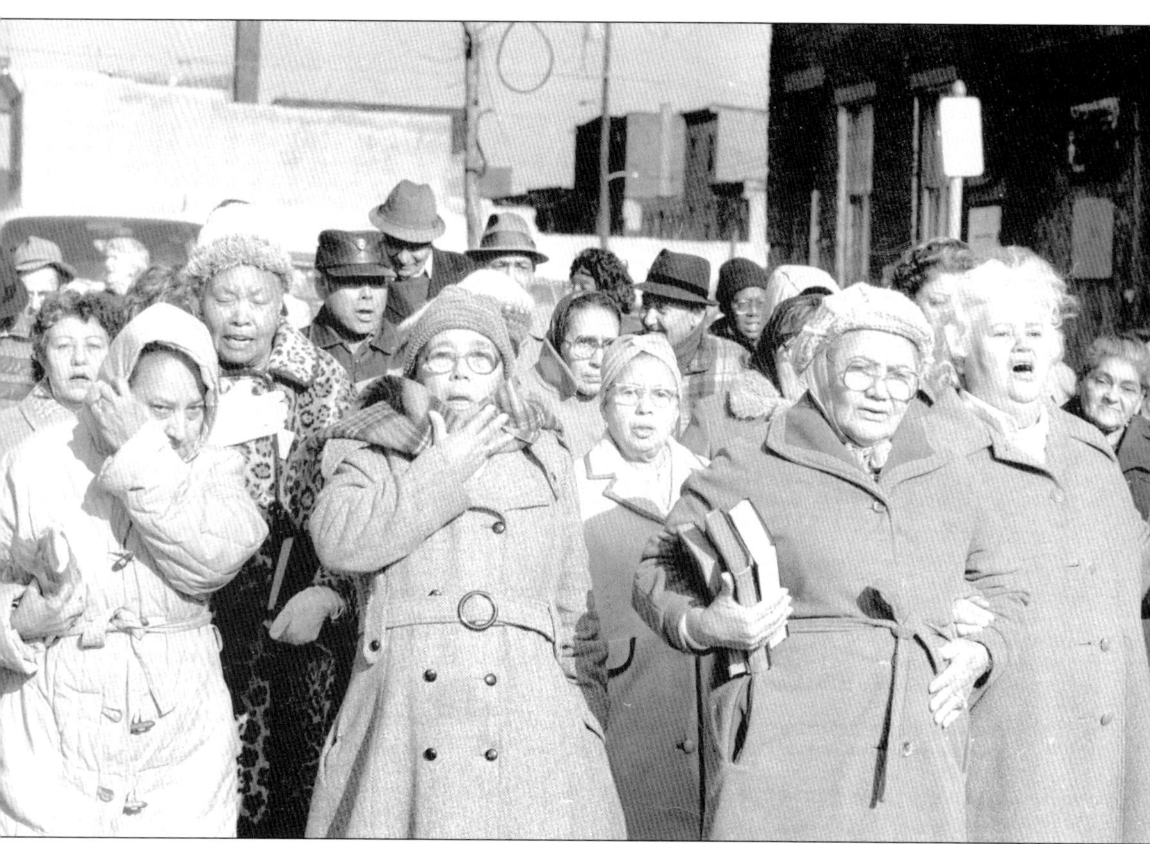

In December 1983, the senior citizens' center moved from the basement of the Spanish Baptist Church to its new Norris Square Senior Citizens' Center in Kensington. Here Puerto Rican senior citizens are singing as they march to their new center. The center remains a vibrant part of the community. (Courtesy of UA.)

En diciembre de 1983, el centro de envejecientes se mudó del sótano de la Iglesia Bautista Hispana a su nuevo Centro de Envejecientes de Norris Square localizado en Kensington. En esta fotografía se puede apreciar a envejecientes puertorriqueños(as) cantando mientras marchan a su nuevo centro. El centro continúa siendo una parte vibrante de la comunidad. (Cortesía de UA.)

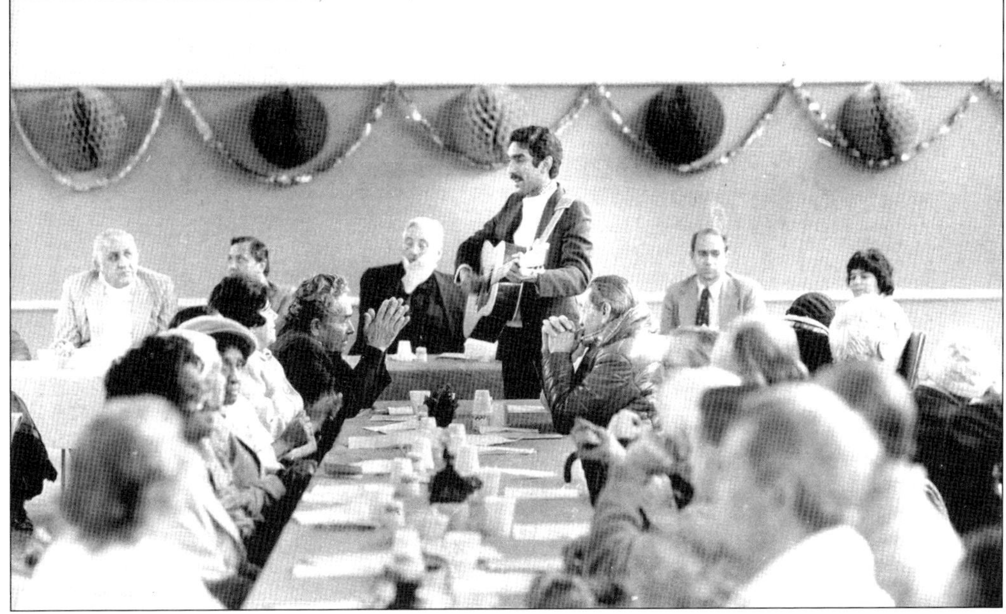

Once at their new center, the music continued. Rev. Víctor Félix, pastor of the Spanish Baptist Church where the senior center had been located, is playing the guitar, above. Below, Isaí De La Torre enjoys the music and claps his hands while waiting for lunch to be served. (Courtesy of UA.)

Una vez en su nuevo centro, la música continuó. En la fotografía superior, el Reverendo Víctor Félix, pastor de la Iglesia Bautista Hispana donde antes quedaba el centro de envejecientes, está tocando la guitarra. Abajo, Isaí De La Torre disfruta de la música y aplaude mientras espera a que le sirvan su almuerzo. (Cortesía de UA.)

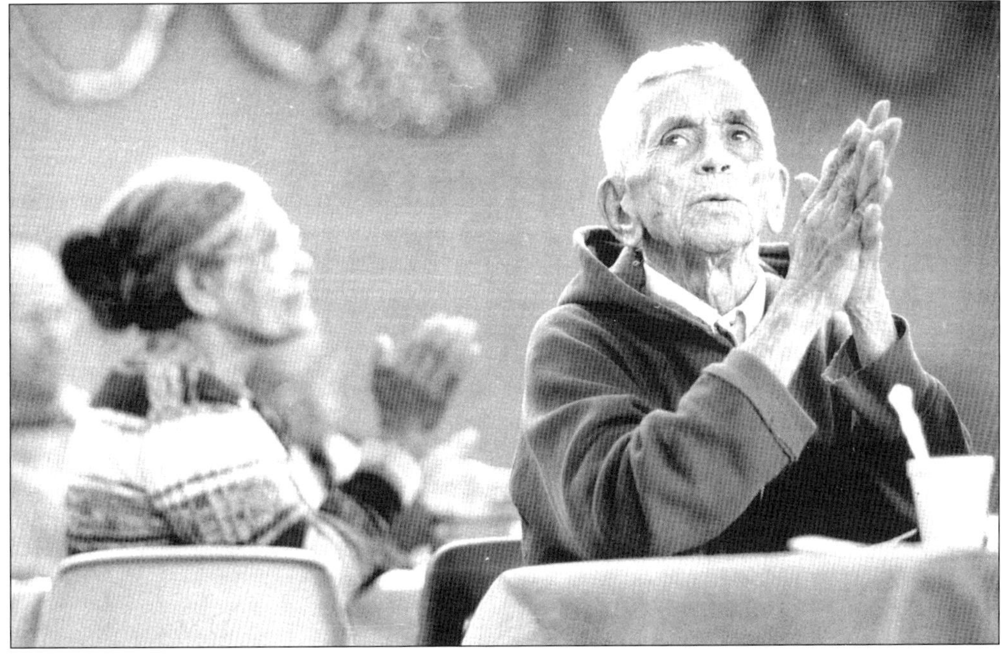

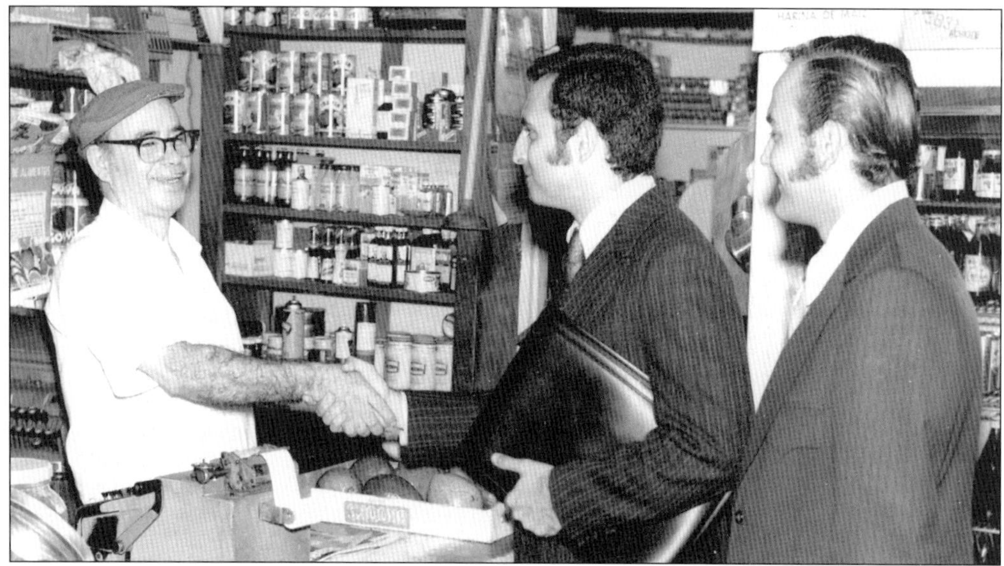

In 1969, Puerto Rican businessmen founded the Spanish Merchants Association to foster the growth of Puerto Rican businesses. Here representatives are shaking hands with a bodega, or small grocery store, owner in 1971 or 1972. (Courtesy of HSP.)

En 1969, los dueños de negocios puertorriqueños fundaron la Asociación de Comerciantes Hispanos para promover el crecimiento de los negocios puertorriqueños. Aquí representantes de la asociación están saludando a un dueño de bodega en 1971 o 1972. (Cortesía de HSP.)

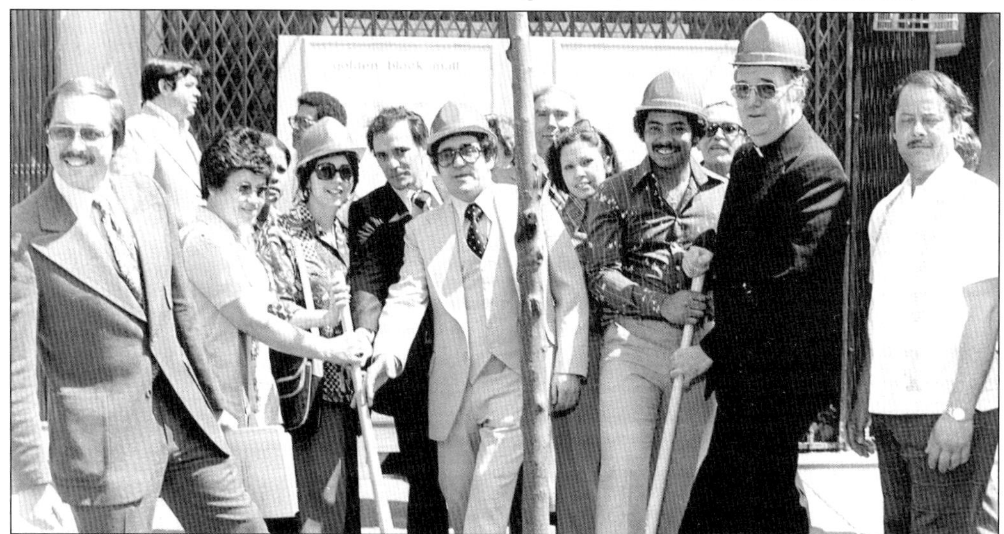

The Spanish Merchants Association was also instrumental in establishing the Bloque de Oro, or the Golden Block, a Puerto Rican business district on North Fifth Street. This is the groundbreaking ceremony in 1977. Attorney Nelson Díaz is the first on the left. (Courtesy of HSP.)

La Asociación de Comerciantes Hispanos fue también instrumental en el establecimiento del Bloque de Oro, un distrito comercial puertorriqueño localizado en el Norte de la calle 5. Esta es la ceremonia de colocación de la primera piedra en 1977. El licenciado Nelson Díaz aparece primero a la izquierda. (Cortesía de HSP.)

Business owner Domingo
Martínez, who came to
Philadelphia during World
War II, is shown at his Esther's
Travel Agency in 1971. A
community leader, he was
involved with Concilio, the
Puerto Rican Affairs Committee
(of the mayor's office), and other
organizations. (Courtesy of UA.)

El comerciante Domingo
Martínez, quien vino a Filadelfia
durante la Segunda Guerra
Mundial, está aquí fotografiado
en su Agencia de Viajes
Esther en 1971. Como líder
comunitario, él estuvo envuelto
con el Concilio y el Comité de
Asuntos Puertorriqueños (de la
oficina del alcalde), entre otras
organizaciones. (Cortesía de UA.)

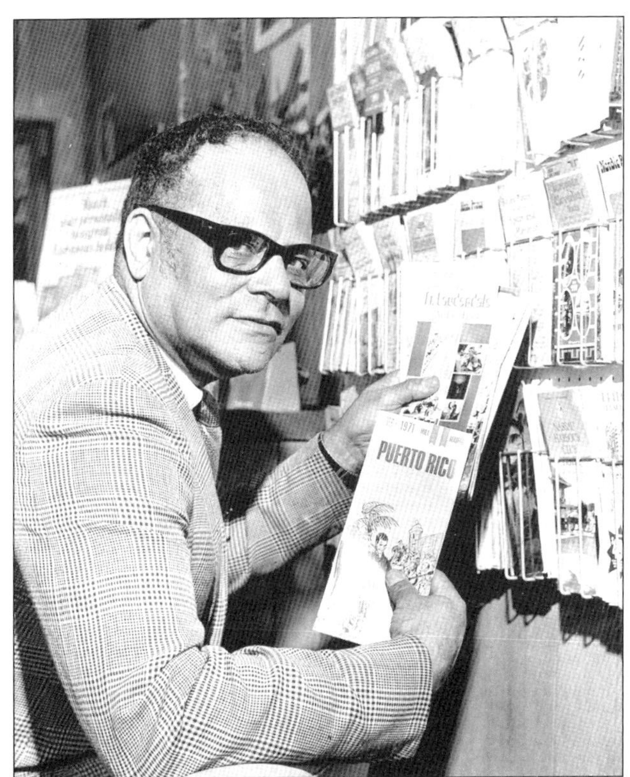

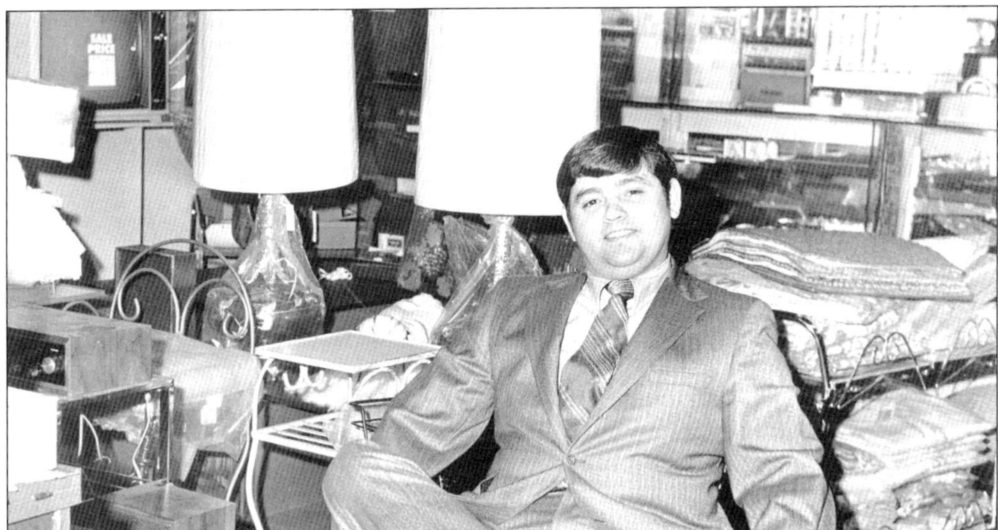

Candelario Lamboy opened his furniture store in 1968 on North Fifth Street between Lehigh and
Indiana Avenues. Shown here in 1971, he was a founder of the Spanish Merchants Association
and served as the president of Concilio's board of directors. (Courtesy of UA.)

Candelario Lamboy abrió las puertas de su mueblería en 1968 en el Norte de la calle 5, entre
las avenidas Lehigh e Indiana. Mostrado aquí en 1971, él fue uno de los miembros fundadores
de la Asociación de Comerciantes Hispanos y también sirvió como presidente de la junta de
directores de Concilio. (Cortesía de UA.)

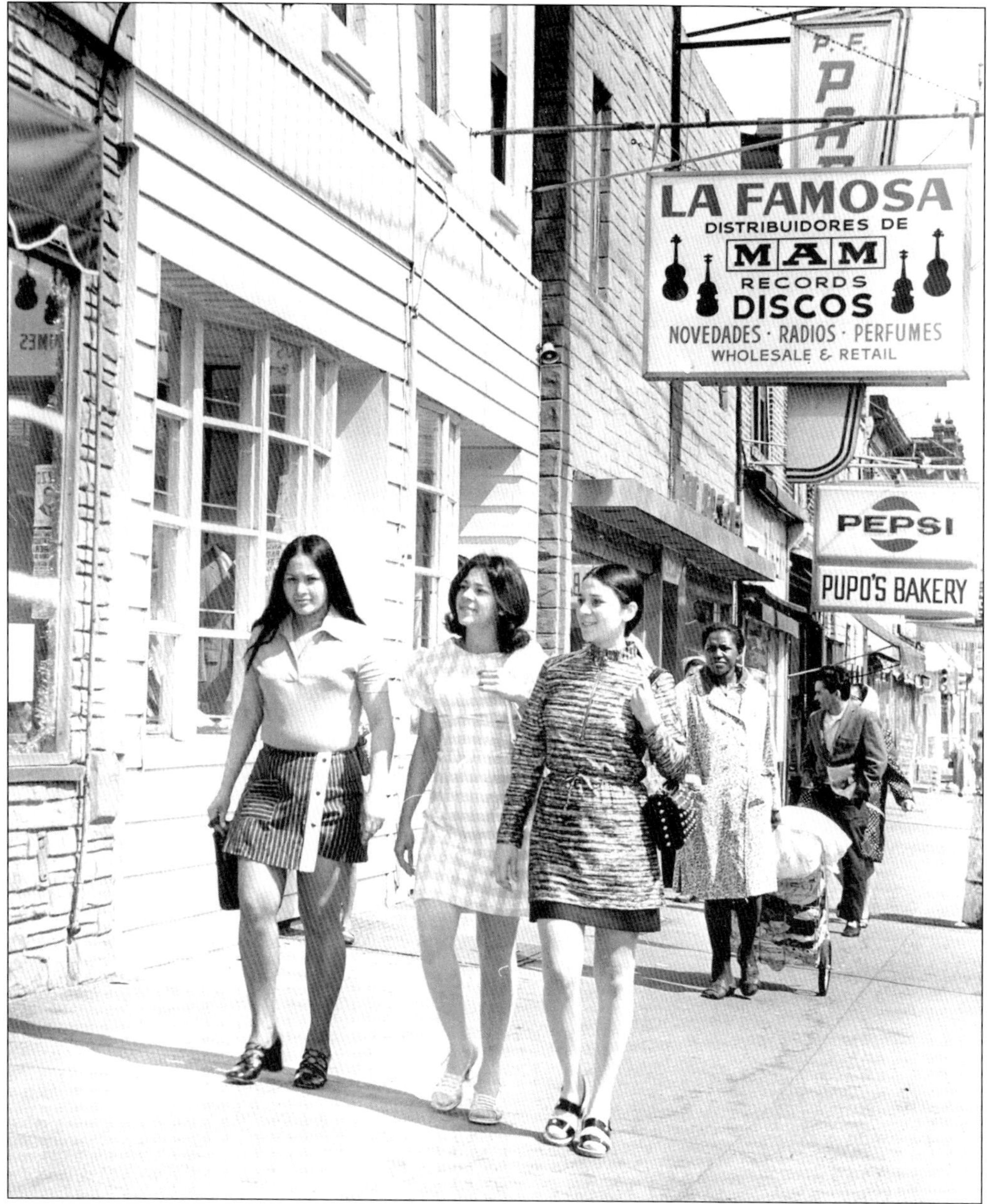

These women are strolling down the Bloque de Oro in 1971. This commercial district in North Philadelphia stretches from Lehigh Avenue to Allegheny Avenue. Home to a wide variety of stores, restaurants, professional and business services, and Taller Puertorriqueño, this commercial district has become a very visible component in the making of Puerto Rican Philadelphia. (Courtesy of UA.)

Estas mujeres están paseándose por el Bloque de Oro en el año 1971. Este distrito comercial en el Norte de Filadelfia se expande desde la avenida Lehigh hasta la avenida Allegheny. El Bloque de Oro se ha convertido en un componente muy visible en el desarrollo de una Filadelfia puertorriqueña albergando a una gran variedad de tiendas, restaurantes, servicios profesionales y de negocios, y al Taller Puertorriqueño. (Cortesía de UA.)

Four

THE 1970S AND BEYOND
La década de 1970
y más allá

By the 1970s, the Puerto Rican community was strong and multifaceted. The post–World War II migration gave rise to a second generation that came of age during an era of activism. New challenges arose. Manufacturing jobs left the city for lower-wage areas, leaving many Puerto Ricans unemployed. Neighborhoods faced an eroding tax base, the deterioration in city services, and abandoned housing. Community organizations like Concilio and Aspira still provided critical services and advocacy for the community.

New organizations and political groups emerged. The Asociación de Puertorriqueños en Marcha, established in 1970, provided needed services, while Congreso de Latinos Unidos, started in 1977, addressed pressing health issues. By the late 1970s, the Puerto Rican Alliance picked up the political activism of earlier groups and promoted a civil rights agenda, later becoming the Philadelphia chapter of the National Congress of Puerto Rican Rights.

Para la década de 1970, la comunidad puertorriqueña era fuerte y multifacética. La migración luego de la Segunda Guerra Mundial dió paso a una segunda generación que creció en una época de activismo. Nuevos desafíos emergieron. Los trabajos de manufactura abandonaron la ciudad por áreas de salarios más bajos, dejando atrás a muchos puertorriqueños desempleados. Los vecindarios enfrentaron una erosión en su base de impuestos, el deterioro de los servicios de la ciudad y propiedades abandonadas. Las organizaciones comunitarias como Concilio y Aspira continuaron ofreciendo servicios críticos y abogando por la comunidad.

Nuevas organizaciones y grupos políticos emergieron. La Asociación de Puertorriqueños en Marcha, establecida en 1970, proveía servicios necesarios, mientras que el Congreso de Latinos Unidos, fundado en 1977, se enfocaba en asuntos apremiantes de la salud. Para finales de la década de 1970, la Alianza Puertorriqueña recogió el activismo político de los grupos iniciales y promovió una agenda de derechos civiles, para más tarde convertirse en el Congreso Nacional Pro Derechos de los Puertorriqueños, Capítulo de Filadelfia.

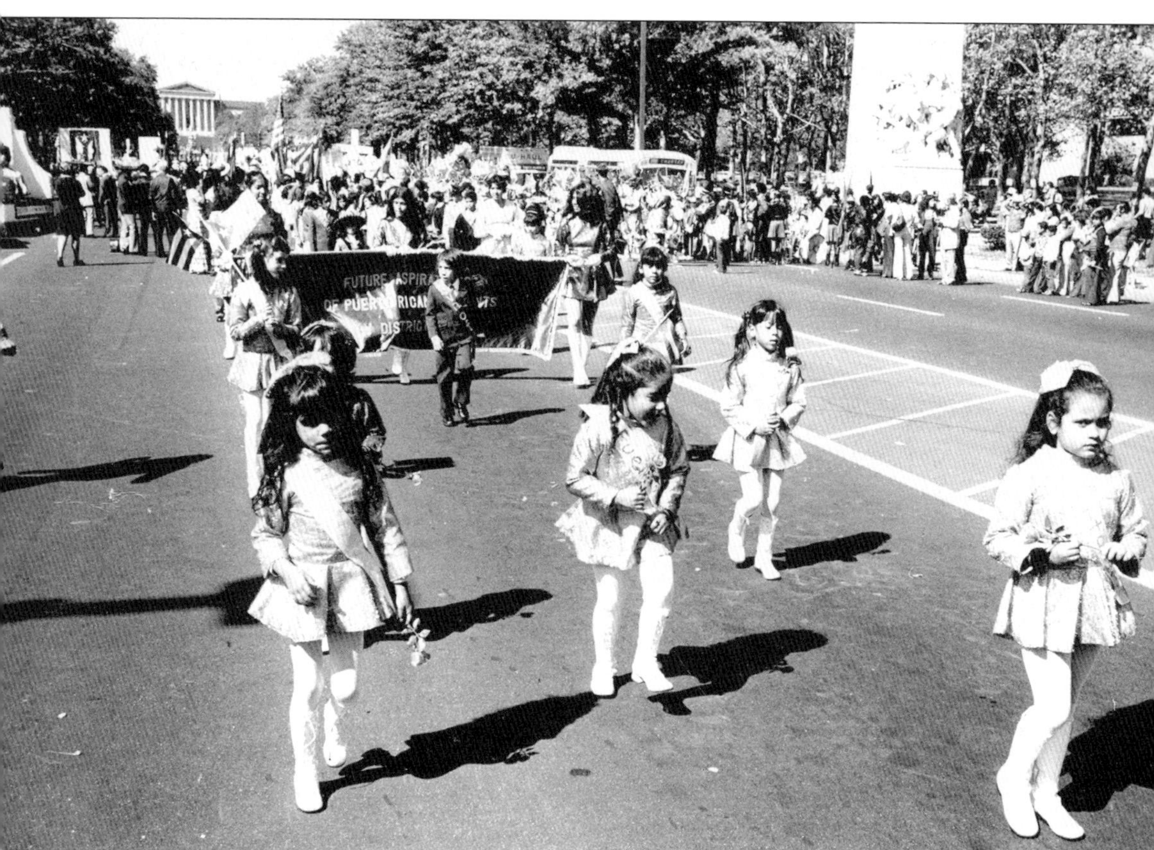

By the 1970s, the Puerto Rican Day parade capped a week of activities, as the community celebrated Puerto Rican heritage and represented itself to the larger Philadelphia community. Speakers included leaders of the Puerto Rican community and politicians from Philadelphia and Puerto Rico. Floats represented community organizations and businesses. Here young girls lead Aspira's procession in 1973. (Courtesy of UA.)

Para la década de 1970, el Día del Desfile Puertorriqueño culminaba toda una semana de actividades, en la cual la comunidad celebraba su herencia puertorriqueña y se presentaba a la comunidad de Filadelfia en general. Los oradores incluían líderes de la comunidad puertorriqueña y políticos de la ciudad de Filadelfia y de la isla de Puerto Rico. Las carrozas representaban organizaciones comunitarias y comercios. Aquí jovencitas encabezan la procesión de Aspira en 1973. (Cortesía de UA.)

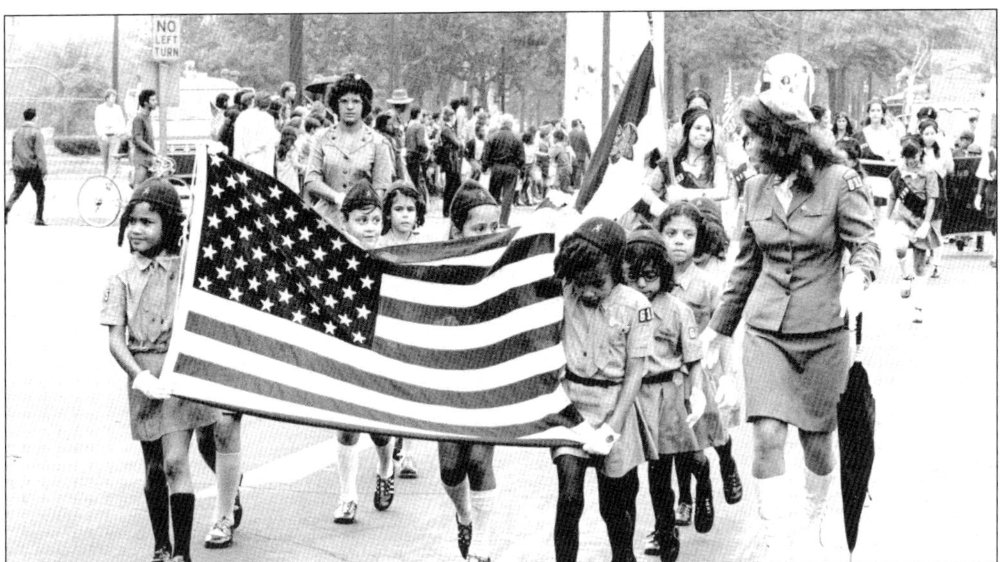

Parade participants illustrated the strength and diversity of the Puerto Rican community. This Brownie troop, marching down the Benjamin Franklin Parkway in 1972, was from the Spring Garden neighborhood. (Courtesy of UA.)

Los participantes del desfile ilustraban la fortaleza y la diversidad de la comunidad puertorriqueña. Esta tropa Brownie que marcha por el Benjamin Franklin Parkway en 1972, era del vecindario de Spring Garden. (Cortesía de UA.)

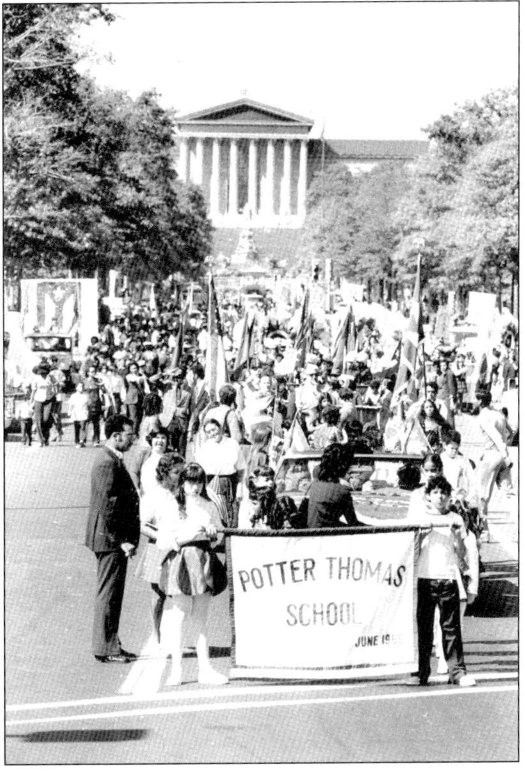

Students from the Potter Thomas School at Sixth Street and Indiana Avenue are ready to march in 1973. Other schools marched as well. Note the Puerto Rican and United States flags. (Courtesy of UA.)

En el 1973, estudiantes de la Escuela Pública Potter Thomas en la calle 6 y la avenida Indiana están listos para desfilar. Otras escuelas públicas también marchaban en el desfile. Note las banderas de Puerto Rico y de los Estados Unidos. (Cortesía de UA.)

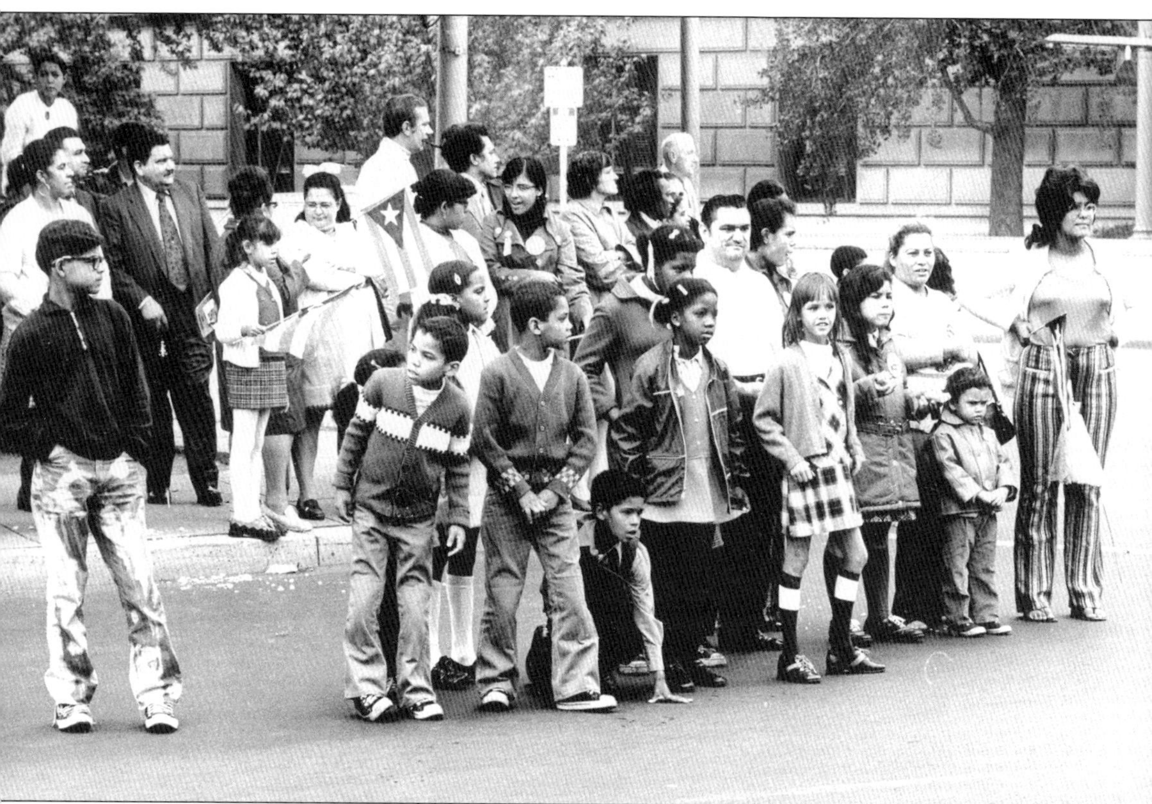

Spectators, estimated in the thousands, were an important part of the parade, revealing how significant the annual event was for the community. This group watches from Twenty-first Street and the Benjamin Franklin Parkway in 1972. (Courtesy of UA.)

Los espectadores, estimados en los miles, eran una parte importante del desfile, demostrando así cuán significativo era este evento anual para la comunidad. Este grupo observa desde la calle 21 y el Benjamin Franklin Parkway en 1972. (Cortesía de UA.)

Marlene Ortíz, five years old, twirls her baton and leads the Puerto Rican Majorettes in 1972. (Courtesy of UA.)

Marlene Ortíz, de cinco años de edad, gira su batuta y encabeza las Batuteras de Puerto Rico en el año 1972. (Cortesía de UA.)

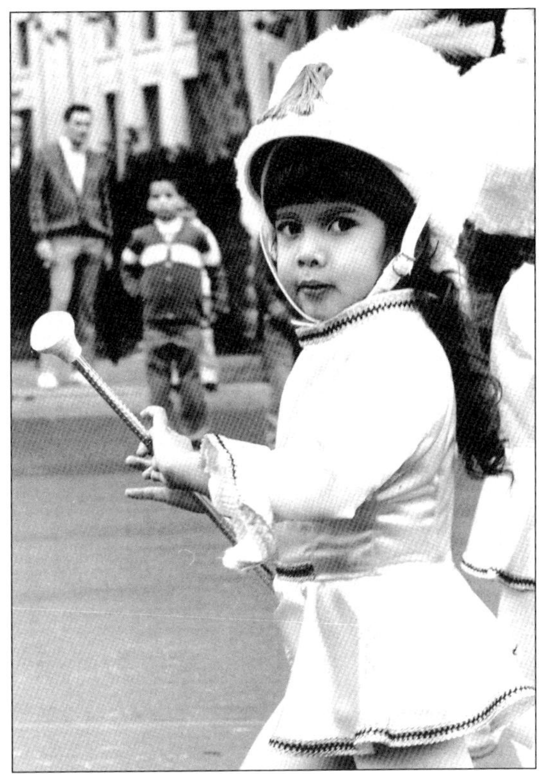

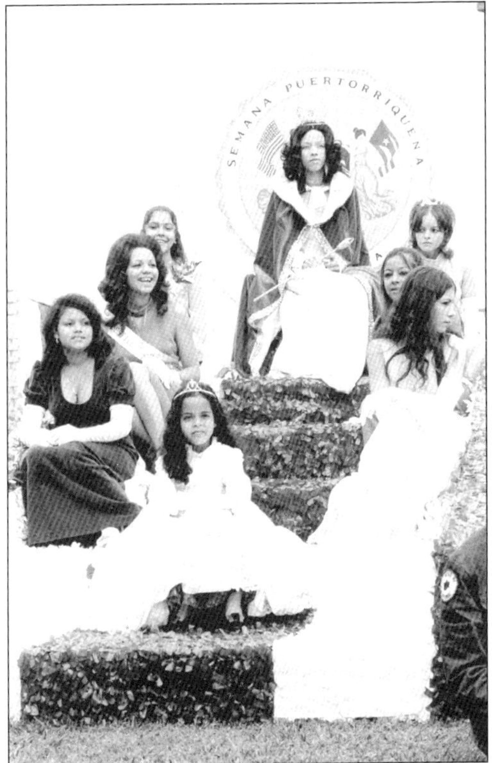

Sarah Orsini, 16 years old, was the queen of Puerto Rican Week, and here she is on a float in the parade in 1972. (Courtesy of UA.)

Sarah Orsini, de 16 años, fue la reina de la semana puertorriqueña, y aquí aparece en una carroza en el desfile en 1972. (Cortesía de UA.)

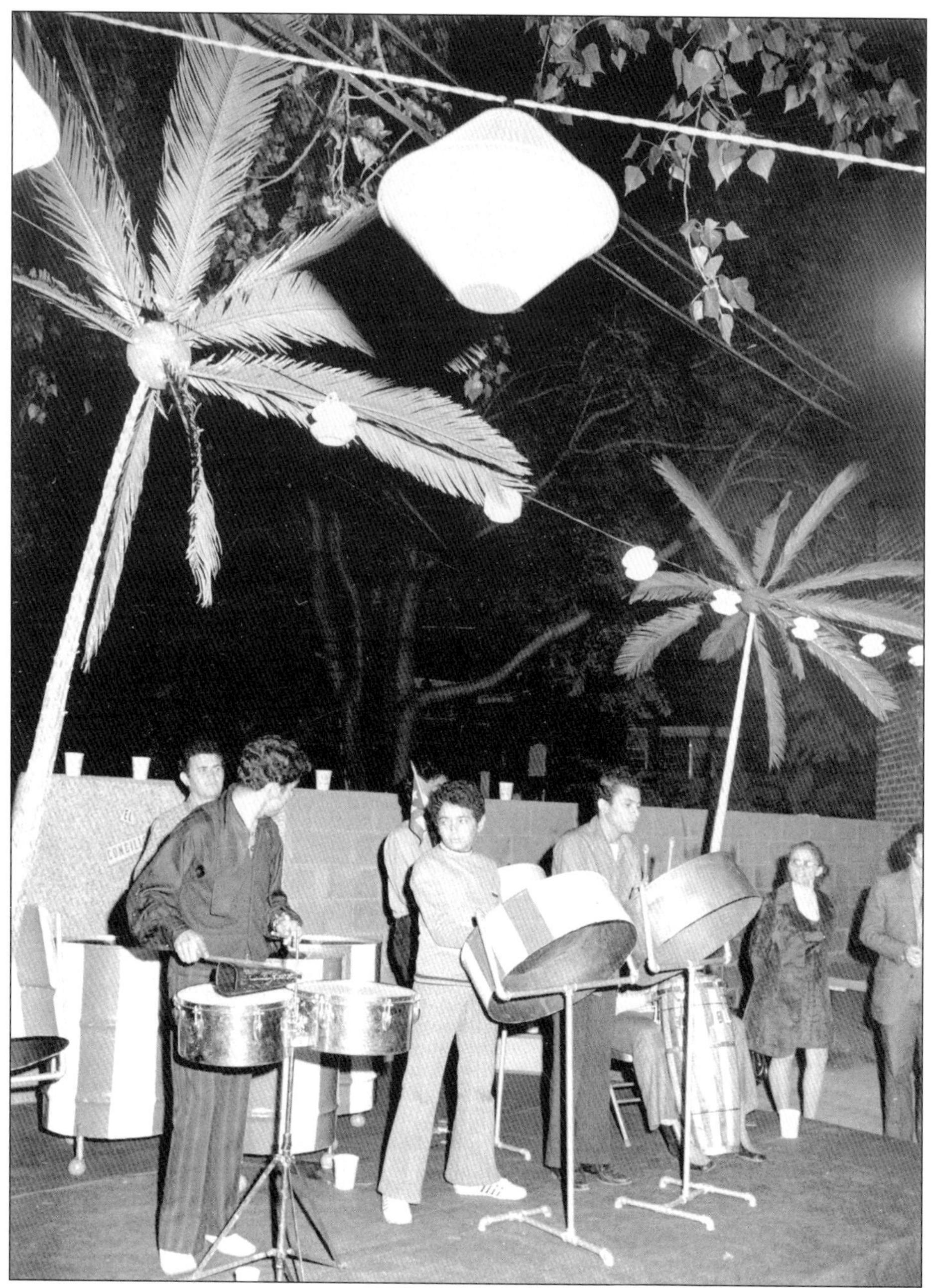

Concilio, the original founder of the parade, remained central in the weeklong activities. At Concilio, 2023 North Front Street, the Tequilas Latin Swing Steel Band plays music in 1971. The music, along with artificial palm trees and Puerto Rican flags, offered reminders of Puerto Rico. (Courtesy of UA.)

El Concilio, el fundador original del desfile, permaneció como la figura central de las actividades que duraban toda la semana. En la sede de Concilio, en el 2023 Norte de la calle Front, la Tequilas Latin Swing Steel Band toca música en 1971. La música, las palmas artificiales y las banderas de Puerto Rico en el fondo traían recuerdos de Puerto Rico. (Cortesía de UA.)

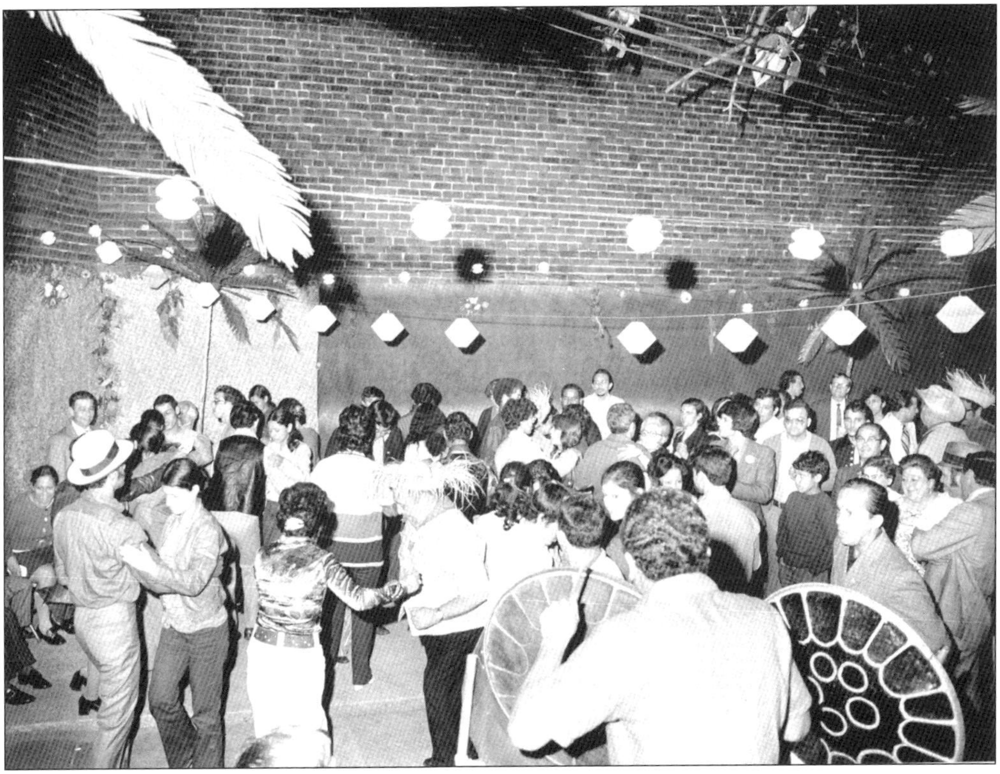

Along with the music came dancing, as pictured above. Below, Concilio president Ramón Velazquez is serving boiled green bananas to Serafín Mora. (Courtesy of UA.)

Y con la música vino el baile, como se muestra arriba. Abajo, Ramón Velazquez, el presidente de Concilio, está sirviendo guineos verdes hervidos a Serafín Mora. (Cortesía de UA.)

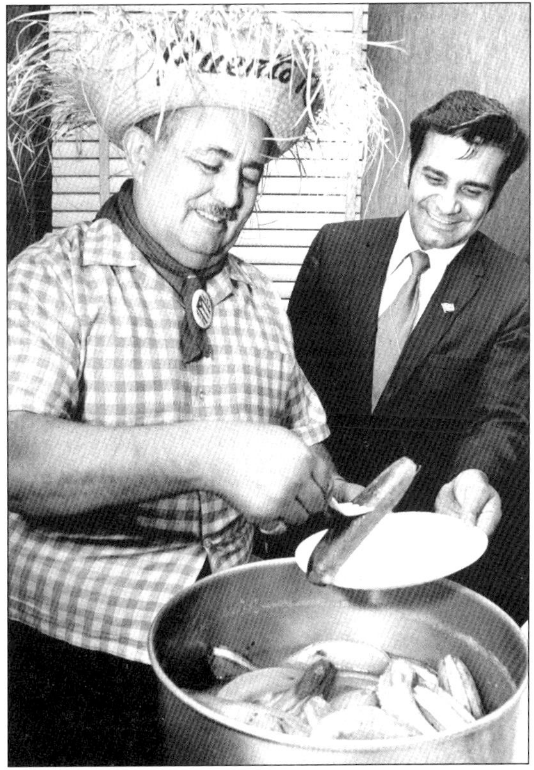

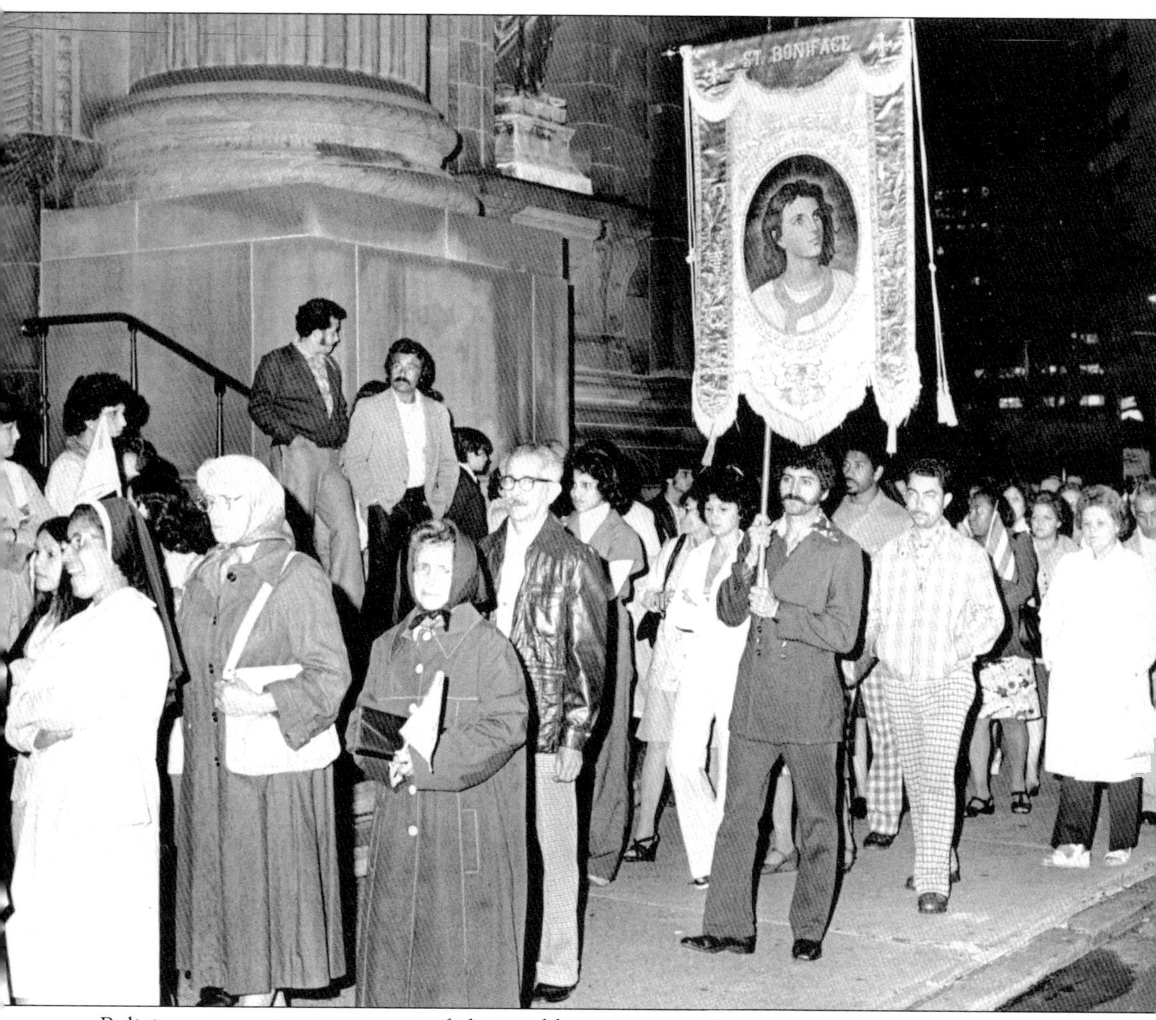

Religious processions were part of the weeklong activities. Here parishioners from 11 churches march to observe mass at St. Peter and Paul Cathedral on Logan Circle in 1977. (Courtesy of UA.)

Las procesiones religiosas eran parte de las actividades llevadas a cabo durante la semana. Aquí feligreses de 11 iglesias marchan para celebrar la misa en la Catedral St. Peter and Paul en Logan Circle. (Cortesía de UA.)

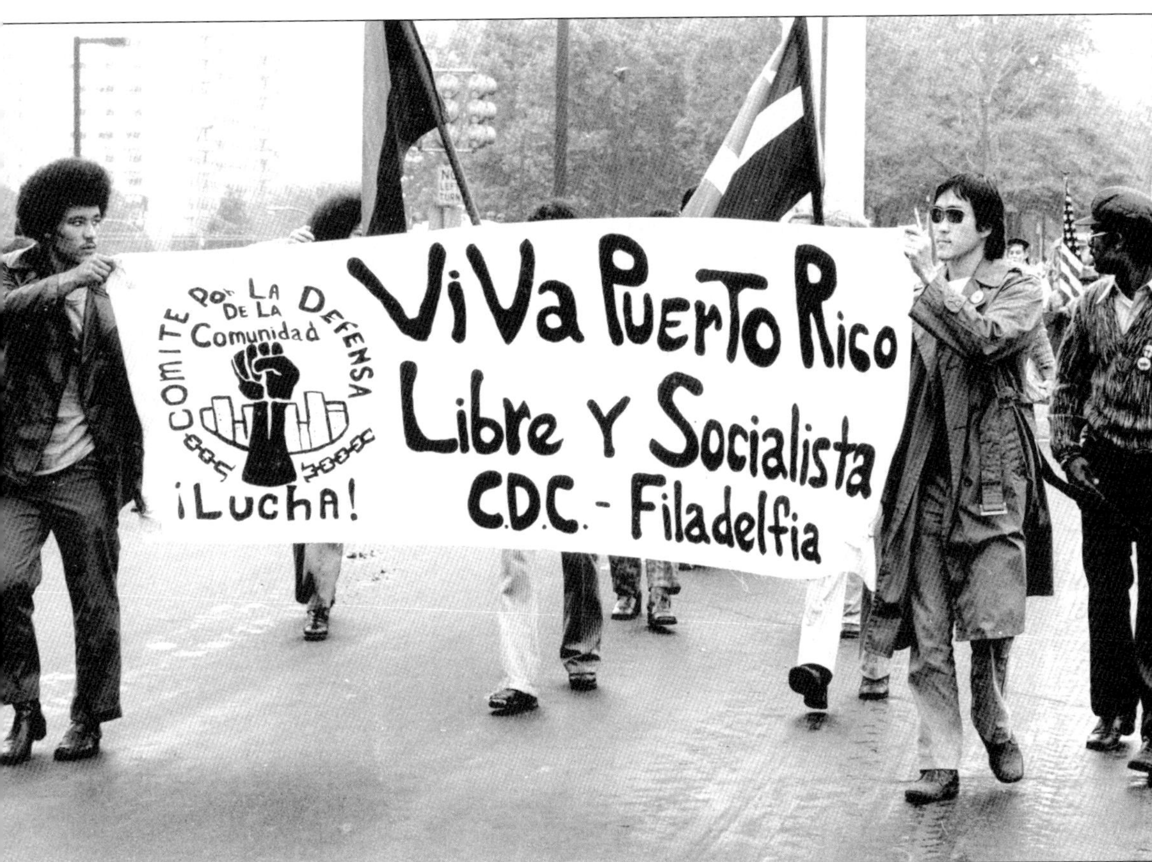

Political groups, seeking fundamental changes in society and often independence for Puerto Rico, also marched in the parade. Here the Committee for the Defense of the Community's banner reads, "Long live Puerto Rico, Free and Socialist," in 1972. (Courtesy of UA.)

En el desfile también marchaban agrupaciones políticas que buscaban cambios fundamentales en la sociedad y, con frecuencia, la independecia para Puerto Rico. Aquí el cruzacalles del Comité Por La Defensa De La Comunidad lee, "Viva Puerto Rico Libre y Socialista" en 1972. (Cortesía de UA.)

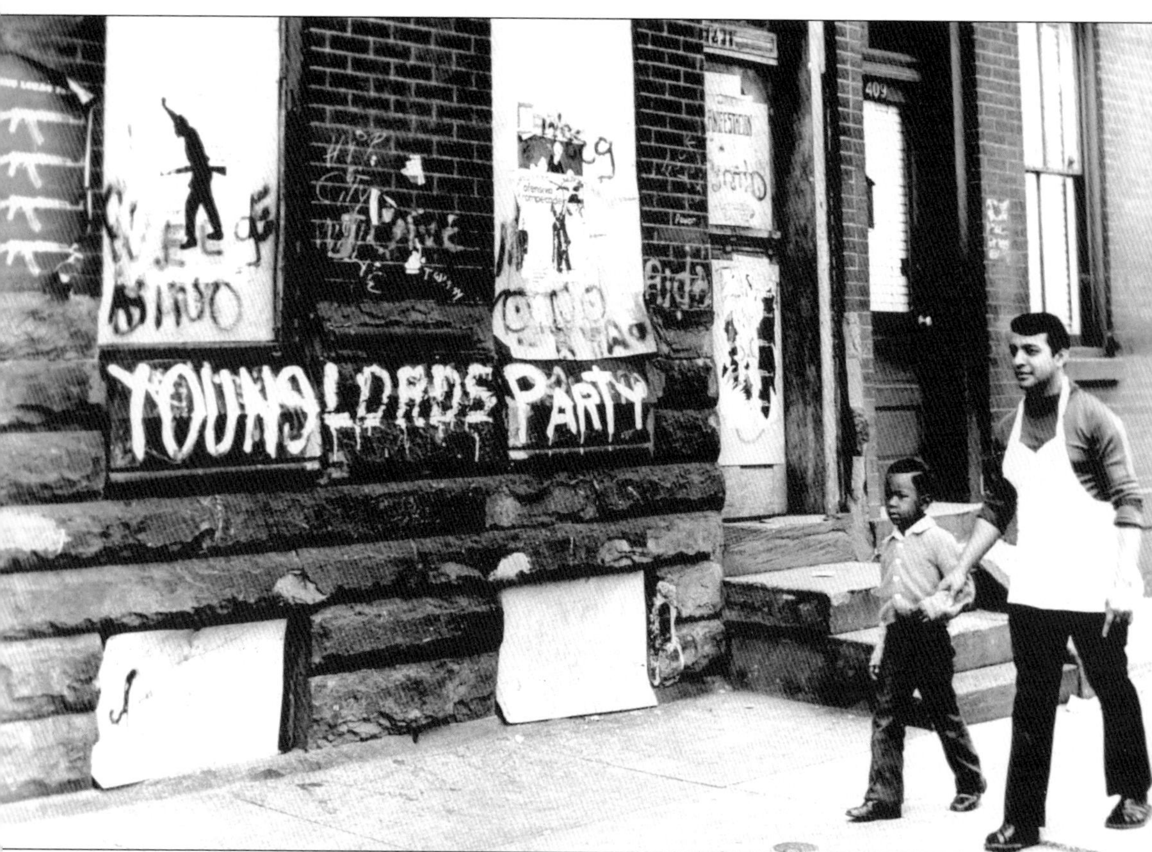

The Young Lords, a radical political group comprised mostly of second-generation Puerto Ricans, demanded "Health, Food, Housing, and Education," as depicted on the guns on the poster at the far left. Their demands reflected the loss of jobs, the deterioration of public services, and increases in abandoned housing. These posters are on abandoned housing at 1400 block of North Seventh Street in 1971. (Courtesy of UA.)

Los Young Lords, un grupo político radical que estaba mayormente compuesto por puertorriqueños(as) de segunda generación, demandaban "Salud, Alimentos, Vivienda y Educación" como aparece señalado en las pistolas del afiche en la extrema izquierda. Sus demandas reflejaban la pérdida de empleos, el deterioro de los servicios públicos y el incremento de las viviendas abandonadas. Estos afiches están en casas abandonadas localizadas en el bloque 1400 Norte de la calle 7 en 1971. (Cortesía de UA.)

The Young Lords advocated grassroots, community-based services to meet immediate human needs. Young Lord Wilfredo "Hawkeye" Rojas, age 19, is serving a free breakfast at the Lighthouse in 1971. (Courtesy of UA.)

Los Young Lords abogaban por servicios de base comunitaria para satisfacer las necesidades inmediatas de la comunidad. En 1971, el Young Lord Wilfredo "Ojo de Águila" Rojas, de 19 años, sirve desayuno gratuito en el Lighthouse. (Cortesía de UA.)

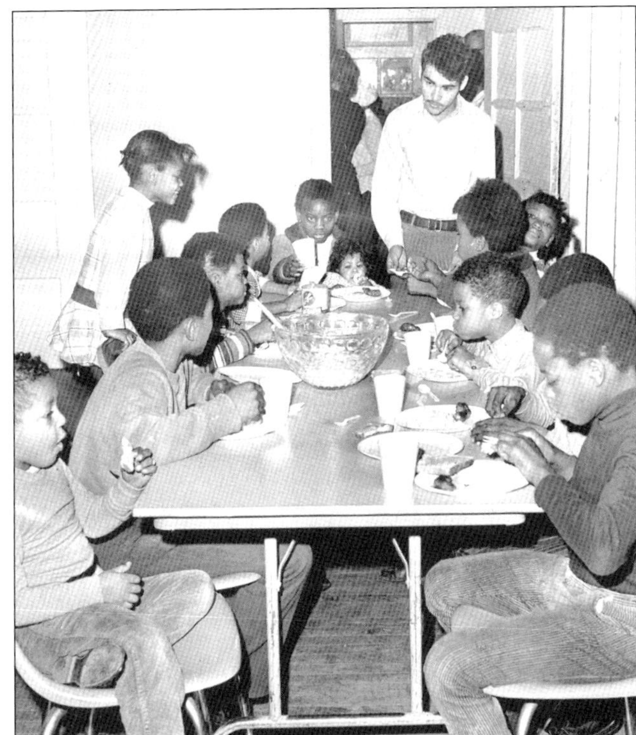

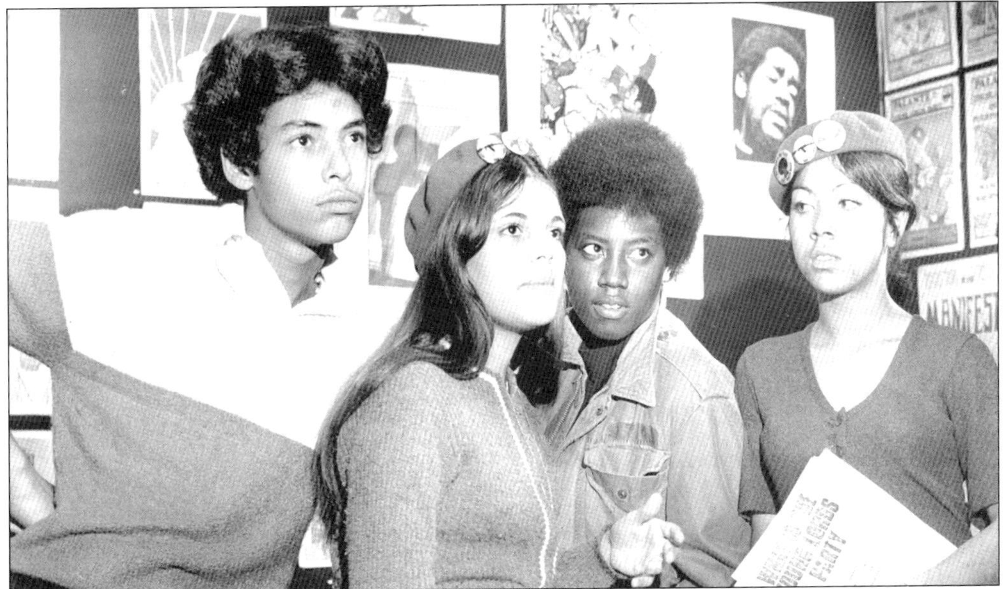

Calling for a socialist society and independence for Puerto Rico, the Young Lords' many political influences are suggested by their posters and the covers of *Palante*, their newsletter, around 1971. (Courtesy of UA.)

Exigiendo una sociedad socialista y la independencia de Puerto Rico, las numerosas influencias políticas de los Young Lords se podían observar en sus afiches y en las portadas de *Palante*, su boletín, cerca de 1971. (Cortesía de UA.)

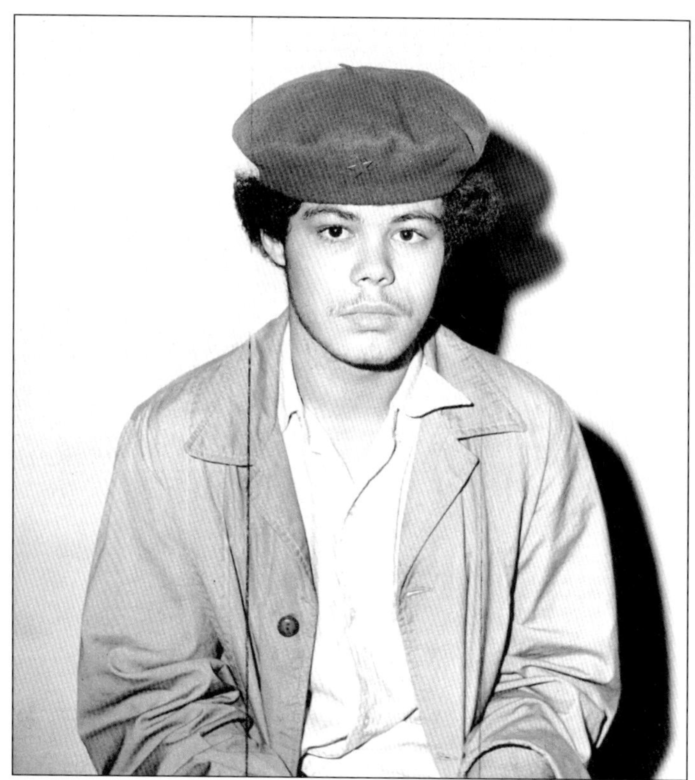

A 1971 *Philadelphia Inquirer* article revealed several views. Young Lord Caspar Martínez, age 18, argued, "Our people spend their whole lives picking berries, washing plates and waiting for the crumbs from the table of capitalist society." (Courtesy of UA.)

Un artículo publicado en 1971 por el *Philadelphia Inquirer* reveló varias perspectivas. El Young Lord Caspar Martínez, de 18 años, argumentó, "Nuestra gente se pasa toda su vida recogiendo fresas, lavando platos y esperando por las migajas de la mesa de la sociedad capitalista". (Cortesía de UA.)

Epifanio De Jesús, a recruiter and counselor for Temple University's Opportunity Program, asserted, "There is no American dream for us and never was one. Besides, who wants to wait four generations to get it?" The poster reads, "Spanish is spoken here." (Courtesy of UA.)

Epifanio De Jesús, reclutador y consejero del Programa de Oportunidades de la Universidad de Temple, aseveró que "no hay un sueño Americano para nosotros y nunca hubo uno. Además, ¿quién quiere esperar cuatro generaciones para alcanzarlo?" El afiche lee, "Aquí se habla español". (Cortesía de UA.)

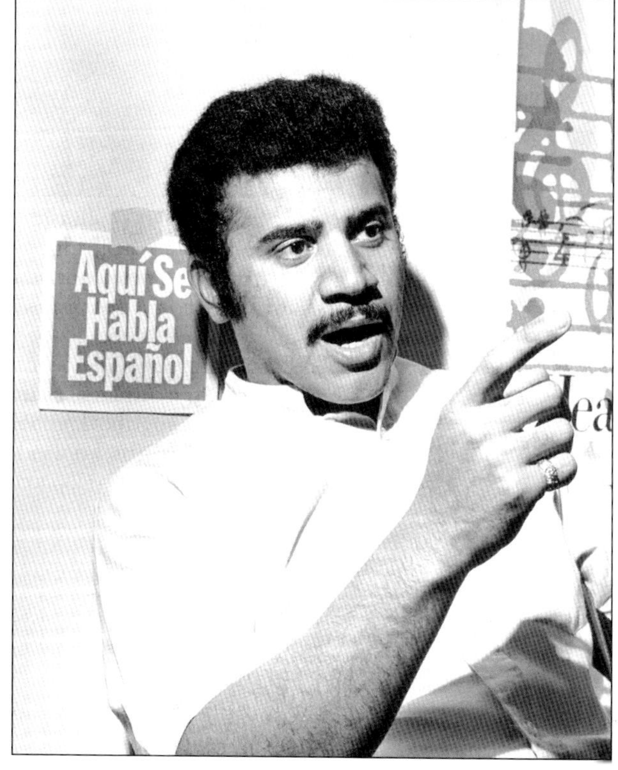

Business owner Candelario Lamboy maintained, "The opportunity is here. But we have learned to work and save and do it on our own. We don't get any help." (Courtesy of UA.)

El comerciante Candelario Lamboy sostuvo que "la oportunidad está aquí. Pero hemos aprendido a trabajar, ahorrar y hacerlo por nuestra propia cuenta. Nosotros no recibimos ayuda alguna". (Cortesía de UA.)

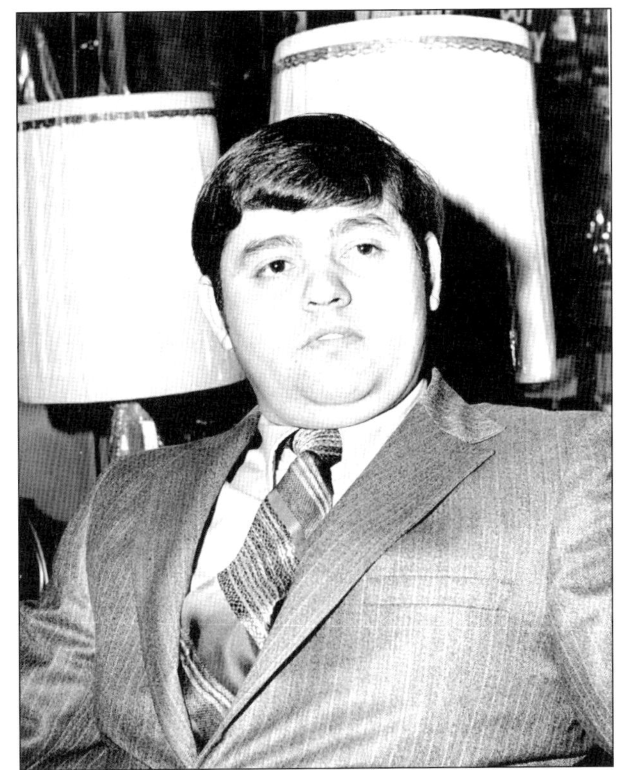

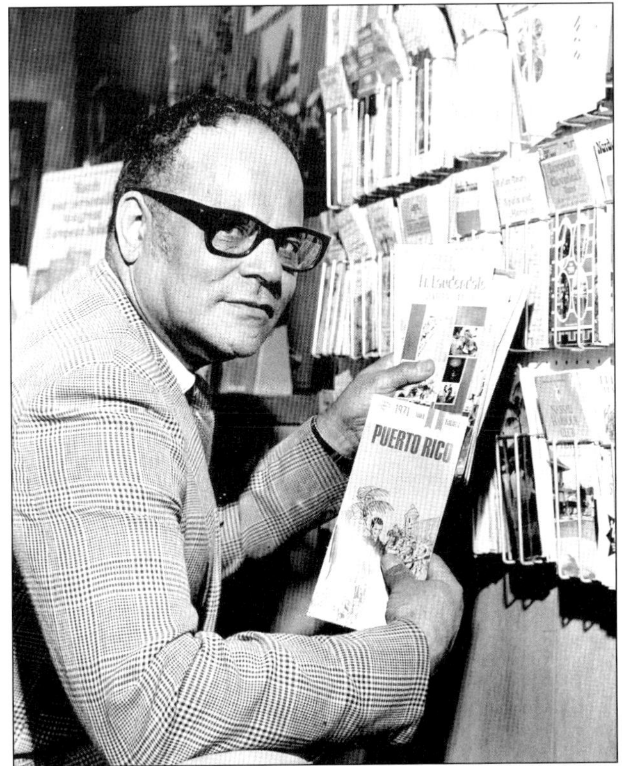

Business owner Domingo Martínez suggested the impact of political movements: "Before, people who made it didn't want to be called Puerto Ricans, now they are proud of it. One of the things we won't sell at any price is our culture." (Courtesy of UA.)

El comerciante Domingo Martínez manifestó el impacto de los movimientos políticos: "Antes, la gente que obtenía el éxito no quería que se le llamara puertorriqueños, ahora están orgullosos de serlo. Una de las cosas que nosotros no venderemos a ningún precio es nuestra cultura". (Cortesía de UA.)

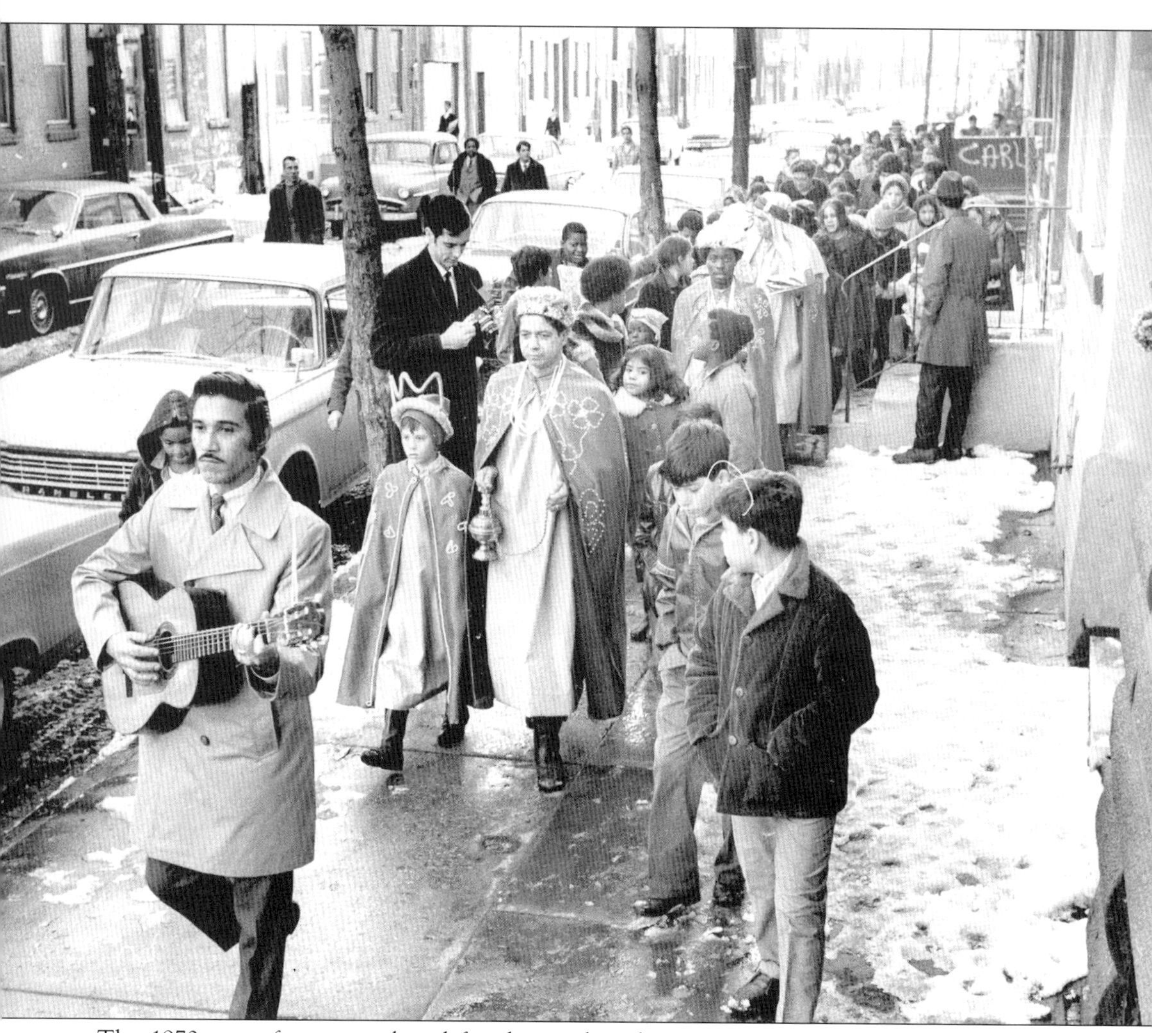

The 1970s are often remembered for their political activism. Yet many forms of community life continued. Here a traditional Puerto Rican holiday meets the urban streets and snow of Philadelphia. In this Three Kings' Day procession, from 1540 North Franklin to 1444 North Seventh Streets, celebrated on January 3, 1971, the kings are Florentino Figueroa, Gerald Malone, and Juan Ramos. The guitarist is Enrique Rivera, and the child is Michael Butler. (Courtesy of UA.)

La década de 1970 es recordada con frecuencia por su activismo político. Sin embargo, muchas formas de la vida comunitaria continuaron. En esta fotografía un día feriado tradicional puertorriqueño se topa con las calles urbanas y la nieve de Filadelfia. En esta procesión del Día de los Tres Reyes Magos celebrado el 3 de enero de 1971, que recorrió desde el 1540 Norte de la calle Franklin hasta el 1444 Norte de la calle 7, los reyes son Florentino Figueroa, Gerald Malone y Juan Ramos. El guitarrista es Enrique Rivera, y el niño es Michael Butler. (Cortesía de UA.)

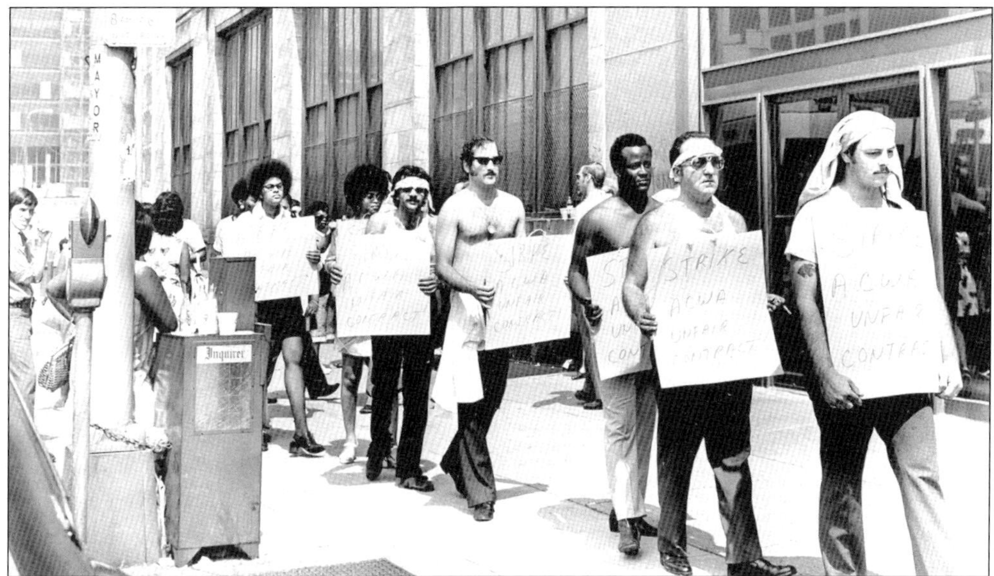

Workers took to the streets as well, mobilizing to improve working conditions and wages. Garment workers demanded a new and fair contract in June 1971. Above, strikers picket outside a clothing manufacturer at Twenty-second and Market Streets. Below, workers are outside their union offices, the Amalgamated Clothing Workers of America, American Federation of Labor and Congress of Industrial Organizations, on South Street between Twenty-first and Twenty-second Streets. (Courtesy of UA.)

Los trabajadores también tomaron las calles, movilizándose para mejorar las condiciones de empleo y los salarios. En junio de 1971, los trabajadores de la aguja exigieron un contrato nuevo y justo. Arriba, los huelguistas piquetean en las afueras de la fábrica de ropa localizada en las calles 22 y Market. Abajo, los trabajadores están en las afueras de las oficinas de su unión, la Amalgamated Clothing Workers of America, American Federation of Labor and Congress of Industrial Organizations, en la calle Sur entre las calles 21 y 22. (Cortesía de UA.)

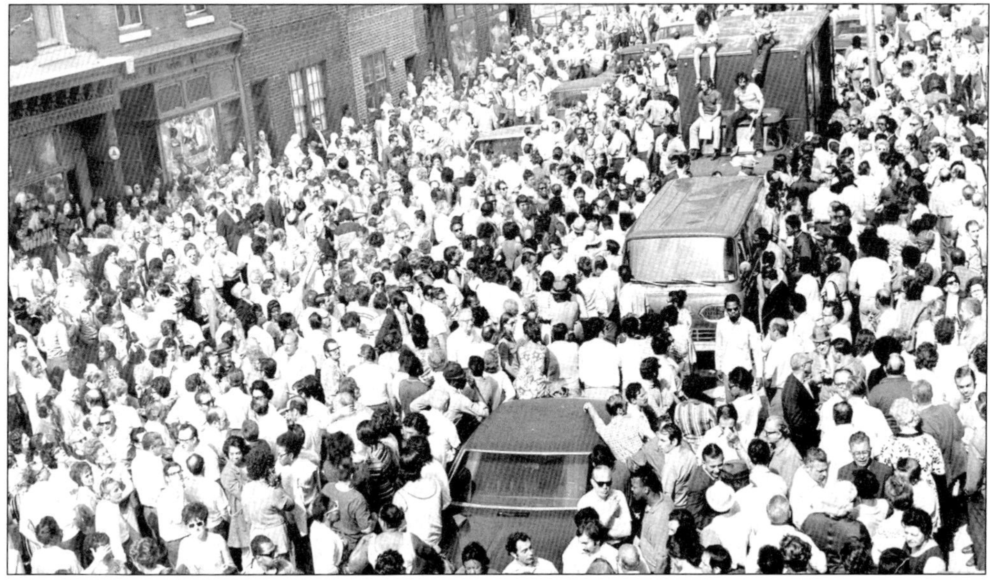

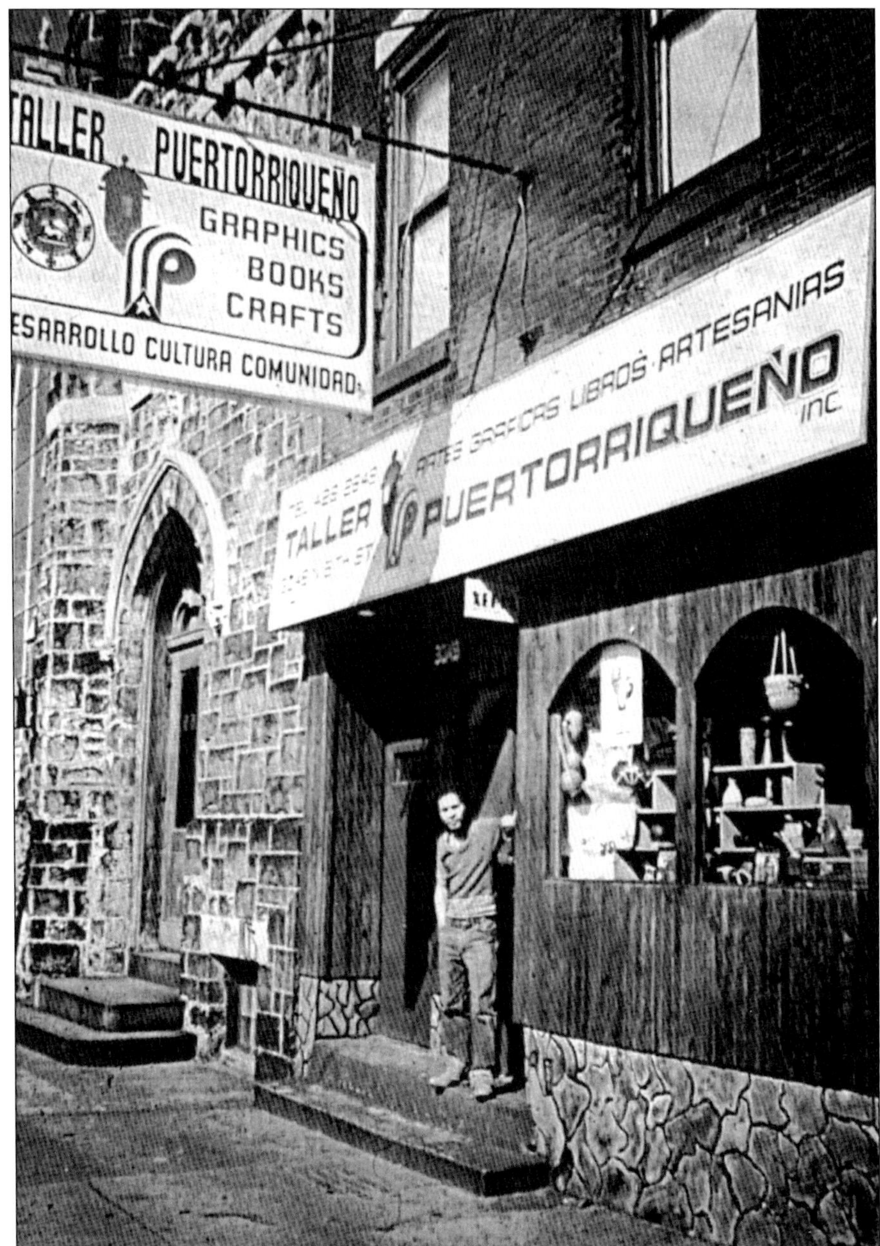

Taller Puertorriqueño was established in 1974 by Puerto Rican artists, activists, and educators, including Domingo Negrón, Rosemary Cubas, Mike Fucille, Mario Rivera, Ramona Rivera, and Rafaela Colón. Shown here at 3049 North Fifth Street in 1980, this community arts center is dedicated to the cultural development of the community. (Courtesy of HSP.)

El Taller Puertorriqueño fue establecido en 1974 por artistas, activistas y educadores puertorriqueños, incluyendo a Domingo Negrón, Rosemary Cubas, Mike Fucille, Mario Rivera, Ramona Rivera y Rafaela Colón. Mostrado aquí en el 3049 Norte de la calle 5 en el año 1980, este centro comunitario de las artes está dedicado al desarrollo cultural de la comunidad. (Cortesía de HSP.)

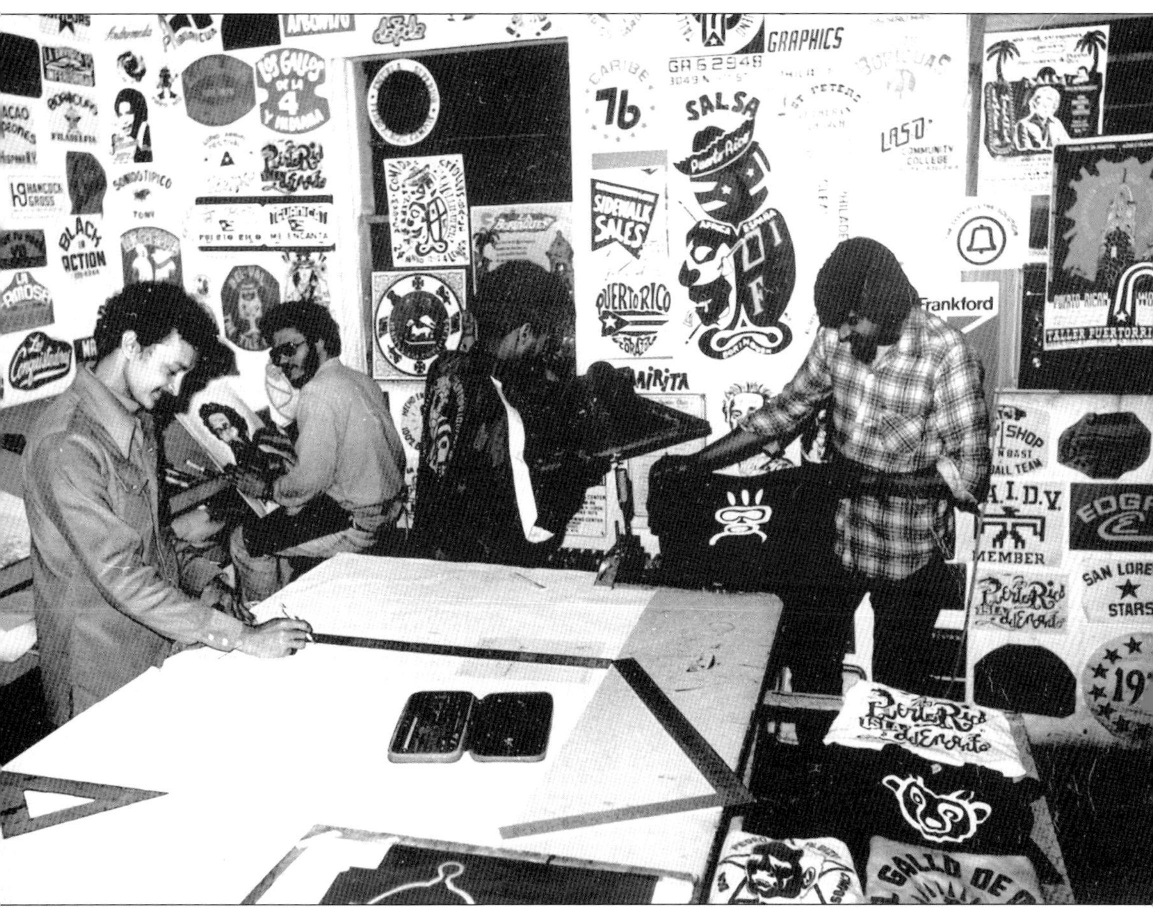

Taller's graphic arts workshop was a forum for artists and for providing youth with skills and an understanding of Puerto Rican culture. Israel "Izzy" Colón recalled, "Silkscreens like I could never imagine were prominently displayed. Themes touching on Puerto Rican nationalism, social and racial justice issues were featured." From left to right are Domingo Negrón, Orlando Santiago, unidentified, and Mario Rivera at 3049 North Fifth Street in 1976. (Courtesy of photographer Patricia Negrón and Taller.)

El taller de artes gráficas del Taller fue un foro para artistas y para proveer destrezas y entendimiento de la cultura puertorriqueña a los jóvenes. Israel "Izzy" Colón recuerda, "Serigrafías como las que nunca imaginaría estaban exhibidas prominentemente. Temas que abordaban el nacionalismo puertorriqueño, asuntos sobre justicia social y racial estaban destacados". Desde la izquierda se encuentran Domingo Negrón, Orlando Santiago, sin identificación y Mario Rivera en el 3049 Norte de la calle 5 en el año 1976. (Cortesía de la fotógrafa Patricia Negrón y Taller.)

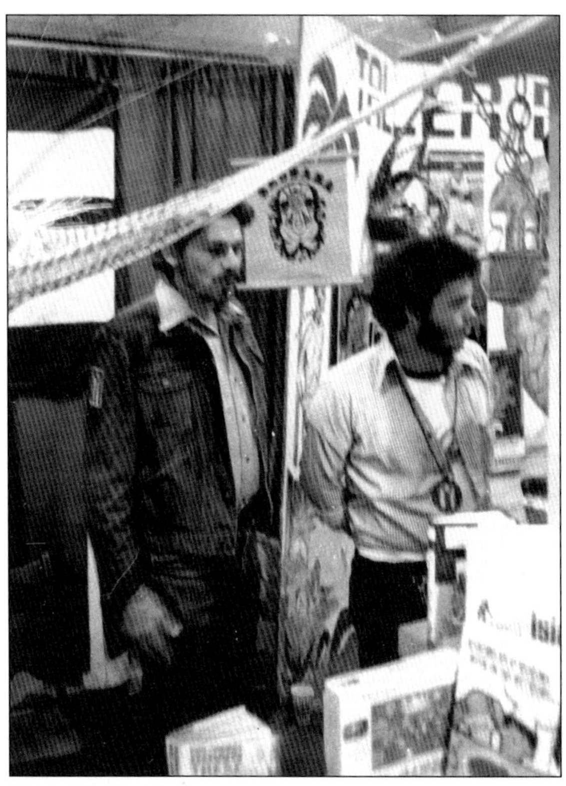

Taller also housed a bookstore and a resource center. Here Mike Fucille and Orlando Santiago are attending a craft fair, representing Taller, in the 1970s. (Courtesy of Taller.)

Taller también albergó una librería y un centro de recursos. Aquí están Mike Fucille y Orlando Santiago asistiendo a una feria de artesanías en representación de Taller en la década de 1970. (Cortesía de Taller.)

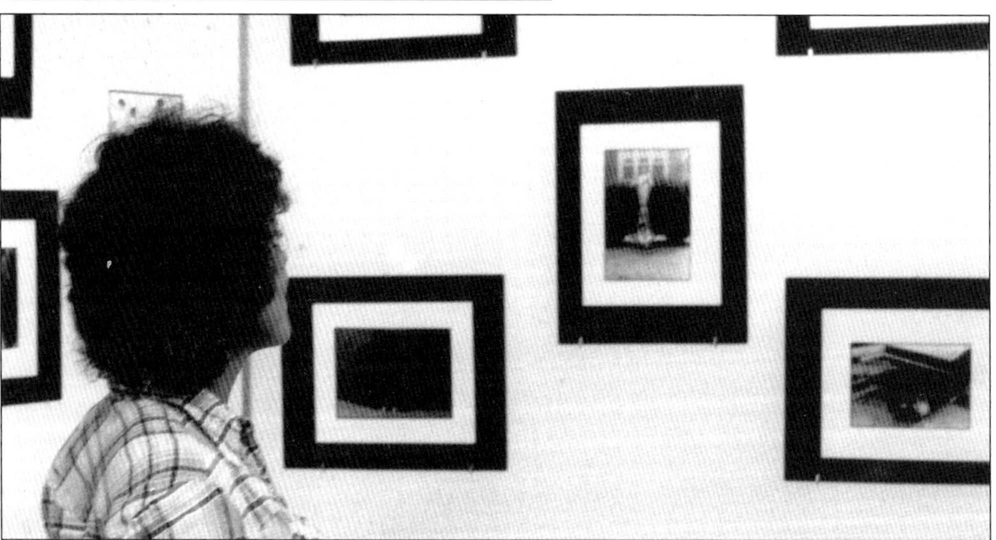

Taller's art gallery showcased local and internationally renowned artists. Taller became widely recognized as a critical institution in the preservation and advancement of Puerto Rican culture, as well as in addressing community issues in the 1970s. (Courtesy of Taller.)

La galería de arte del Taller presentaba artistas de renombre local e internacional. Taller comenzó a ser reconocido ampliamente como una institución crucial en la preservación y fomento de la cultura puertorriqueña, así como por su labor en lidiar con los problemas de la comunidad en la década de 1970. (Cortesía de Taller.)

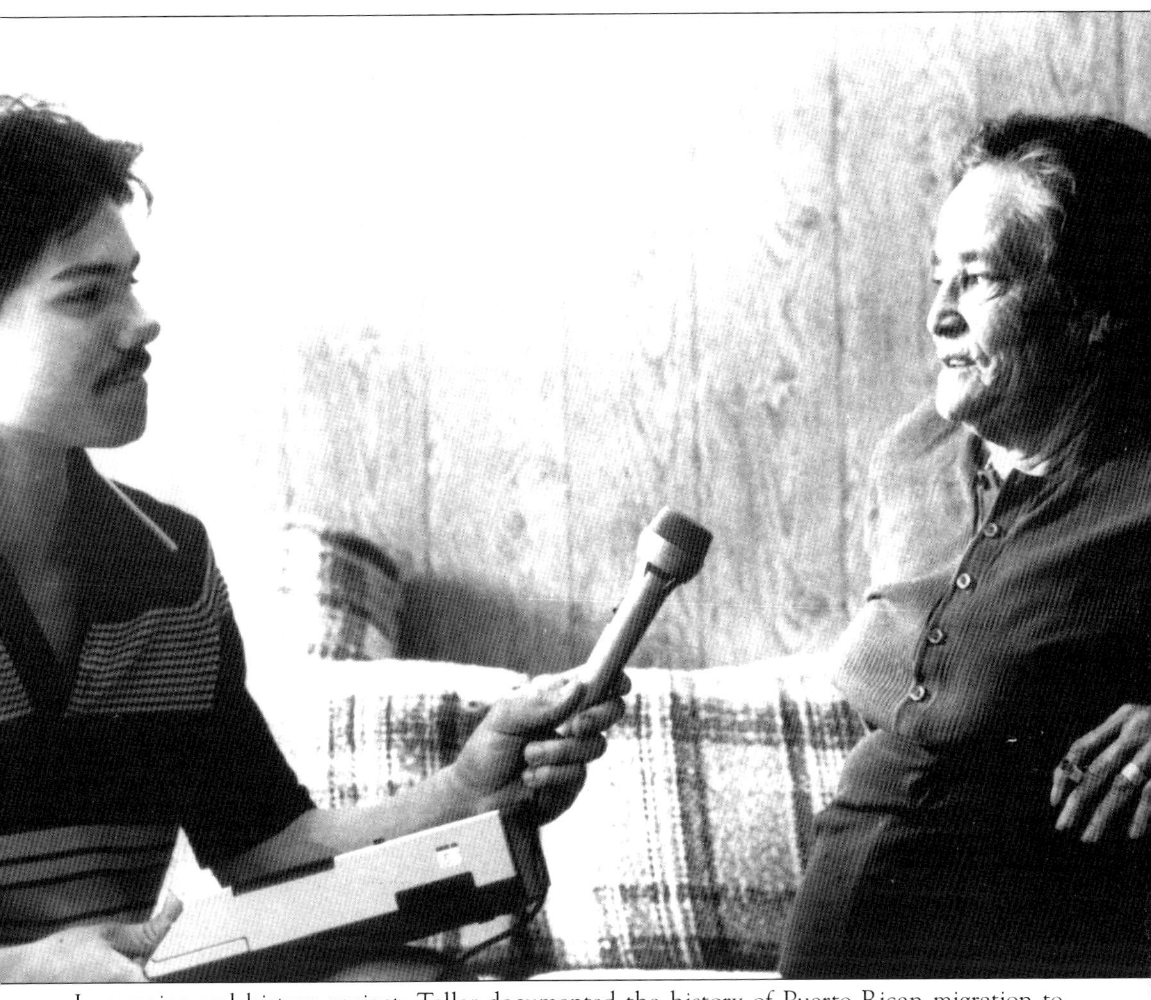

In a major oral history project, Taller documented the history of Puerto Rican migration to Philadelphia and of the community. In this cross-generational project, 22 young adults conducted 57 interviews, mostly with elderly migrants who shared their life stories. Interviewing between February 1977 and December 1978, they issued their final report to the National Endowment for the Humanities' Youthgrants Project in March 1979. (Courtesy of Taller.)

En un ambicioso proyecto de historia oral, Taller documentó la historia de la migración puertorriqueña a Filadelfia y de la comunidad. En este proyecto inter-generacional, 22 adultos jóvenes realizaron 57 entrevistas, mayormente con migrantes envejecientes quienes compartieron sus historias. Estas entrevistas se llevaron a cabo entre febrero de 1977 y diciembre de 1978, y en marzo de 1979 entregaron su reporte final al Proyecto de Becas para Jóvenes del National Endowment for the Humanities. (Cortesía de Taller.)

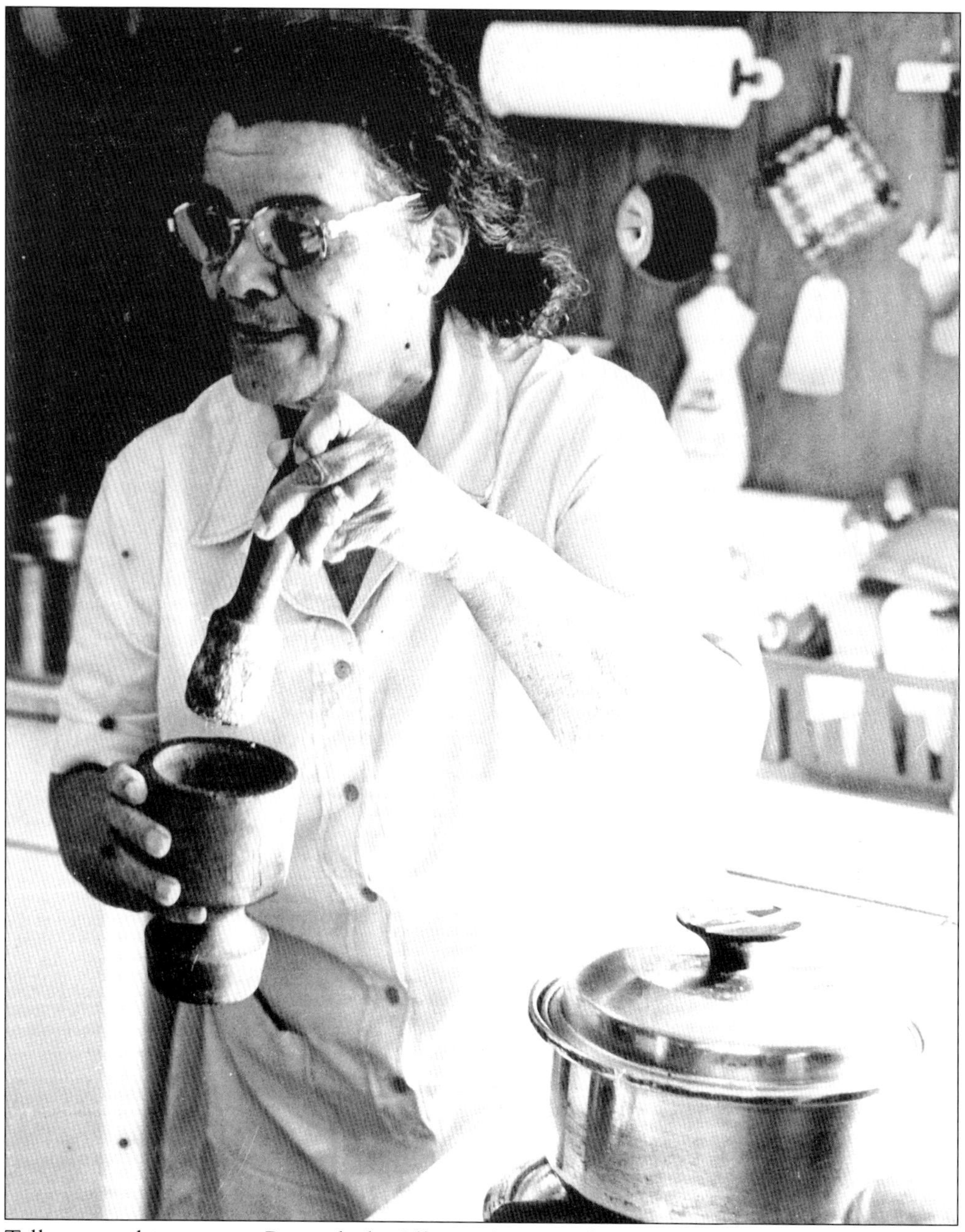

Taller named its project Batiendo la Olla, or Stirring the Pot, and used this as the cover photograph for its final report. The phrase comes from a Puerto Rican saying, which was translated as, "No one knows what's in the pot except the person who stirs it." (Courtesy of photographer Patricia Negrón and Taller.)

Taller nombró su proyecto Batiendo la Olla, y usó esta fotografía para la portada de su reporte final. Esta frase viene de un refrán puertorriqueño que dice así, "El que sabe es el que está batiendo la olla". (Cortesía de la fotógrafa Patricia Negrón y Taller.)

William Santiago, 22-year-old project codirector and interviewer, reflected, "A lot they were telling me I kind of knew, especially about the history, political history. . . . I didn't know anything about living, being a Puerto Rican in the United States and living in a Puerto Rican neighborhood. . . . It makes people think about their lives. That was the effect that it had both in the people that were interviewed and the interviewer." (Courtesy of photographer Patricia Negrón and Taller.)

William Santiago, de 22 años y el codirector y entrevistador del proyecto, reflexionó, "Muchas de las cosas que me estaban diciendo ya las sabía, especialmente sobre la historia, la historia política. . . . No sabía nada sobre la vida, sobre ser puertorriqueño en los Estados Unidos y de vivir en una comunidad puertorriqueña. . . . Hace pensar a las personas sobre sus vidas. Ese fue el efecto que tanto los entrevistados como los entrevistadores tuvieron". (Cortesía de la fotógrafa Patricia Negrón y Taller.)

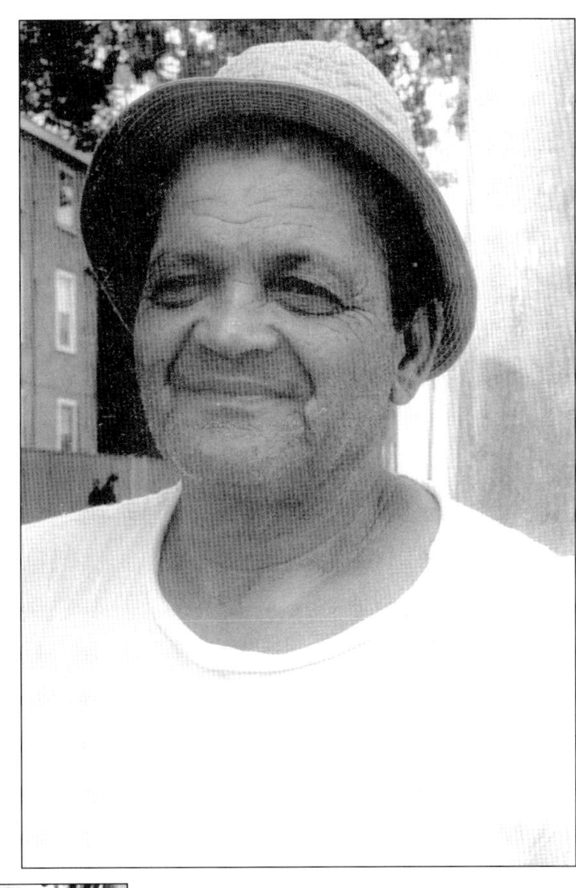

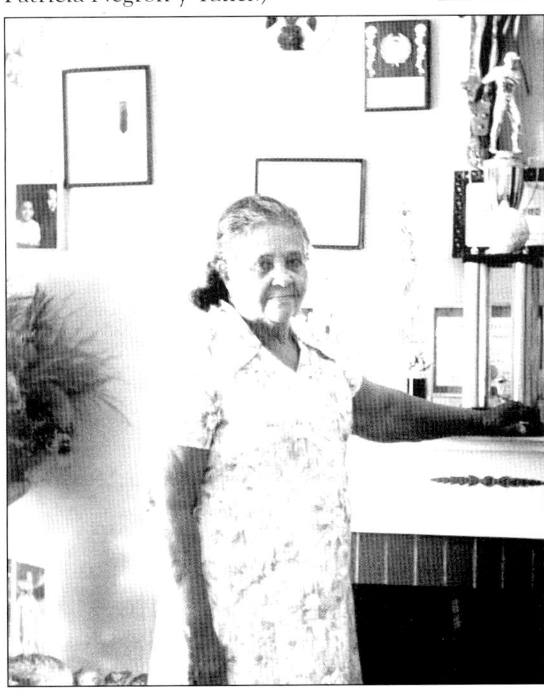

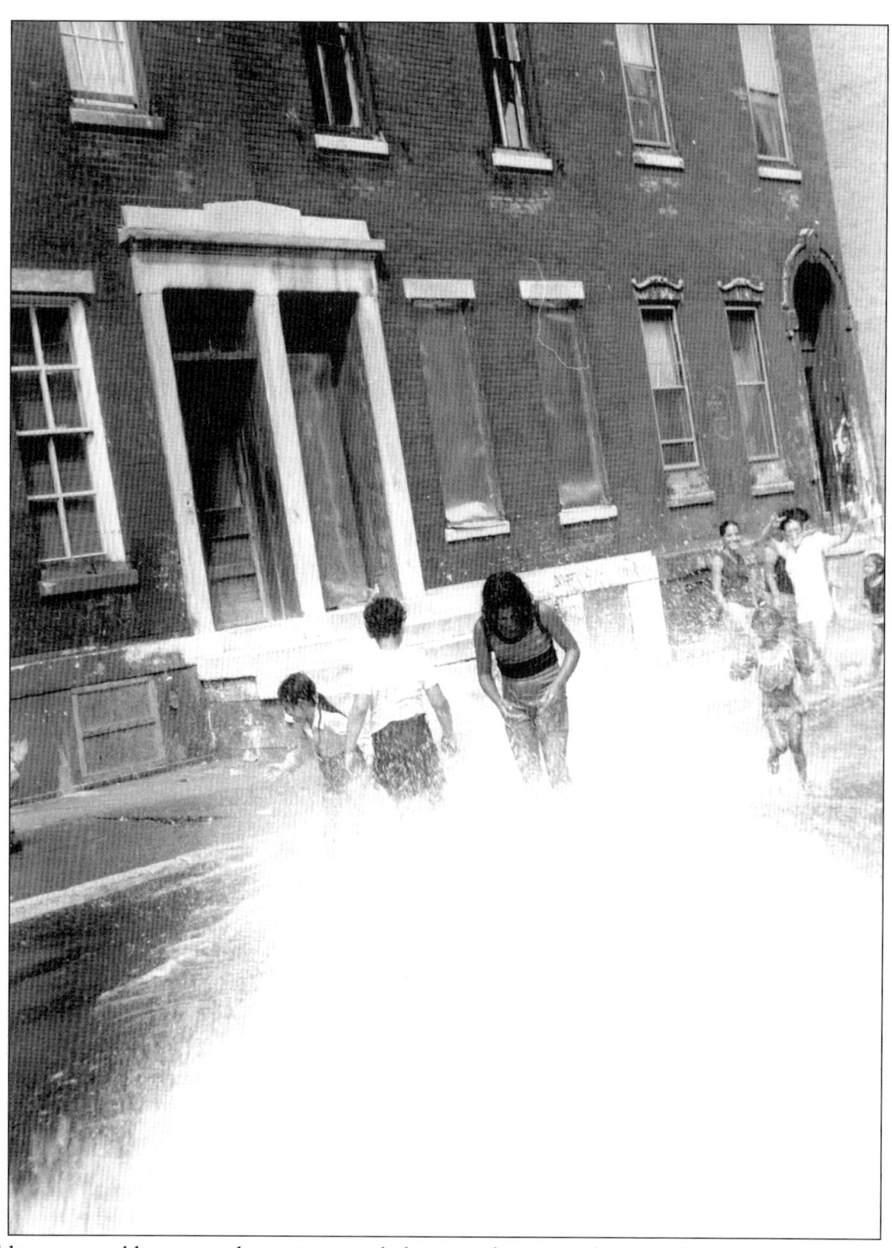

In addition to oral histories, the project used photography as another tool for self-study. Photography captured not only the oral history process but also the community's everyday lives. A 1976 photography exhibit was augmented by the Summer Photography Project in 1977. Here children in Spring Garden relieve summer heat by playing around an open fire hydrant in 1975. (Courtesy of photographer Patricia Negrón and Taller.)

Además de las historias orales, el proyecto utilizó fotografías como otro instrumento de auto-estudio. Las fotografías capturaron no sólo el proceso de la historia oral pero también la vida cotidiana de la comunidad. Una exhibición fotográfica de 1976 fue ampliada por el Proyecto de Fotografía del Verano de 1977. En esta fotografía de 1975, niños en Spring Garden mitigan el calor del verano jugando alrededor de una bomba de agua abierta. (Cortesía de la fotógrafa Patricia Negrón y Taller.)

104

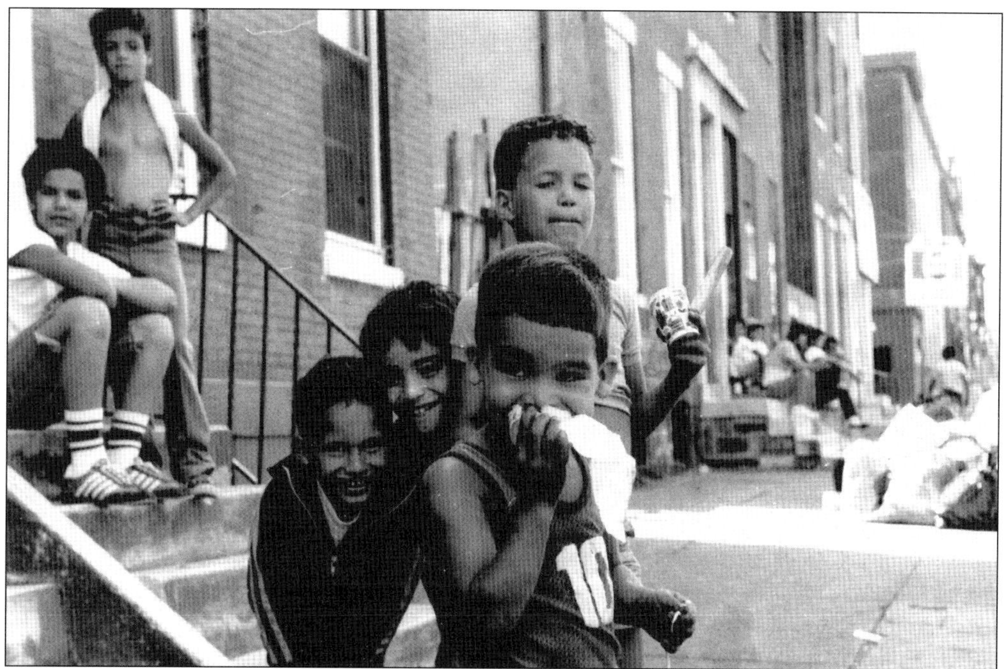

Photographs captured glimpses of urban life from children's perspectives, with boys gathering on the neighborhood's sidewalk, above, and girls sharing a snack on the stoop, below, both in the Spring Garden neighborhood in the 1970s. (Courtesy of photographer Patricia Negrón and Taller.)

Las fotografías capturaron instantes de la vida urbana desde la perspectiva de los más jóvenes. Arriba a los niños reunidos en las aceras de los vecindarios y, abajo, a las niñas compartiendo una merienda en las escalinatas. Ambas fotografías fueron tomadas en la comunidad de Spring Garden en la década de 1970. (Cortesía de la fotógrafa Patricia Negrón y Taller.)

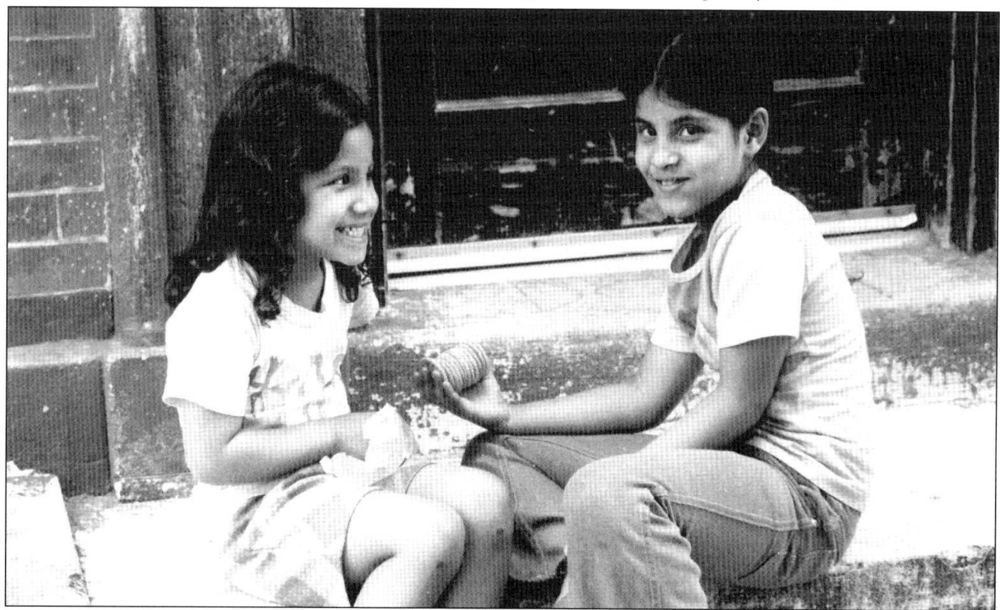

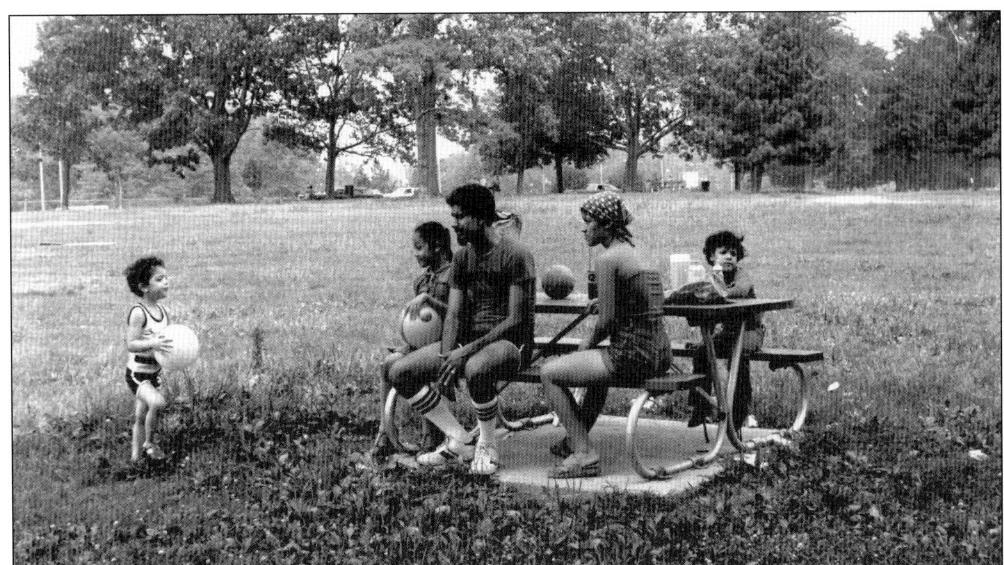

Photographs, like the oral histories, portrayed family and generational dynamics within Philadelphia's Puerto Rican community during the 1970s. Here a family relaxes in Fairmount Park. (Courtesy of photographer Rick Hall and Taller.)

Las fotografías, como las historias orales, representaron las dinámicas familiares y generacionales dentro de la comunidad puertorriqueña de Filadelfia durante la década de 1970. Aquí una familia se relaja en el Parque Fairmount. (Cortesía del fotógrafo Rick Hall y Taller.)

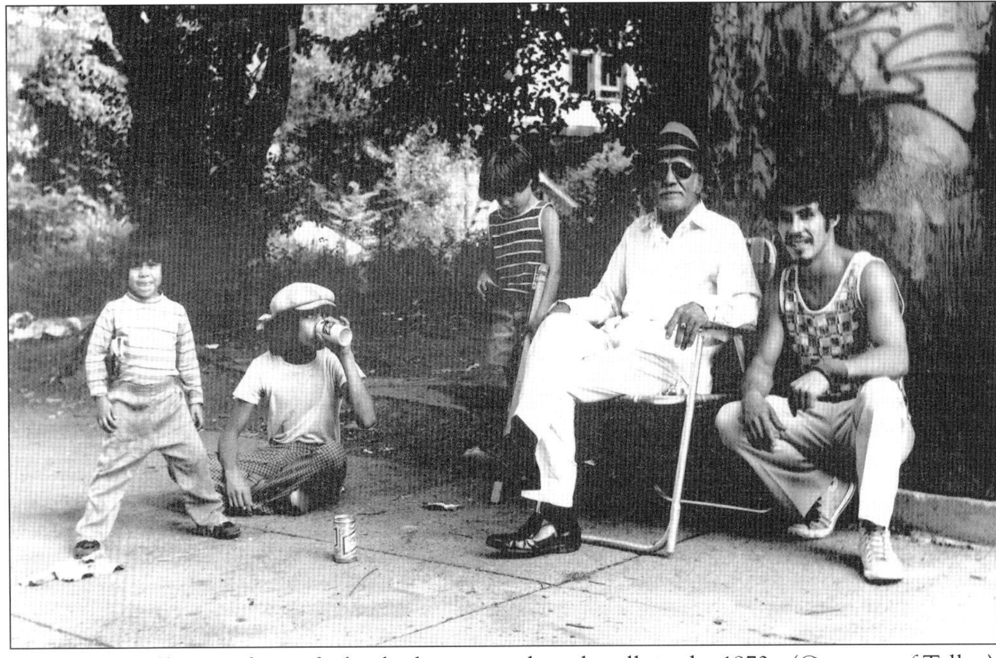

Generations of boys and men find a shady spot on the sidewalk in the 1970s. (Courtesy of Taller.)

Generaciones de niños y hombres encuentran una sombrita en una acera en la década de 1970. (Cortesía de Taller.)

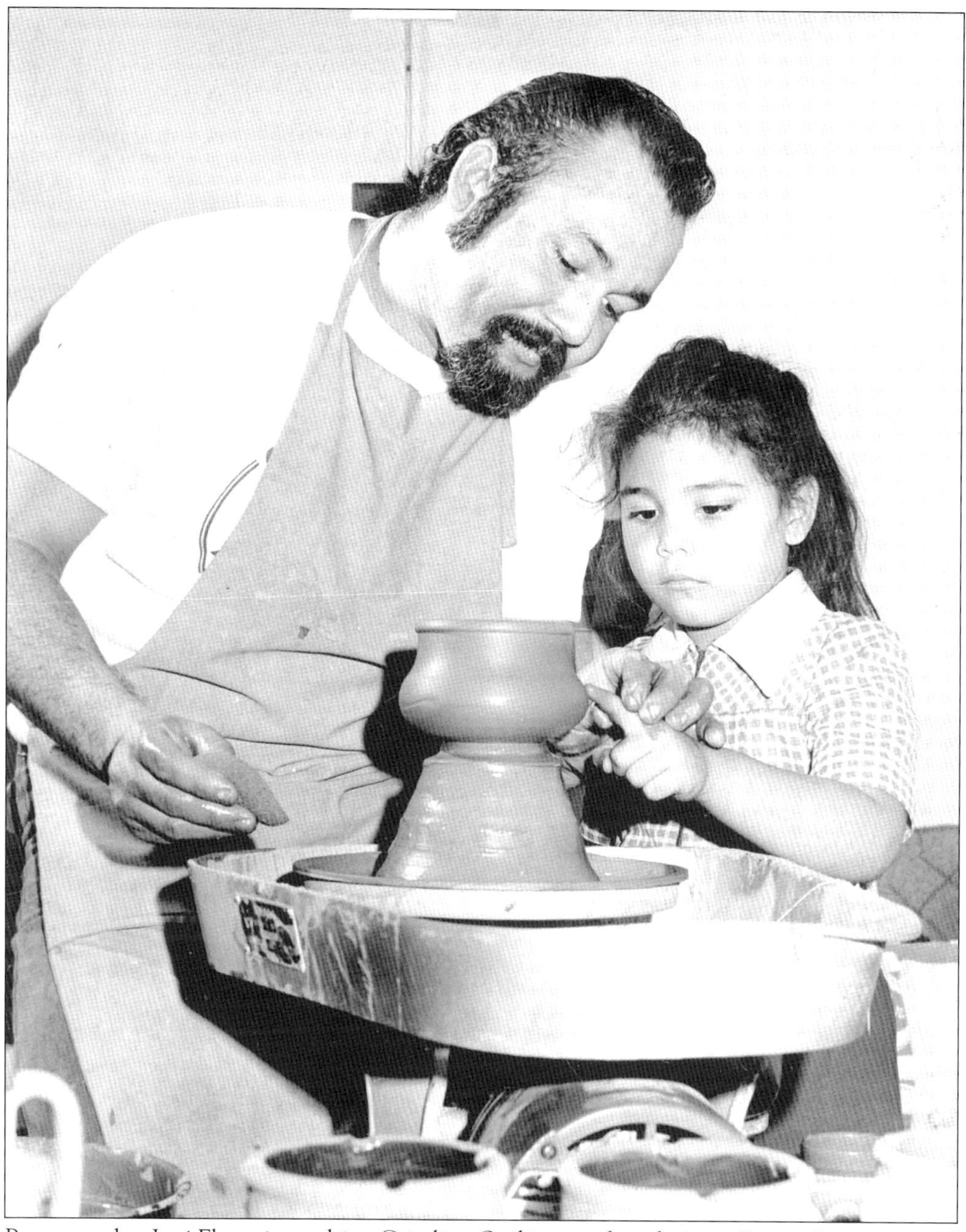

Pottery maker José Flores is teaching Crisalina Quilón, age five, during a Puerto Rican arts and crafts exhibit in the lobby of the Bulletin's building, Thirtieth and Market Streets, in 1973. (Courtesy of UA.)

En el año 1973, el alfarero José Flores le enseña a Crisalina Quilón, de 5 años, durante una exhibición de artes y artesanías en el vestíbulo del edificio Bulletin, localizado en las calles 30 y Market. (Cortesía de UA.)

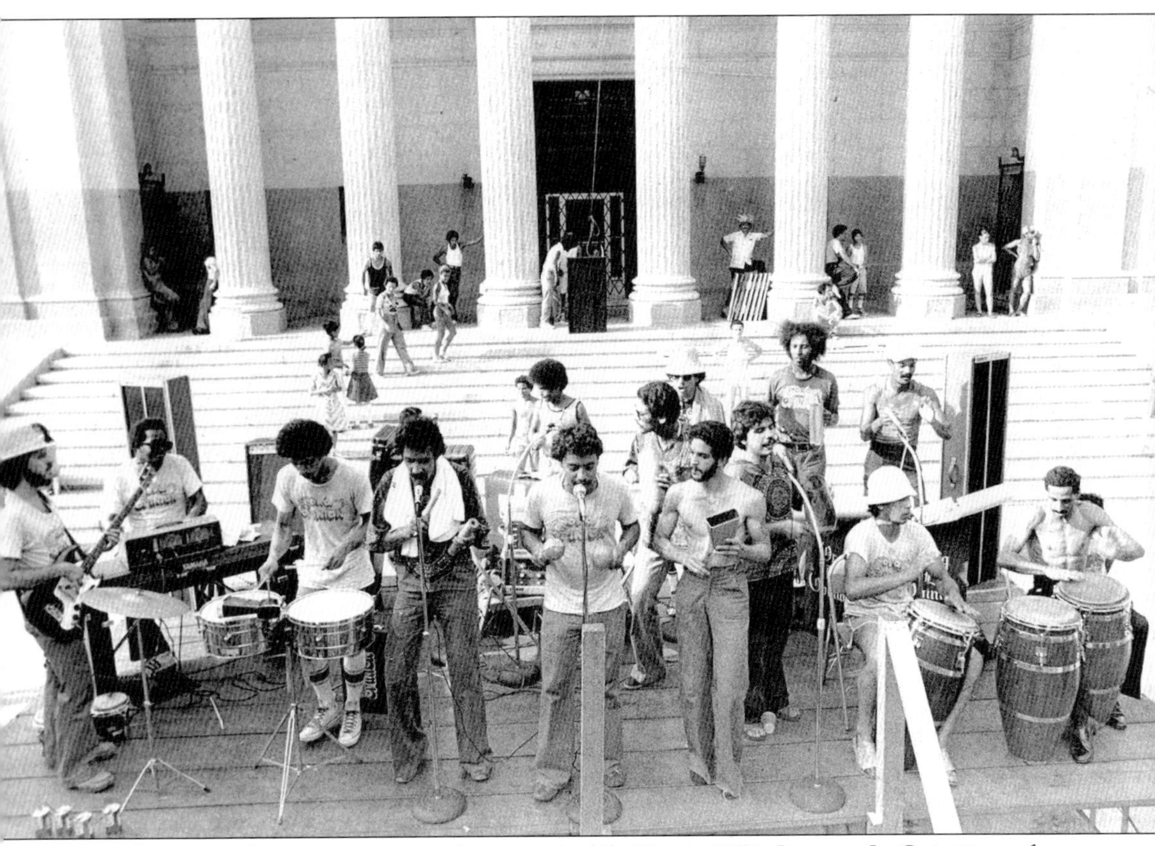

Music remained an important part of community life. Here in 1978, Orquesta La Opinión performs during an eight-hour festival in recognition of Puerto Rico's anniversary as a commonwealth. Few groups enjoyed the longevity and popularity of Los Pleneros del Batey, started by Joaquín Rivera, who came to Philadelphia from Puerto Rico in 1965. (Courtesy of UA.)

La música permaneció como una parte importante de la vida comunitaria. Aquí la Orquesta La Opinión está haciendo una presentación en 1978 en un festival de ocho horas de duración en reconocimiento al aniversario de Puerto Rico como Estado Libre Asociado. Pocos grupos musicales disfrutaron de la longevidad y popularidad del grupo Los Pleneros del Batey, fundado por Joaquín Rivera, quien llegó a Filadelfia desde Puerto Rico en 1965. (Cortesía de UA.)

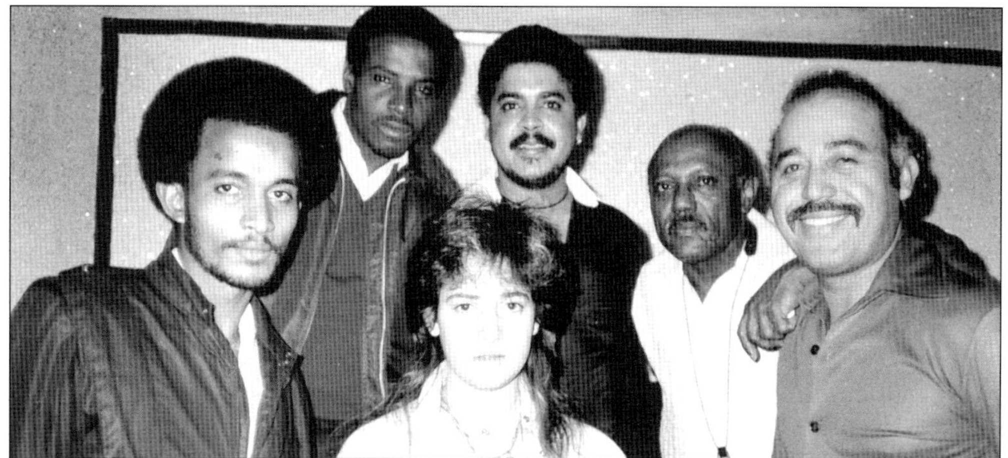

For Florencio Sánchez, music provided part of his reason for coming to Philadelphia in 1960, along with supplemental income and a social outlet. In addition to the Puerto Rican Day parade and the Latin American Legion Post, Sánchez, second from the right, played at local clubs like La Preciosa Lounge, 2111–15 Germantown Avenue, with Sensación Ochenta y Cuatro in 1985. (Courtesy of photographer Ina Rothman and HSP.)

Para Florencio Sánchez, la música fue parte de la razón para venir a Filadelfia en 1960, además del ingreso adicional y más oportunidades de socialización. Además de tocar en el desfile puertorriqueño y en el Puesto de la Legión Latinoamericana, Sánchez, segundo de la derecha, tocó en clubes locales como La Preciosa Lounge, localizado en el 2111–15 de la avenida Germantown, con Sensación Ochenta y Cuatro en el año 1985. (Cortesía de la fotógrafa Ina Rothman y HSP.)

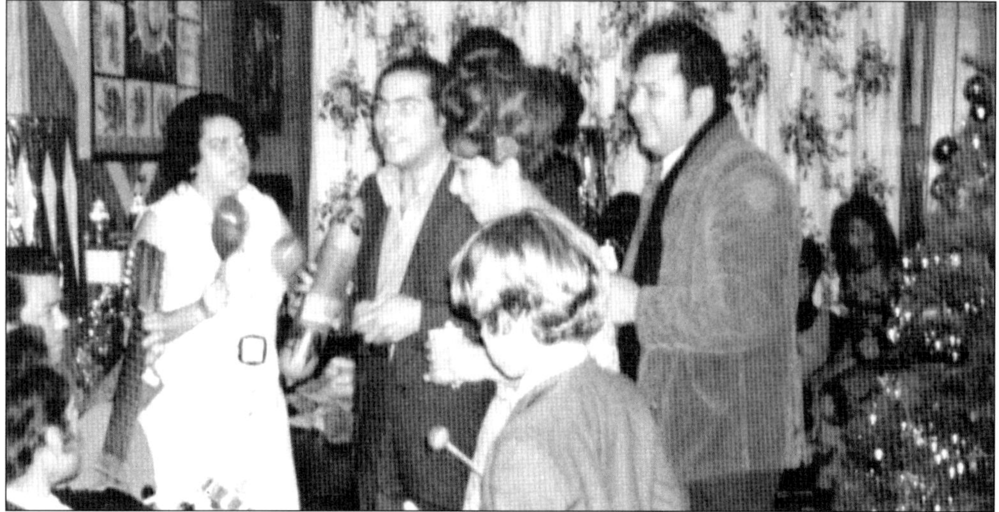

More traditional styles of Puerto Rican music and home-centered entertainment still had a place. Here Domingo Negrón's family celebrates Christmas with a *parranda* in their living room around 1963. (Courtesy of photographer Domingo Negrón and HSP.)

Muchos de los estilos tradicionales de la música puertorriqueña y del entretenimiento centrado en el hogar se mantuvieron. Aquí la familia de Domingo Negrón celebra las Navidades con una parranda en la sala de su hogar cerca de 1963. (Cortesía del fotógrafo Domingo Negrón y HSP.)

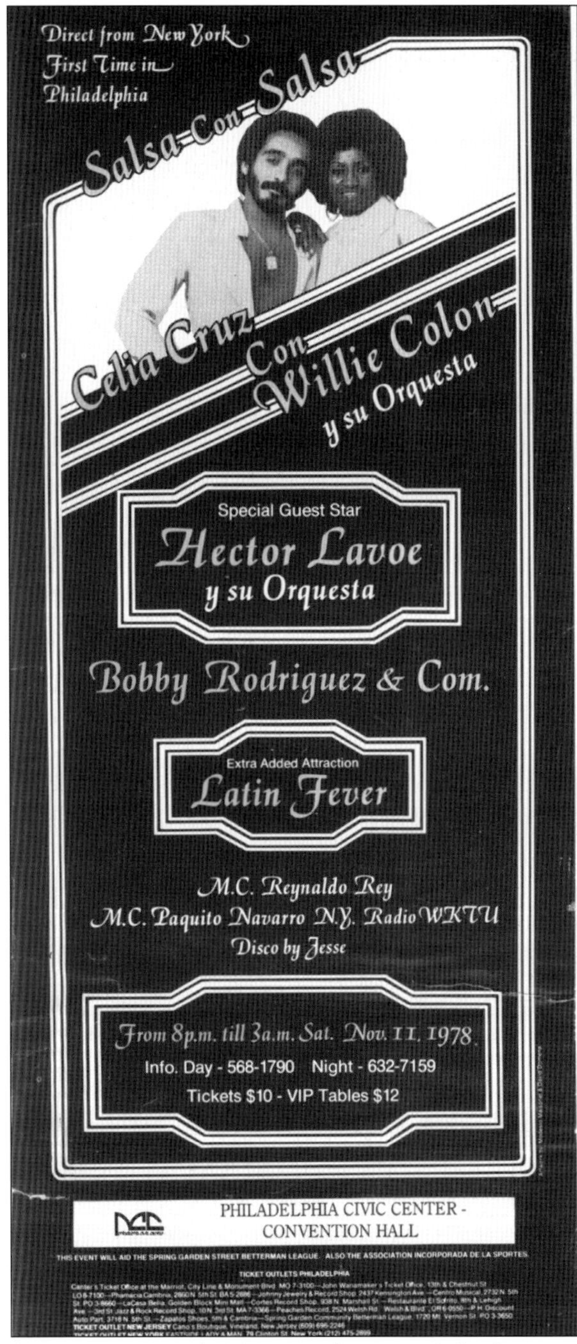

This 1978 concert drew an estimated 5,500 people, one of the largest events to date. Jesse Bermúdez, on the flyer as a popular disc jockey, was also an organizer and promoter of the concert. (Courtesy of Jesse Bermúdez.)

Este concierto en 1978 atrajo a unas 5,500 personas, siendo hasta la fecha uno de los eventos más concurridos. Jesse Bermúdez, quien aparece listado en el volante como un *disc jockey* popular, fue también un organizador y promotor del concierto. (Cortesía de Jesse Bermúdez.)

110

Shown with performer Celia Cruz in 1978, Jesse Bermúdez was the director of Música Productions, promoting internationally known and local musicians in Philadelphia. (Courtesy of Jesse Bermúdez.)

Jesse Bermúdez, aquí fotografiado con la cantante Celia Cruz en 1978, fue director de Música Productions, entidad que promocionaba a conocidos músicos locales e internacionales en Filadelfia. (Cortesía de Jesse Bermúdez.)

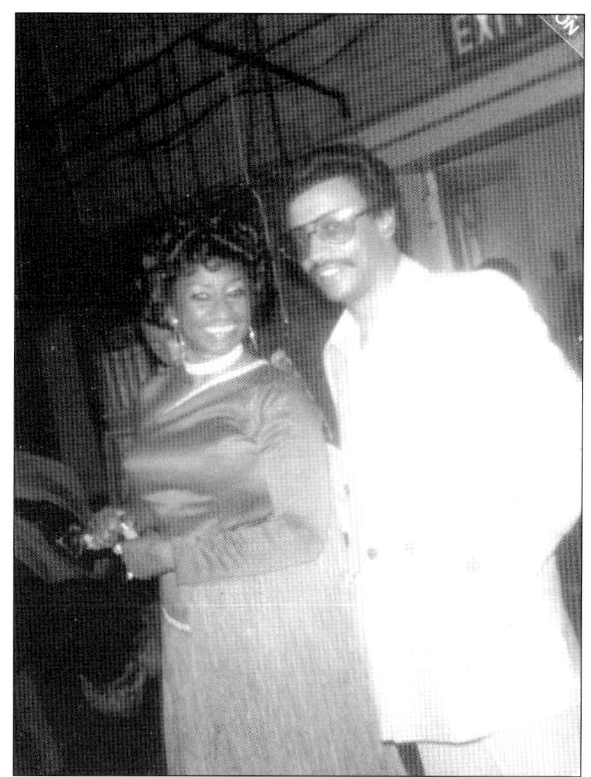

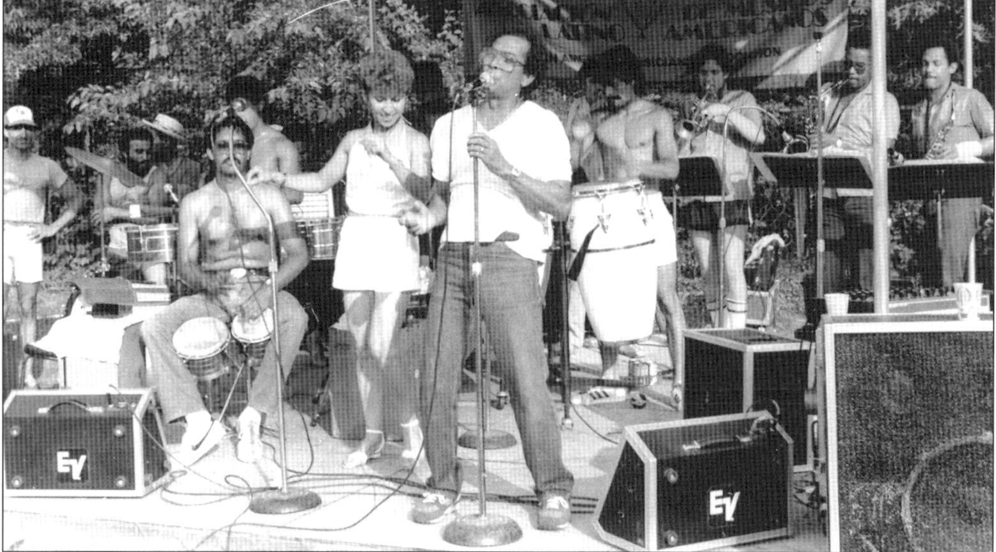

Jesse Bermúdez was a founder of the Asociación de Músicos Latinoamericanos in 1982. Note the banner in the background, as the group Panamá y Su Ritmo Latino plays at Holiday Lake around 1983. (Courtesy of Jesse Bermúdez.)

Jesse Bermúdez fue el fundador de la Asociación de Músicos Latinoamericanos en 1982. Note la pancarta al fondo, mientras el grupo Panamá y Su Ritmo Latino tocan en Holiday Lake cerca de 1983. (Cortesía de Jesse Bermúdez.)

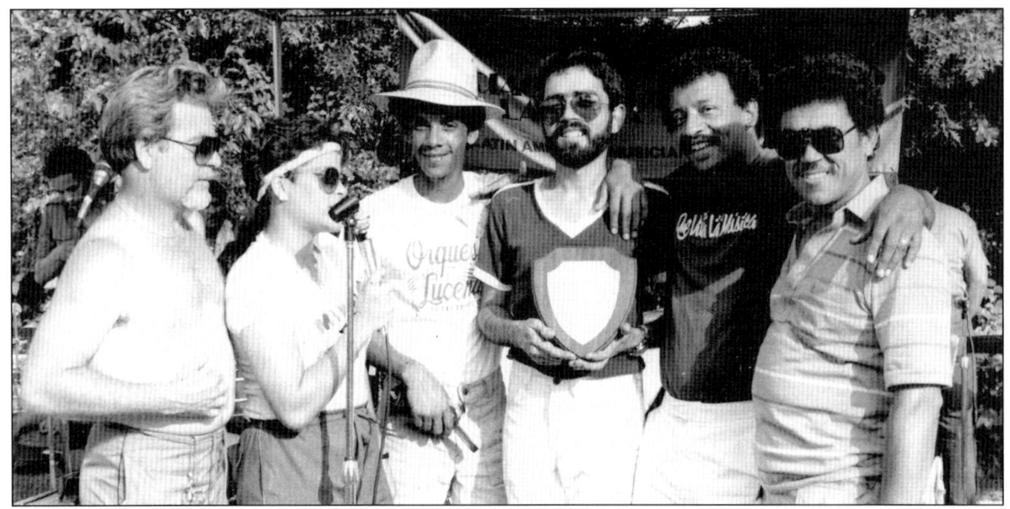

Asociación de Músicos Latinoamericanos advocated for fair wages and treatment for local musicians, ran a music school for youth, and promoted Latin music. Holding the plaque at Holiday Lake is vice president Miguel González, with executive director Jesse Bermúdez and treasurer Ernie Ortíz to his right, around 1983. (Courtesy of Jesse Bermúdez.)

Asociación de Músicos Latinoamericanos abogó por salarios y trato justo para los músicos locales, dirigió una escuela de música para jóvenes y promovió la música latina. En esta fotografía de 1983 tomada en Holiday Lake, el vicepresidente Miguel González sostiene una placa junto a Jesse Bermúdez, director ejecutivo, y Ernie Ortíz, el tesorero, a su derecha. (Cortesía de Jesse Bermúdez.)

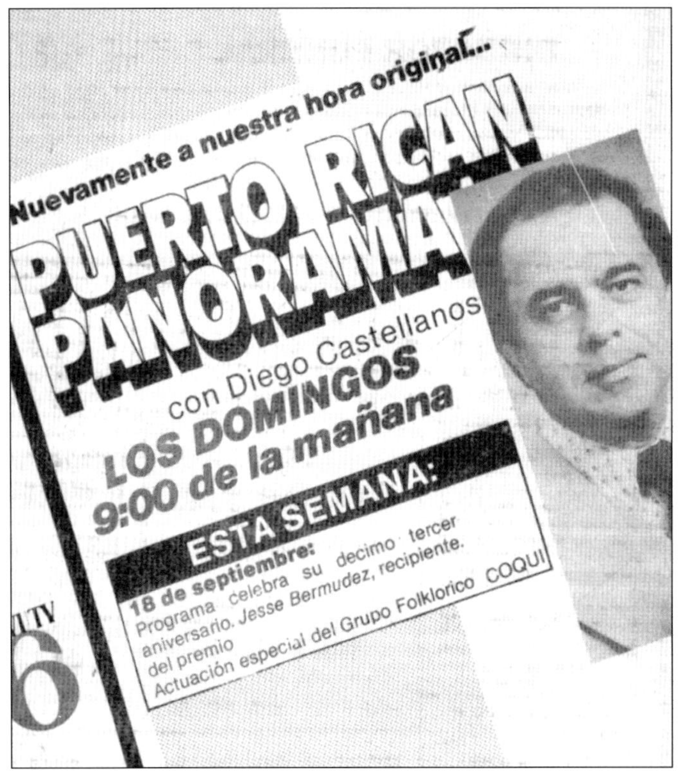

In 1983, *Puerto Rican Panorama*, a popular television show hosted by Diego Castellanos, celebrated its 13th anniversary and recognized Jesse Bermúdez for his contributions to the community's cultural enrichment. (Courtesy of Jesse Bermúdez.)

En el 1983, *Puerto Rican Panorama*, un programa de televisión popular con Diego Castellanos como su anfitrión, celebró su décimotercer aniversario y reconoció a Jesse Bermúdez por sus contribuciones al enriquecimiento de la cultura de la comunidad. (Cortesía de Jesse Bermúdez.)

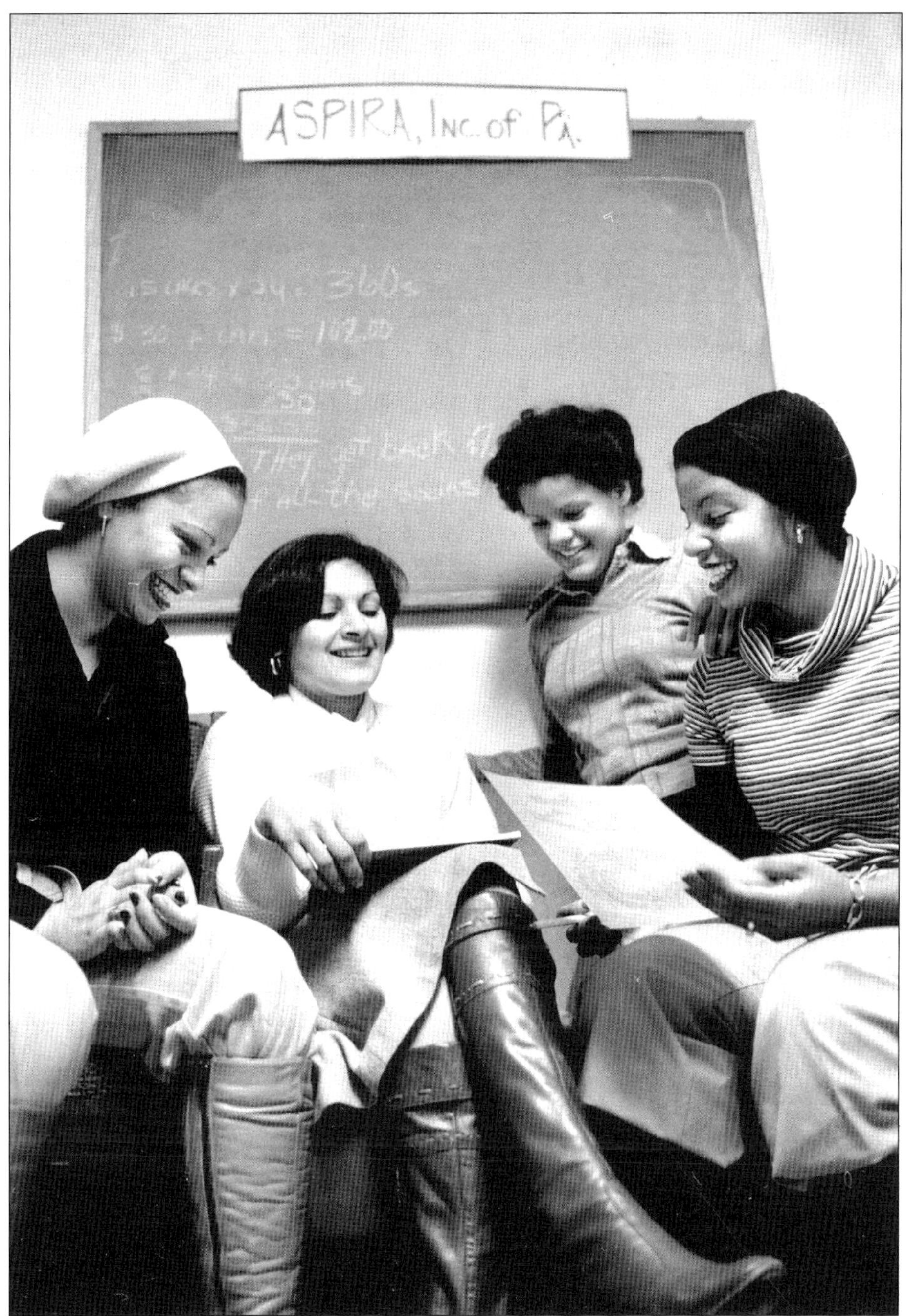

Aspira and other community organizations continued to provide services and advocate for the community. In 1978, Rosita Archilla, the program coordinator, second from left, is working with students. (Courtesy of UA.)

Aspira y otras organizaciones comunitarias continuaron ofreciendo servicios y abogando por la comunidad. En 1978, Rosita Archilla, la coordinadora del programa, segunda desde la izquierda, trabaja con estudiantes. (Cortesía de UA.)

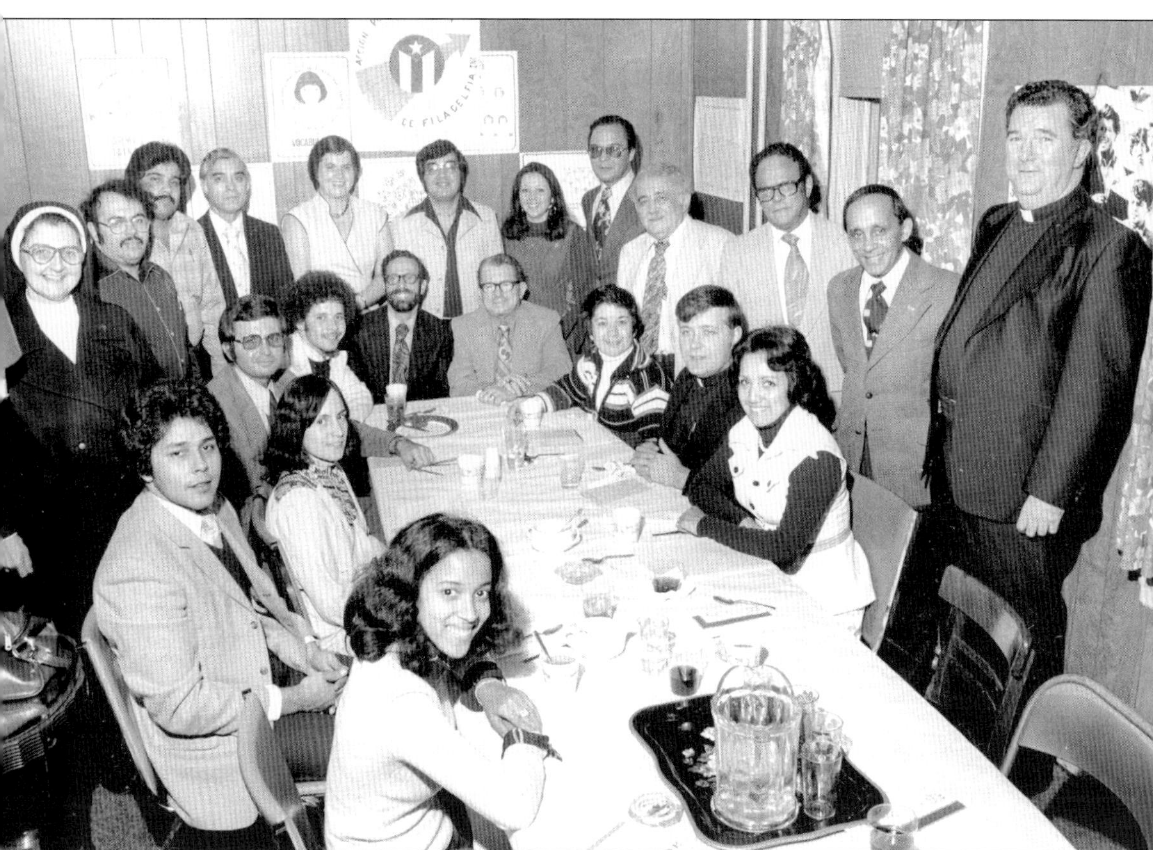

Acción Puertorriqueña de Filadelfia brought together community leaders to benefit the community in 1976. This group includes Jesus Sierra, Emanuel Ortíz, Gilberto Vega, Yvonne Morales, Ramón Velazquez, and Fr. Thomas P. Craven. (Courtesy of UA.)

En 1976, la Acción Puertorriqueña de Filadelfia reunió a líderes de la comunidad para beneficiar a la comunidad. Este grupo incluye a Jesus Sierra, Emanuel Ortíz, Gilberto Vega, Yvonne Morales, Ramón Velazquez y al Padre Thomas P. Craven. (Cortesía de UA.)

In 1968, Germán Quiles was the first Puerto Rican elected state representative, with the support of the Democratic Party. He is shown here in 1970. (Courtesy of UA.)

En 1968, Germán Quiles fue el primer puertorriqueño electo a representante estatal, con el apoyo del Partido Demócrata. Aparece aquí en el 1970. (Cortesía de UA.)

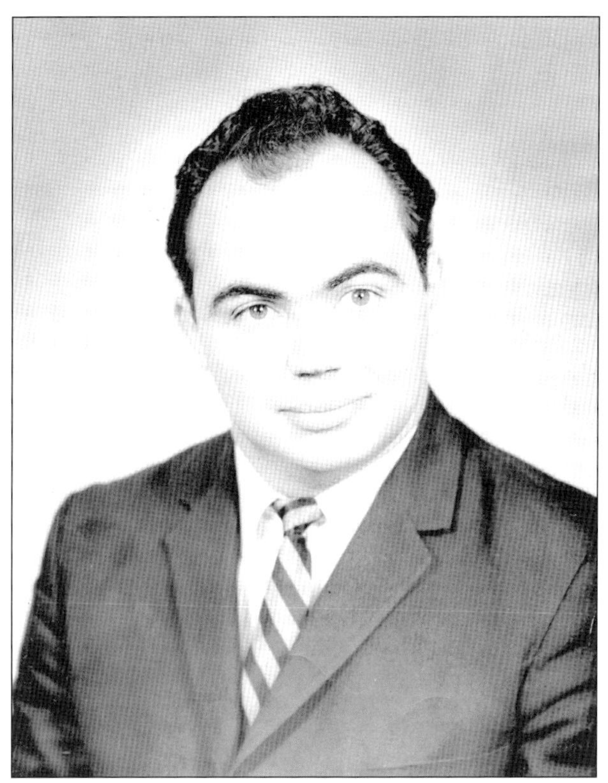

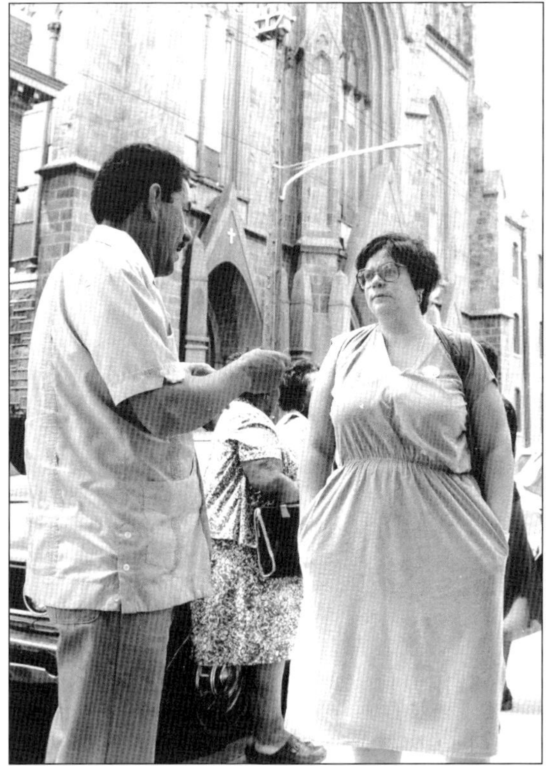

With the Puerto Rican Alliance, founded in 1979, activists focused on electoral politics. Rafael Acosta was elected state representative in 1984. Shown here in 1980, he was a VISTA volunteer meeting with national director Margery Tabankin. (Courtesy of UA.)

Con la Alianza Puertorriqueña, fundada en 1979, los activistas se enfocaron en la política electoral. Rafael Acosta fue electo como representante estatal en 1984. Aquí, en 1980, cuando era voluntario de VISTA, se reunió con la directora nacional Margery Tabankin. (Cortesía de UA.)

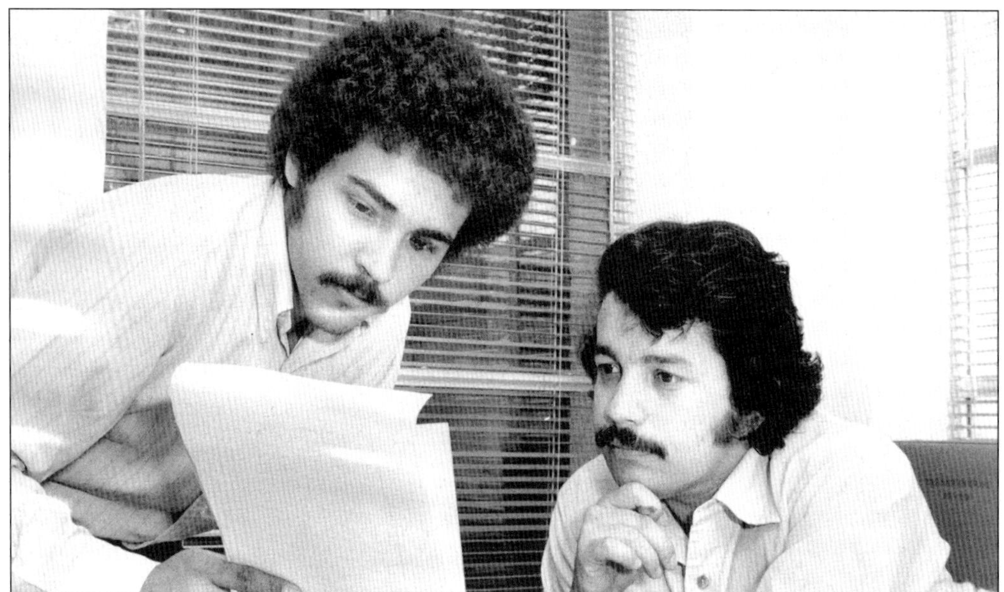

Former Young Lord Wilfredo Rojas, on the left, and attorney Angel Ortíz are at the Community Legal Services office on Girard Avenue in 1977. Ortíz was elected city councilman at large in 1985. (Courtesy of UA.)

En esta fotografía tomada en 1977, el ex–Young Lord Wilfredo Rojas, a la izquierda, y el abogado Angel Ortíz se encuentran en la oficina de Servicios Legales a la Comunidad, localizada en la avenida Girard. Ortíz fue electo consejal por acumulación de la ciudad en 1985. (Cortesía de UA.)

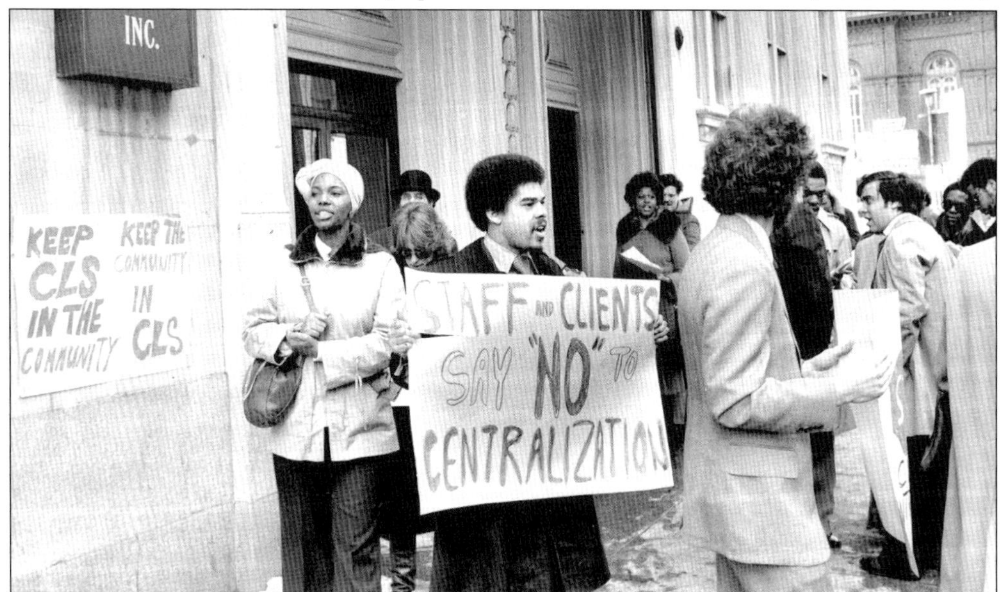

Lawyers and employees are picketing and protesting plans to close neighborhood offices of Community Legal Services in 1980. (Courtesy of UA.)

Abogados y empleados están piqueteando y protestando por los planes de cerrar las oficinas comunales de Servicios Legales a la Comunidad en 1980. (Cortesía de UA.)

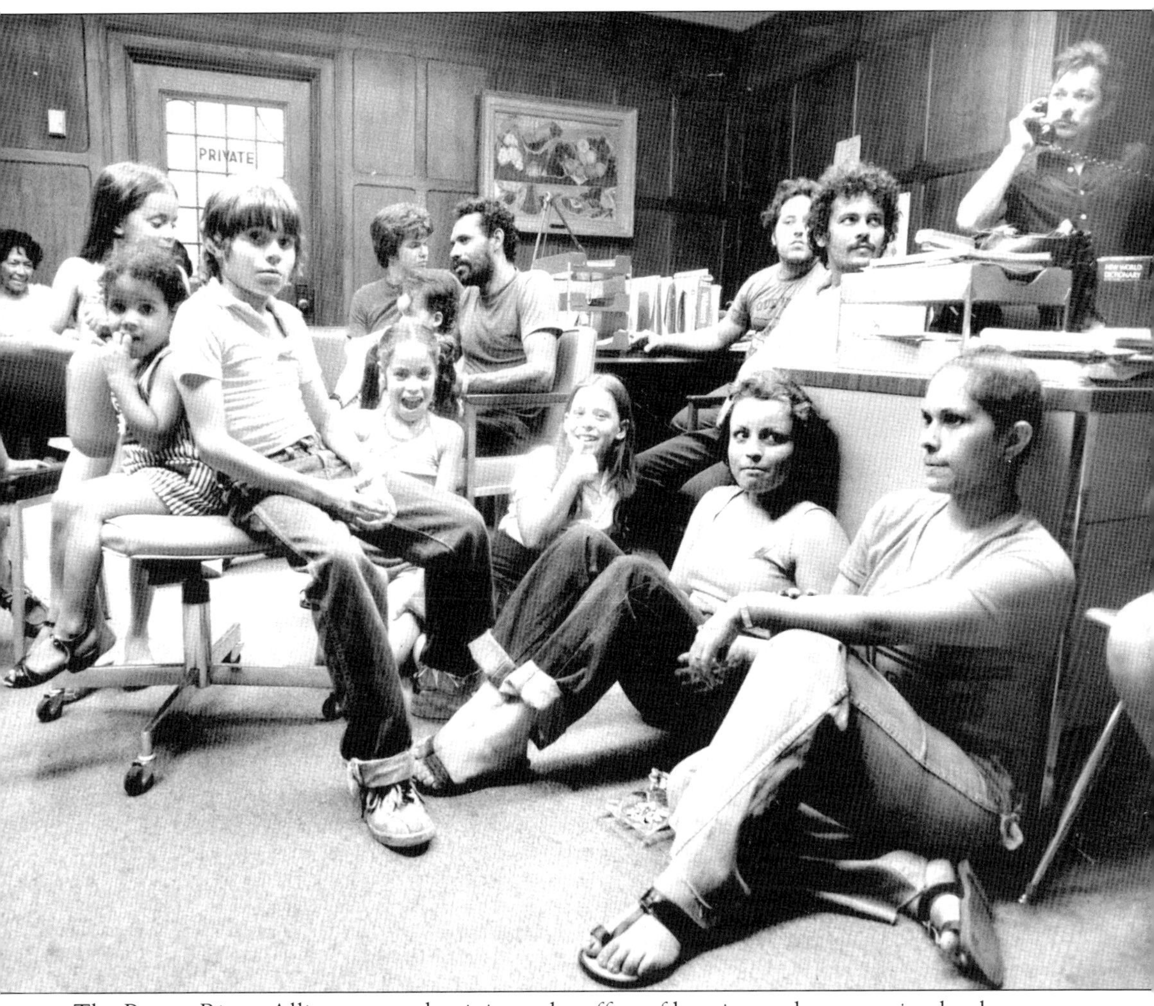

The Puerto Rican Alliance staged a sit-in at the office of housing and community development in city hall annex in 1980. Protestors demanded the housing they had been promised for the community and received six houses. Angel Ortíz is on the telephone, with Efraín Roche and Jorge Roche on his left. (Courtesy of UA.)

En el 1980, la Alianza Puertorriqueña organizó una protesta pacífica en las oficinas de desarrollo de vivienda y la comunidad en el anejo de la alcaldía. Los protestantes exigían las viviendas que les habían prometido para la comunidad y recibieron seis viviendas. Angel Ortíz está en el teléfono, con Efraín Roche y Jorge Roche a su izquierda. (Cortesía de UA.)

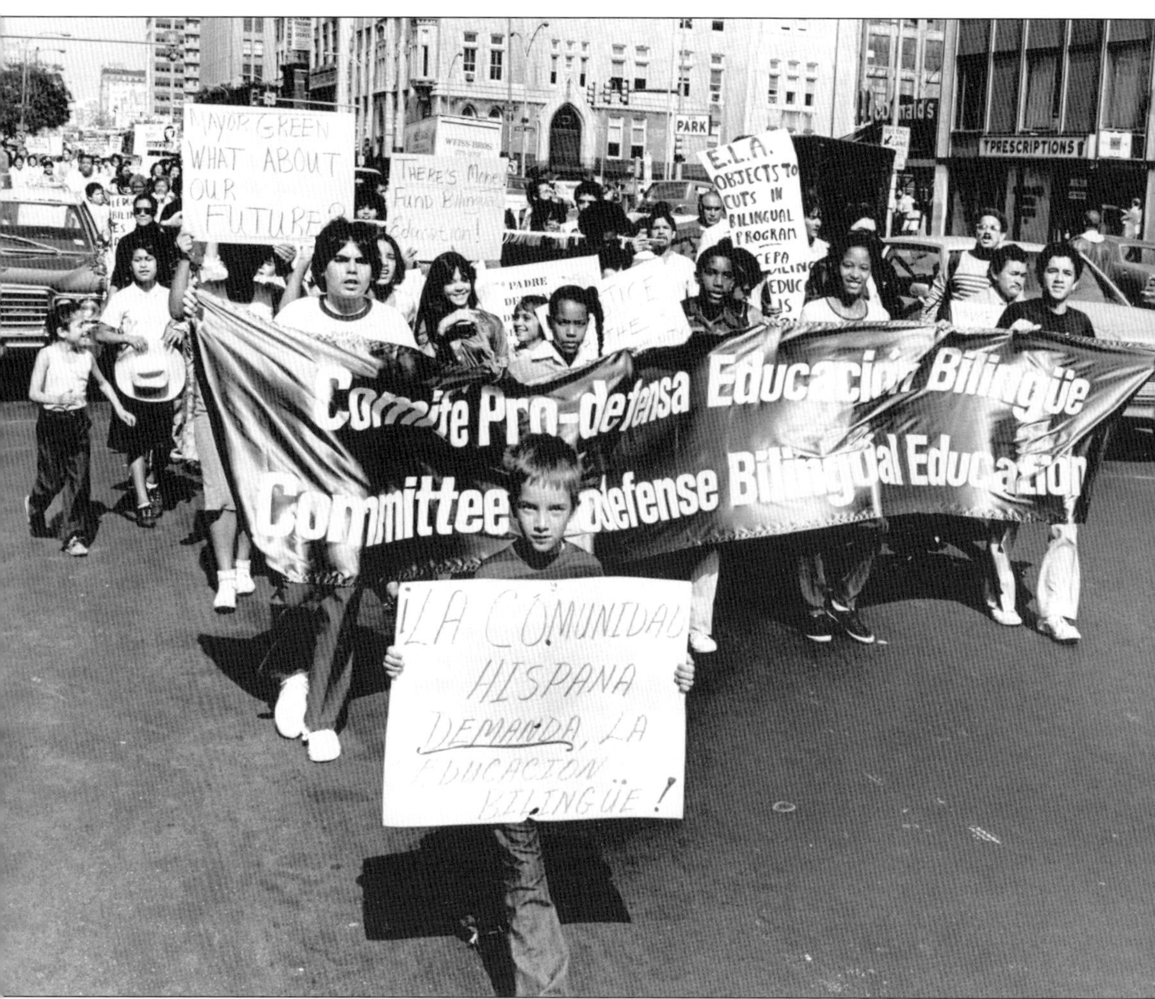

Political activism continued on issues that were important to the community. In 1981, protestors marched to city hall in support of bilingual education, on North Broad Street just south of Vine Street. (Courtesy of UA.)

El activismo político continuó en asuntos que eran importantes para la comunidad. En 1981, protestantes marchan hacia la alcaldía para apoyar la educación bilingüe por la calle Broad Norte, al sur de la calle Vine. (Cortesía de UA.)

Our Homes
Nuestros hogares

Puerto Ricans who came to Philadelphia defined their homes in many ways. Many settled permanently in the city, and others returned to Puerto Rico. For most, there were bridges between their families and their communities in both places. Those who stayed brought parts of Puerto Rico to Philadelphia to make it feel more like home. Yet they also remained concerned with Puerto Rico. Puerto Ricans, through their contributions, have let their presence be felt in Philadelphia in a variety of ways—economically, socially, linguistically, and artistically.

Los puertorriqueños que vinieron a Filadelfia definieron sus hogares de muchas maneras. Muchos se establecieron en la ciudad permanentemente, y otros regresaron a Puerto Rico. Para la mayoría, existían lazos entre sus familias y comunidades en ambos lugares. Aquellos que se quedaron trajeron partes de Puerto Rico a Filadelfia para sentirse como en su casa. Aunque también permanecieron interesados en lo que ocurría en Puerto Rico. Los puertorriqueños(as), a través de sus contribuciones, han dejado sentir su presencia en Filadelfia en una variedad de formas—económicamente, socialmente, lingüísticamente y artísticamente.

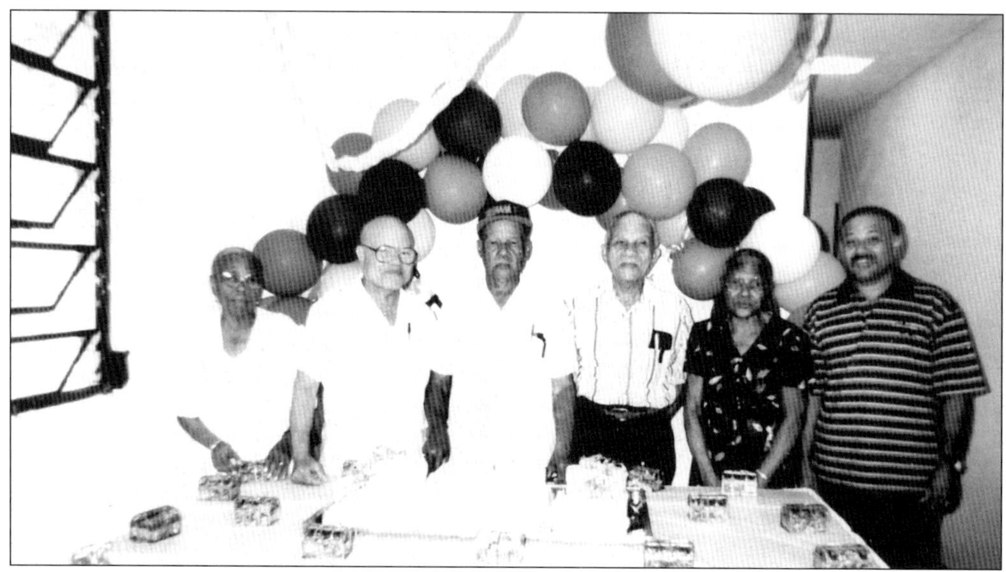

Julio Rosario stayed permanently in Philadelphia but visited Puerto Rico for family occasions. Rosario, second from the left, is in Puerto Rico, celebrating a birthday with his siblings. (Courtesy of Julio Rosario.)

Julio Rosario se estableció permanentemente en Filadelfia pero visitaba a Puerto Rico para ocasiones familiares. Rosario, segundo desde la izquierda, está en Puerto Rico, celebrando un cumpleaños junto con sus hermanos. (Cortesía de Julio Rosario.)

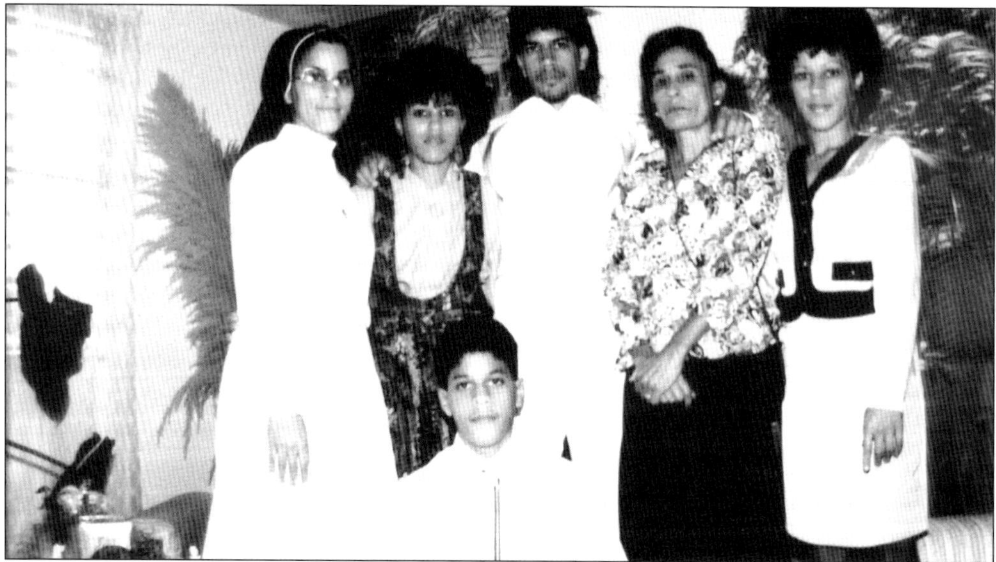

Gloria Amaro Roldán returned to Puerto Rico. In 1984, she is seen in her San Lorenzo home for Hipólito's wedding. Her children are, from left to right, Angélica, María, Hipólito, Juanita, and Javier in front. (Courtesy of Gloria Amaro Roldán.)

Gloria Amaro Roldán regresó a Puerto Rico. Aquí aparece en su casa en el pueblo de San Lorenzo para la boda de Hipólito en 1984. Sus hijos son, de izquierda a derecha, Angélica, María, Hipólito, Juanita y Javier al frente. (Cortesía de Gloria Amaro Roldán.)

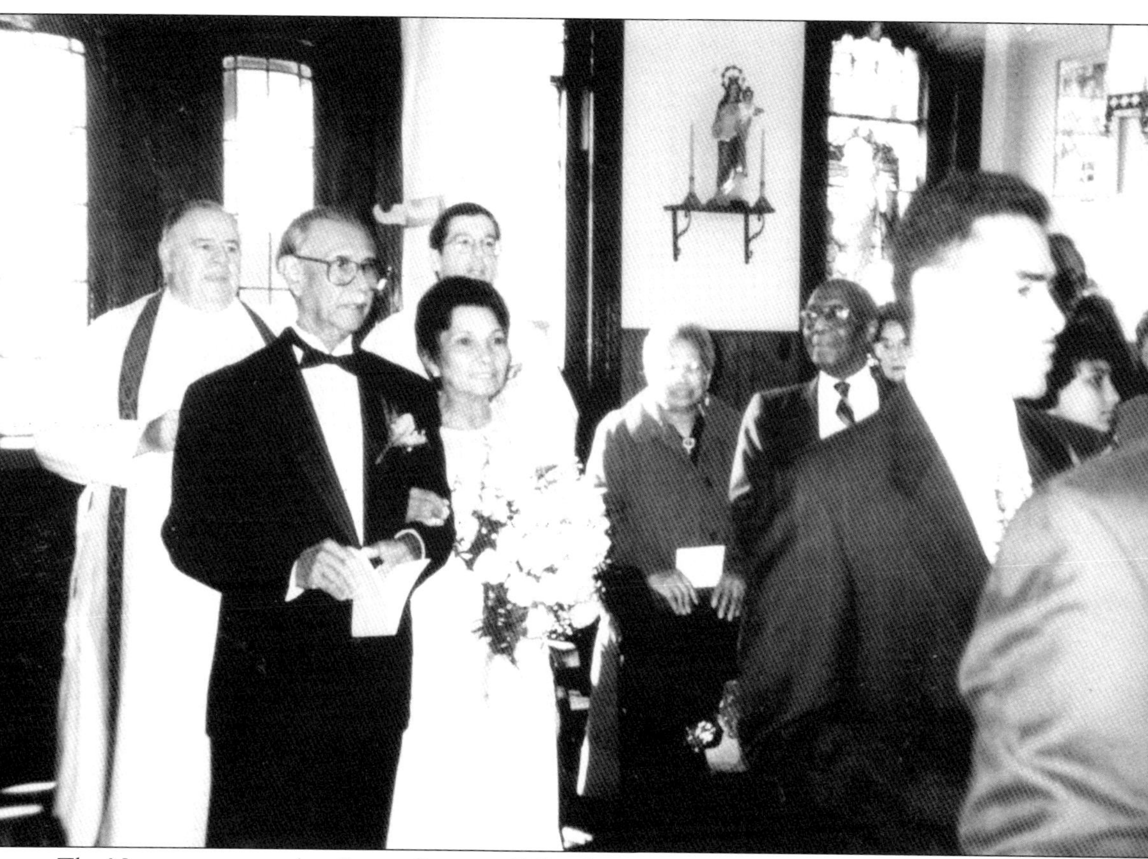

The Navarros returned to Puerto Rico in 1973, after 17 years in Philadelphia. They lamented that some of their grown children lived in Philadelphia and others in Puerto Rico. They are celebrating their 50th wedding anniversary at La Milagrosa in Philadelphia in 1996. All their children attended. (Courtesy of Justino and Ana Luisa Navarro.)

Luego de 17 años en Filadelfia, los Navarro regresaron a Puerto Rico en 1973. Ellos lamentaban que algunos de sus hijos vivieran en Filadelfia y otros en Puerto Rico. En 1996, ellos celebraron su aniversario de bodas de oro en La Milagrosa en Filadelfia. Todos sus hijos asistieron. (Cortesía de Justina y Ana Luisa Navarro.)

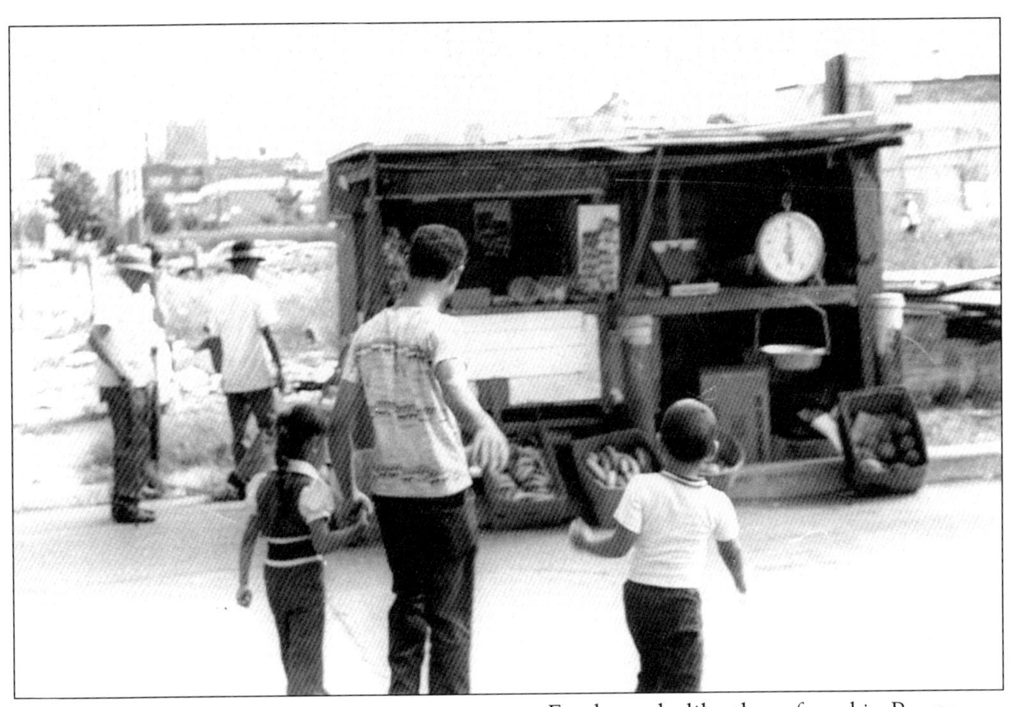

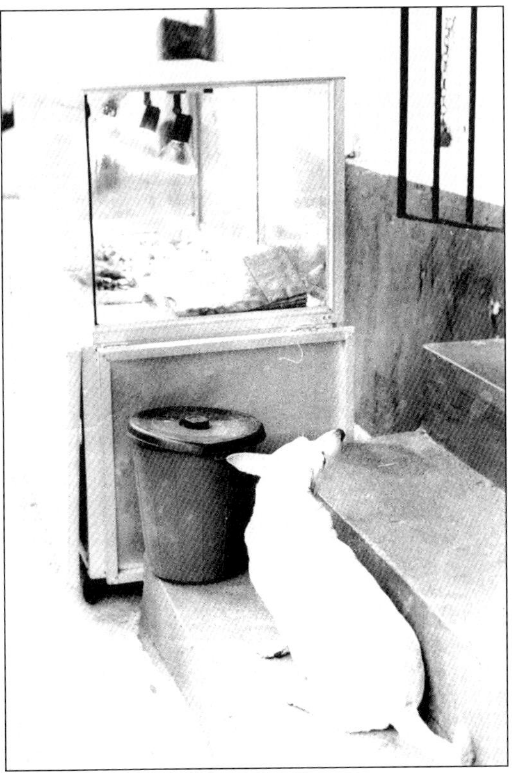

Food stands, like those found in Puerto Rico, dotted the streets of Philadelphia. The food stand above is selling fresh fruits and vegetables. The stand to the left is selling cooked foods. Both photographs are from the 1970s. (Courtesy of Taller.)

Los kioskos de comida, como los que se encuentran en Puerto Rico, salpicaron las calles de Filadelfia. Arriba, un kiosko de comida está vendiendo vegetales y frutas frescas. A la izquierda, el kiosko está vendiendo comida ya preparada. Ambas fotografías fueron tomadas en la década de 1970. (Cortesía de Taller.)

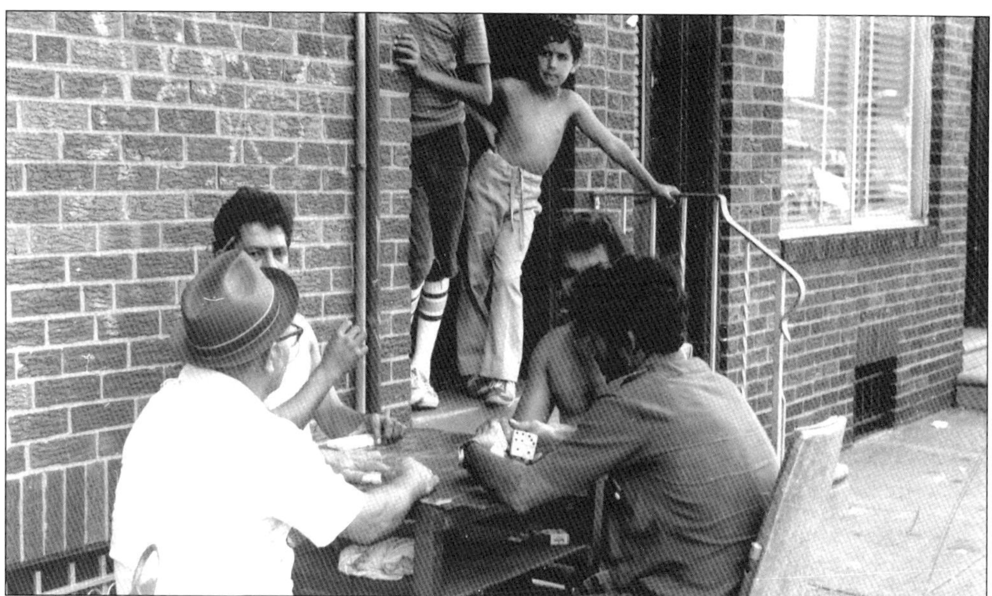

A favorite pastime, dominoes, also made its way to Philadelphia and adapted well to the city's sidewalks, as seen here in the 1970s. (Courtesy of Taller.)

Uno de los pasatiempos favoritos, el dominó, también encontró su camino a Filadelfia y se adaptó muy bien a las aceras de la ciudad, como se puede apreciar en esta fotografía en la década de 1970. (Cortesía de Taller.)

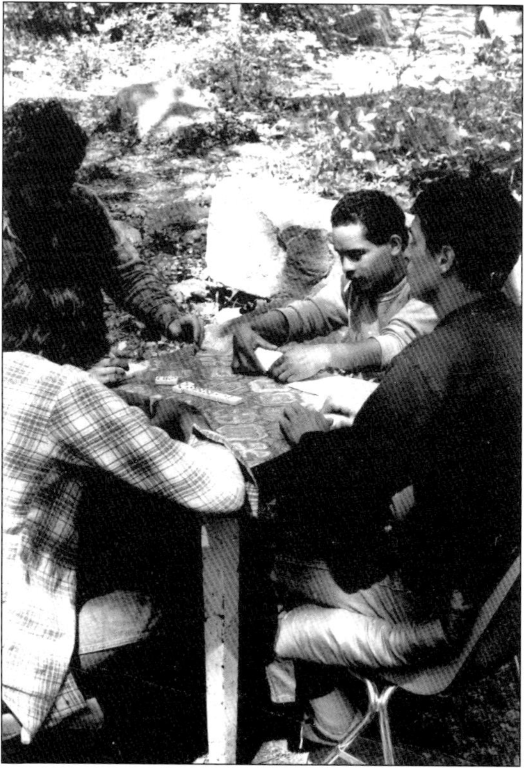

Taller workers Orlando Santiago, Mario Rivera, and "Shorty" José Luis enjoy a game of dominoes in a shady spot sometime in the 1970s. (Courtesy of photographer Rick Hall and Taller.)

Orlando Santiago, Mario Rivera y "Shorty" José Luis, empleados de Taller, disfrutan de un juego de dominó bajo la sombra en la década de 1970. (Cortesía del fotógrafo Rick Hall y Taller.)

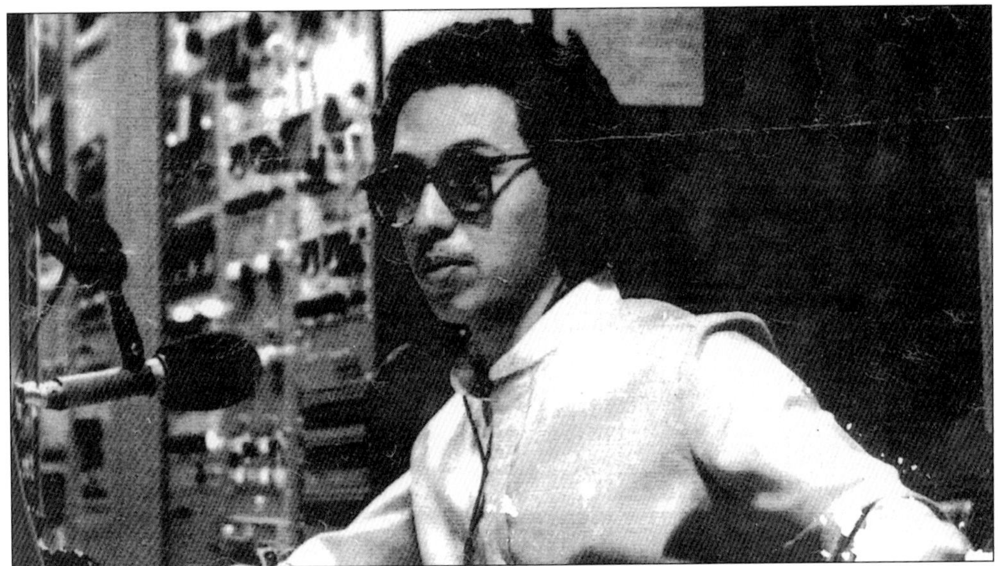

El Viaje is a popular radio program on WRTI 90.1 FM "the Point." David Ortíz is hosting the first show on March 2, 1977. The program served as another link to Puerto Rico. (Courtesy of David Ortíz.)

El Viaje es un programa popular de radio en WRTI 90.1 FM "el Punto". David Ortíz está presentando el primer programa que salió al aire el 2 de marzo de 1977. El programa sirvió como otro enlace con Puerto Rico. (Cortesía de David Ortíz.)

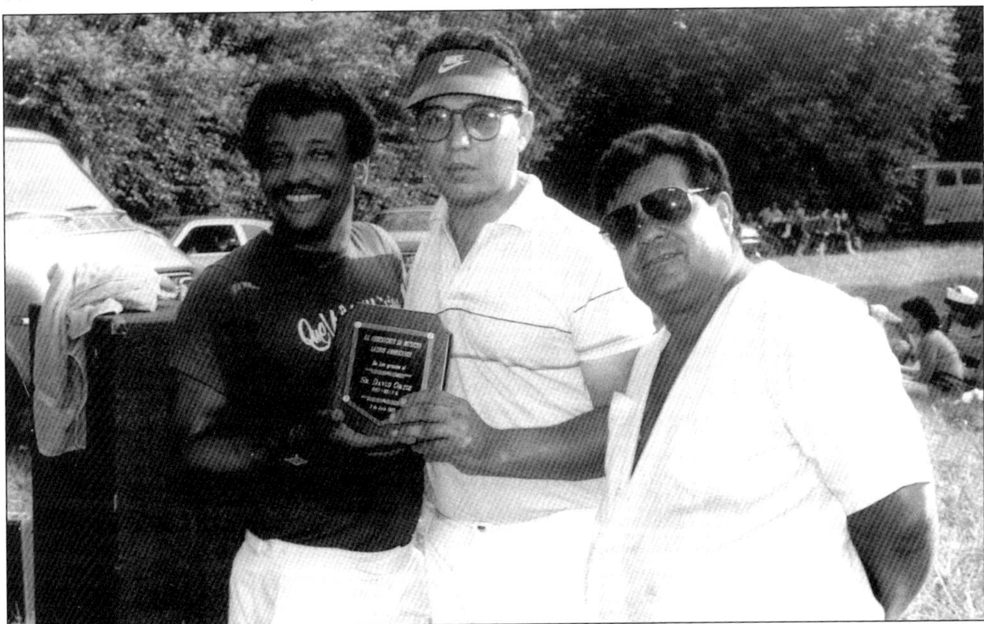

The host of *El Viaje*, David Ortíz, in the center, is at Holiday Lake with Jesse Bermúdez, on his left, around 1983. (Courtesy of Jesse Bermúdez.)

El anfitrión de *El Viaje*, David Ortíz, al centro, está con Jesse Bermúdez, a su izquierda, en Holiday Lake cerca de 1983. (Cortesía de Jesse Bermúdez.)

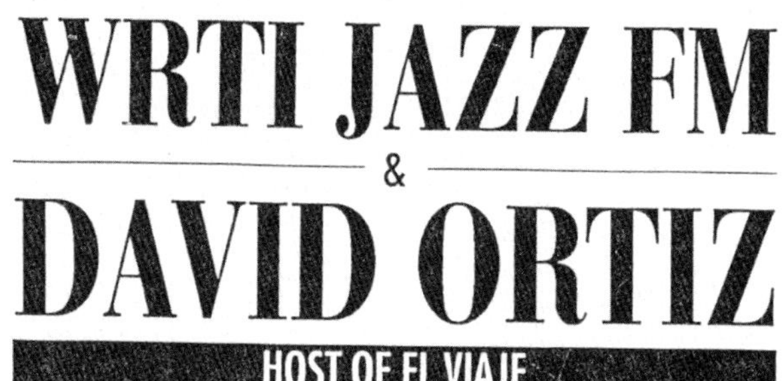

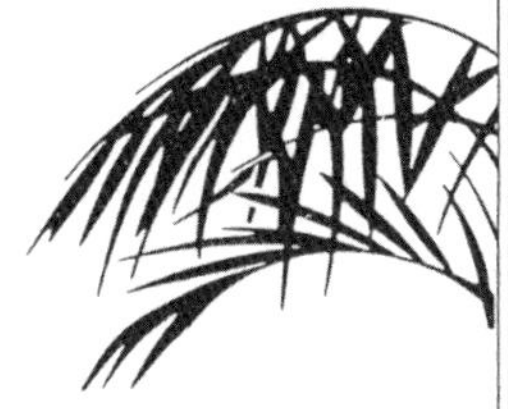
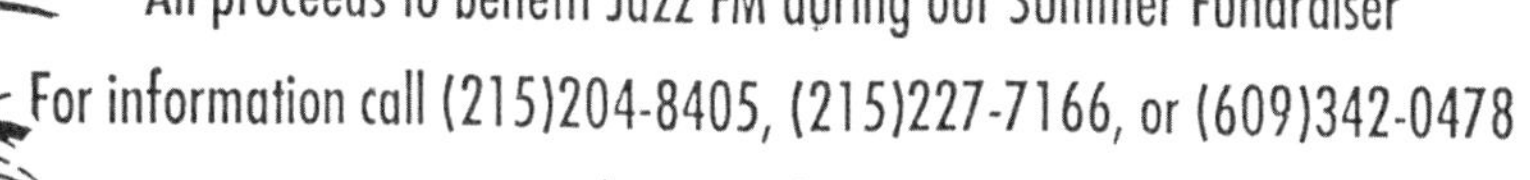
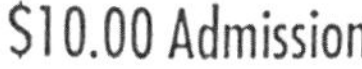
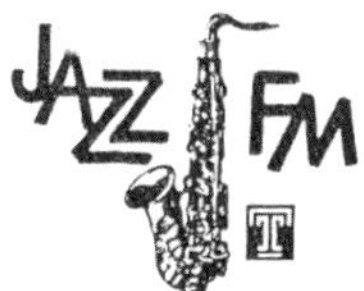
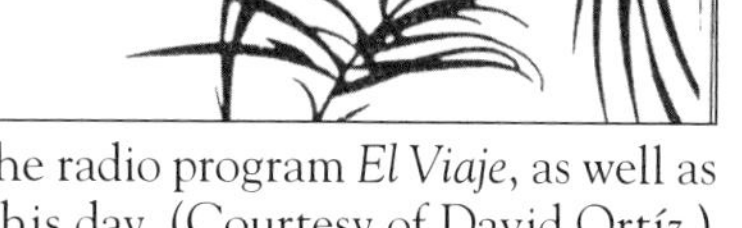

El Viaje was often broadcast live, as this 1993 flyer suggests. The radio program *El Viaje*, as well as the journey from Puerto Rico to Philadelphia, continues to this day. (Courtesy of David Ortíz.)

Con frecuencia, *El Viaje* era transmitido en vivo, como lo sugiere esta hoja suelta de 1993. El programa radial *El Viaje*, así como el viaje entre Puerto Rico y Filadelfia, continúan hasta el día de hoy. (Cortesía de David Ortíz.)

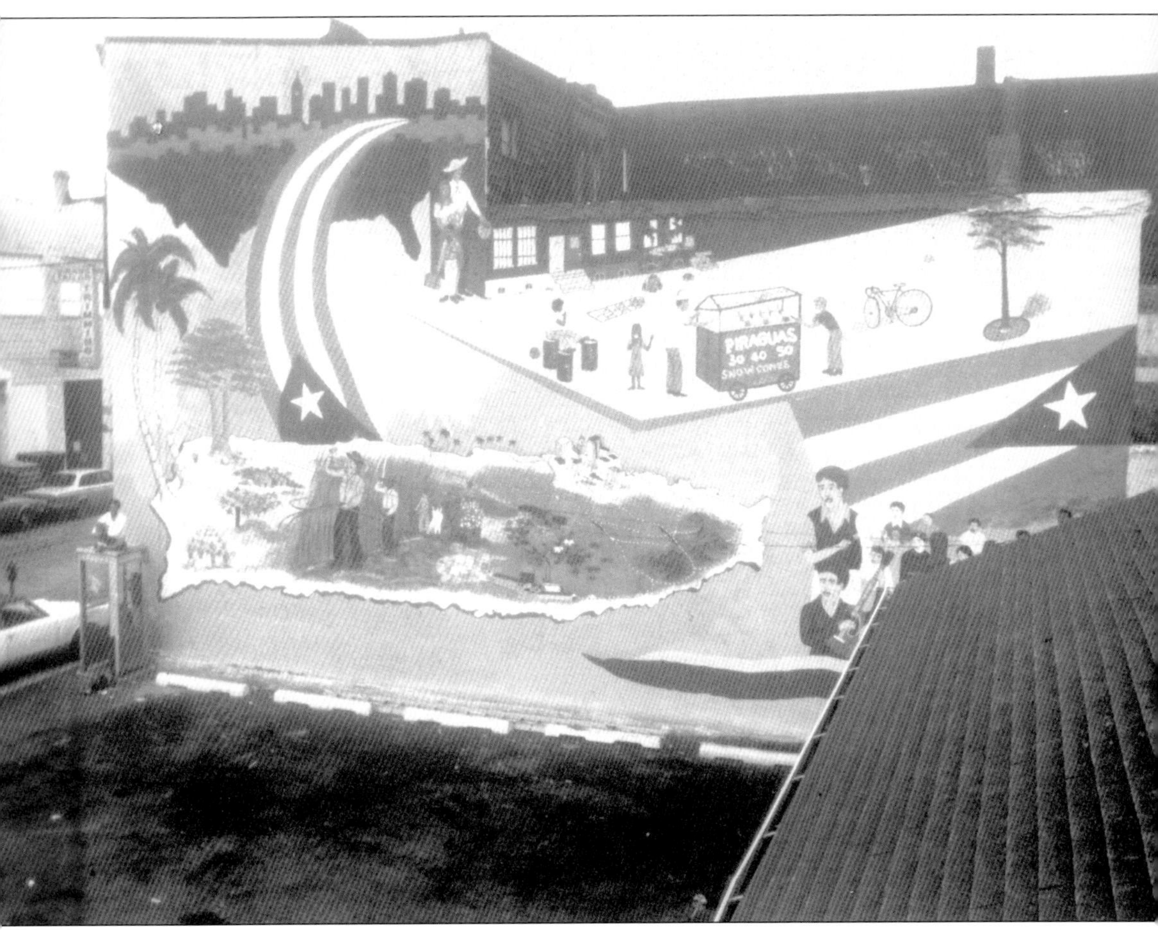

Murals linked Puerto Ricans in Philadelphia with Puerto Rico, visually and symbolically. This mural by Domingo Negrón, George Acevedo, and four high school interns is entitled *Migration*. In 1978, it was the first mural painted in North Philadelphia, serving as a gateway to the barrio. (Courtesy of photographer Domingo Negrón and Taller.)

Los murales enlazaban a los puertorriqueños de Filadelfia con Puerto Rico visualmente y simbólicamente. Este mural, pintado por Domingo Negrón, George Acevedo y cuatro estudiantes practicantes de escuela superior, se titula *Migración*. En 1978, éste fue el primer mural pintado en el norte de Filadelfia y sirvió para identificar dónde comenzaba el barrio. (Cortesía del fotógrafo Domingo Negrón y Taller.)

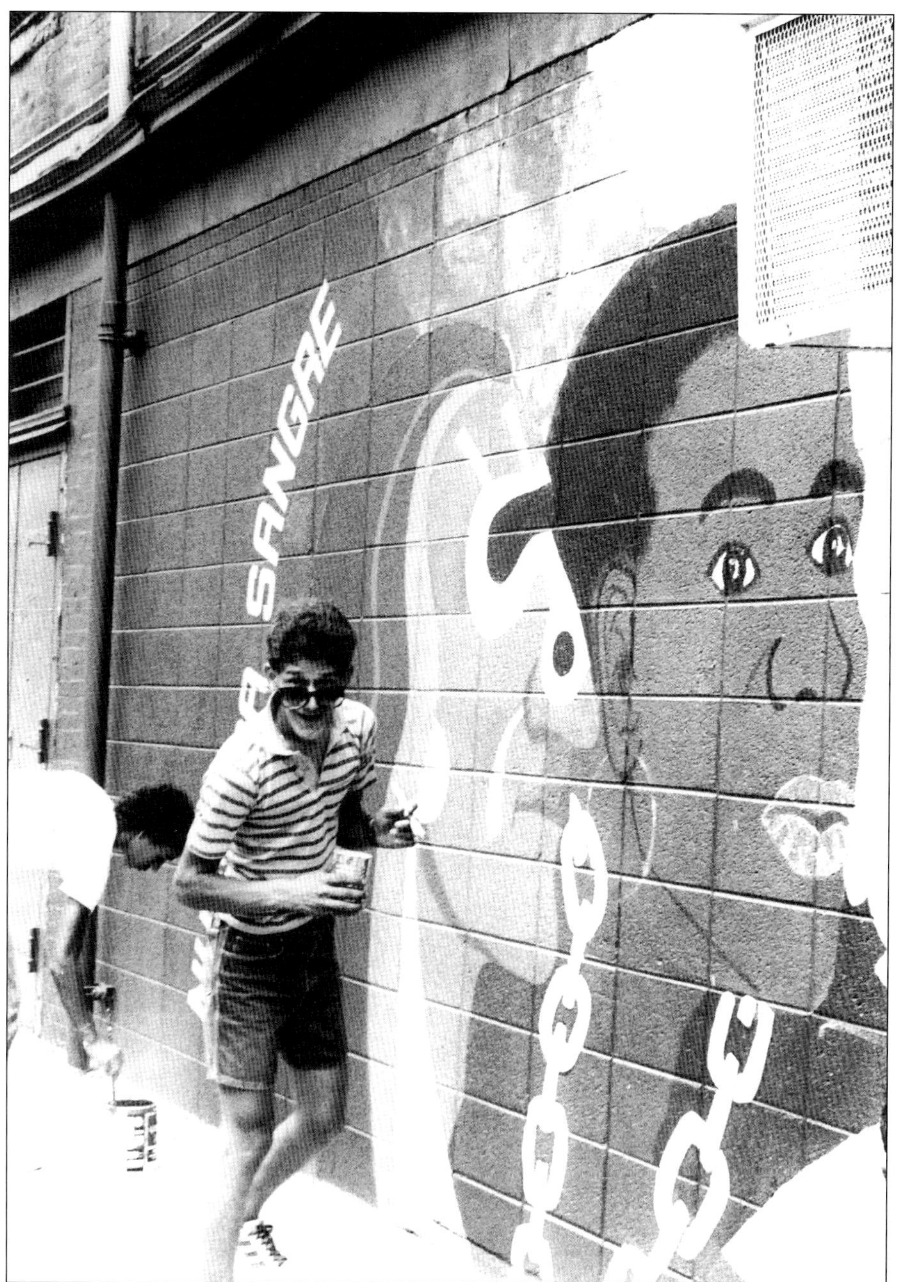

This mural, *Nuestra Sangre* (Our Blood), depicts Puerto Ricans' Indian, African, and European ancestry. Supported by Taller, Gráficas 5000, and the Spanish Merchants Association, this mural was on the Bloque de Oro, at the corner of Fifth and Cambria Streets. Dedicated in 1979, it is being painted by Domingo Negrón and Robin Irizarry. (Courtesy of Taller.)

Este mural, titulado *Nuestra Sangre*, representa la herencia india, africana y europea de los puertorriqueños. Auspiciado por Taller, Gráficas 5000 y la Asociación de Comerciantes Latinos, este mural estaba en el Bloque de Oro, en la esquina de las calles 5 y Cambria. Dedicado en 1979, Domingo Negrón y Robin Irizarry lo están pintando. (Cortesía de Taller.)

SUGGESTED READINGS, SOURCES, AND ABBREVIATIONS
Bibliografía, fuentes documentales y lista de abreviaturas

Historical Society of Pennsylvania. *Latino Philadelphia: Our Journeys, Our Communities.* Philadelphia, 2004.

————."Pan-American Philadelphia." *Pennsylvania Legacies*: 3, no. 2 (November 2003).

Taller Puertorriqueño Inc. *Twenty-five Years, Twenty-five Prints.* Philadelphia, Winter 1999.

————. *Batiendo la Olla ("Stirring the Pot"): A Cross-Generational Comparison and Self-Study by Second Generation Puerto Ricans in Philadelphia.* Philadelphia, March 1979.

Vázquez Hernández, Víctor. "From Pan-Latino Enclaves to a Community: Puerto Ricans in Philadelphia, 1910–2000." In *The Puerto Rican Diaspora: Historical Perspectives*, edited by Carmen Teresa Whalen and Víctor Vázquez Hernández, 88–105. Philadelphia: Temple University Press, 2005.

————. "Development of Pan-Latino Philadelphia, 1892–1945." *Pennsylvania Magazine of History and Biography* 128, no. 4 (October 2004): 12–15.

Whalen, Carmen Teresa. *From Puerto Rico to Philadelphia: Puerto Rican Workers and Postwar Economies.* Philadelphia: Temple University Press, 2001.

————. "Bridging Homeland and Barrio Politics: The Young Lords in Philadelphia." In *The Puerto Rican Movement: Voices from the Diaspora*, edited by Andrés Torres and José Velázquez, 107–123. Philadelphia: Temple University Press, 1998.

————. "Displaced Labor Migrants or the 'Underclass': African Americans and Puerto Ricans in Philadelphia's Economy." In *The Collaborative City: Opportunities and Challenges for Blacks and Latinos in U.S. Cities*, edited by John J. Betancur and Douglas C. Gills, 115–136. New York: Garland Publishing, 2000.

Aspira	Aspira Inc. of Pennsylvania, Philadelphia, Pennsylvania
CEP	Centro de Estudios Puertorriqueños, Hunter College, City University of New York, New York City, New York (Postcards and Stereographs Collection General Collection, Offices of the Government of Puerto Rico in the United States.)
HSP	The Historical Society of Pennsylvania, Philadelphia, Pennsylvania
Taller	Taller Puertorriqueño Inc., Philadelphia, Pennsylvania
UA	Temple University Libraries, Urban Archives, Philadelphia, Pennsylvania